哲学与社会发展文丛

刘 刚 著

齐泽克"生命政治"
思想研究

Žižek's Biopolitics

社会科学文献出版社
SOCIAL SCIENCES ACADEMIC PRESS (CHINA)

总　序

在美丽的榕城白马河畔，有一个由中青年哲学学者组成的学术团队，他们以理性的激情，把哲学反思的视野投向当代社会发展，试图以"哲学与社会发展文丛"为题陆续推出他们的研究成果。在与他们作深入交谈中，我深深地被他们的哲学学养和睿识以及他们对哲学与时代的那份眷注、担当的情怀所打动，欣然应邀为该文丛作序。

改革开放三十多年造就了中国社会实践的辉煌，也极大地推动了哲学研究的发展。从历史反思到实践观念，从体系创新到问题意识，从经典诠释到话语建构，哲学在把握时代的同时也被时代所涵养化育，呈现多样化的研究面相。中国社会在由传统社会向现代社会的变革转型过程中，哲学发展面临着机遇和挑战。哲学不应该以思辨的精神贵族自期自许，而应该回归生活世界。诚如维特根斯坦所言的"贴在地面行走，而不在云端跳舞"，哲学应当"接地气"——在时代变革与发展的实践中获得鲜活厚实的"地气"。社会发展是我们这个时代的一个主题，哲学必须也能够以其理性的力量在反思、把握社会发展的规律、特点、趋势中获得自身发展的生机活力，拓展出新的问题域。

当代中国社会正面临着一个全面而又深刻的变革、转型和发展的历史进程，改革与发展给中国社会带来巨大进步的同时，也日益显现、暴露出发展中存在的问题和矛盾。发展的现代性问题在当代中国并非一个遥远的"他者"，而是有了其出场的语境。诸如：社会阶层的分化，利益结构的重组，经济社会结构的转型，公平正义问题，社会失范问题，发展可持续性问题，以及资源、环境、生态问题等，社会发展以问题集呈现在世人面

1

前。问题表明发展对理论需求的迫切性。当代社会发展的整体性、复杂性、长期性、风险性需要克服单线性的进化论发展观，对社会发展的把握也不能停留在具体的经验实证的认识层面上，全新的社会发展需要全新的发展理念来烛引，对发展的具体的经验的把握必须上升到哲学的总体性的层面上来。因为，在对社会发展的不同学科、不同视角、不同维度、不同层次的研究中，哲学的视角具有总体性、根本性、基础性、前提性、方向性的特点，它是以理性的反思和后思的方式对社会发展的前提、根据、本质、价值、动力、过程、规律、趋势、模式和方法等作出整体性的观照。这种反思使我们能够超越和突破对社会发展的经验的、狭隘的眼界，在总体性、规律性、价值性和方向性意义上获得对当代社会发展的理性的自觉性和预见性。在这个意义上，唯有哲学，才能够对当代社会发展既在后思的意义上充当黄昏后才起飞的"密纳发的猫头鹰"，又在前引的意义上充当报晓的"高卢雄鸡"。

福建省委党校、福建行政学院哲学部的中青年哲学学者正是在上述的意义上试图以哲学的多视角的反思性方式介入对当代社会发展问题的研究，在社会发展的元理论研究与问题研究、反思性研究与规范性研究、社会发展的一般规律与特殊规律、本质与价值、方法与模式、历史与逻辑、比较与反思以及社会发展的世界经验与中国经验等方面拓辟哲学观照当代社会发展的问题域。他们有着共同的学术愿景：立足于当代中国社会发展的实践，在理论与实践、思想与学术之间形成互动的张力，对时代实践的要求作出哲学的回应，从中寻找哲学自身的生长点，造就一个哲学研究的学术团队，形成自己的研究方向和特点。

在一个急功近利、浮躁虚华的年代，他们以一种哲学的淡定和从容来反思时代，充当哲学"麦田的守望者"。我祝愿他们，并相信通过他们的努力有更多的哲学学术成果问世。就像白马河畔那根深叶茂的榕树一样，有他们哲学思考的一片榕荫绿地。

李景源
2014.5.6

目 录
Contents

导　言

一　研究缘起

　　自 20 世纪以来，诸多思想者站在"生命"的立场，他们从对两次世界大战、切尔诺贝利核事故、"9·11"恐怖袭击事件、新冠疫情全球大流行等诸多重大历史叙事的反思中，不断追问生命存在的方式、价值及意义，从而促成了生命政治的诞生及发展。尽管生命政治的诞生可追溯到 20 世纪初期，但由于德国法西斯在 20 世纪 20~40 年代对它的滥用，生命政治曾带有鲜明的法西斯主义色彩，也曾随法西斯主义的灭亡而一度沉寂。当代政治哲学话语叙述之中的生命政治，是由米歇尔·福柯于 20 世纪 70年代重新启用，并经吉奥乔·阿甘本、迈克尔·哈特、安东尼奥·奈格里、罗伯托·埃斯波西托等人进一步发展。如果说福柯与阿甘本主要关注于对生命如何治理的研究，那么哈特、奈格里、埃斯波西托等人则尝试着对生命如何摆脱治理进行探讨。尽管哈特、奈格里、埃斯波西托等人试图对生命政治进行积极性的诠释，但"生命"依然处于各类枷锁之中，无法自由呼吸。为此，关于生命能否摆脱治理而走向自由解放，生命能否不再沦为工具而上升为目的，成为当代马克思主义哲学所迫切回答的时代命题。西方新马克思主义者斯拉沃热·齐泽克[①]从生命解放的视角出发，通

————————

　　[①]　斯拉沃热·齐泽克（Slavoj Žižek），斯洛文尼亚人，生于 1949 年 3 月 21 日，卢布尔雅那

过对生命安全、生命福利、生命自由、生命健康等问题的探讨，力图将"现实的人"从"暴力""排除""控制""威胁"等的奴役束缚之中解救出来，以促进其自由发展，开辟了当代生命政治研究的新局面。这不仅在学理上坚守了马克思主义的立场，更在实践上肩负着马克思主义哲学的当代使命，可谓是马克思主义哲学在当代的新发展。可见，对齐泽克"生命政治"的理论探讨，不仅迫切，而且富有意义。本选题确立的缘由，可概括为以下三点。

首先，对"时代命题"的回应。"9·11"事件后，美国主导的"反恐战争"打破了原有的世界秩序。恐怖主义的疯狂袭击，肉体炸弹不定时、不定点的爆炸，"反恐战争"以"生命安全"为由对"生命控制"的不断加码，朱利安·阿桑奇、切尔西·曼宁、爱德华·约瑟夫·斯诺登等人所揭发的以美国为首的部分国家对"生命监视"的变本加厉，以及新冠疫情全球大流行，一再引发人们对生命政治的关注与思考。显然，人们对生命安全、生命福利、生命自由、生命健康等相关议题的追问及反思，最终上升为一个迫切需要回答的"时代命题"。齐泽克的"生命政治"思想，对以上追问进行了深入探讨，不仅对"时代命题"做出了及时回应，更为"时代命题"的回答提供了良好范本。

其次，"生命政治"理论发展的诉求。生命政治自20世纪初诞生以

大学高级研究员，曾在法、美、英等国的多所高校任访问教授，现任教于伦敦大学伯贝克学院，是拉康思想的重要传承人，著有《意识形态的崇高客体》《视差之见》《欢迎来到实在界这个大荒漠》《易碎的绝对——基督教遗产为何值得奋斗？》《有人说过集权主义吗？》《幻想的瘟疫》《突破可能性的极限》《暴力：六个侧面的反思》等。齐泽克继承了拉康的衣钵，长期致力于拉康精神分析理论与马克思主义哲学，并努力将精神分析、主体性、意识形态和大众文化熔于一炉，形成了独特的学术思想。齐泽克以发表激进性的言论而出名，尽管他对当代资本主义及其全球化的新发展所带来的新问题进行了新的批判，有了新的认识，也有一些新的主张，并产生了一些新的思想，但是他的批判依然处在传统马克思主义，尤其是西方马克思主义的知识谱系之中，因而被当代学者称为新马克思主义者。例如胡大平指出齐泽克是全部西方马克思主义历史轨迹的新制高点（参见胡大平《齐泽克：当代西方左派激进思想的幽灵》，《山东社会科学》2016年第6期），韩振江将齐泽克视为当代西方新马克思主义的代表（参见韩振江《齐泽克：新马克思主义批判哲学》，人民出版社，2014，第2页）。齐泽克在西方获得了巨大声誉，"完全可以同爱德华·萨义德、以赛亚·伯林、朱莉亚·克里斯蒂瓦等相提并论。詹姆逊说他'发出了一种不平常的声音，我们将在今后数年内反复聆听'；伊格尔顿评价他是'欧洲近十多年来最重要的思想家之一'"（参见蒋原伦主编《今日先锋·11》，天津社会科学院出版社，2001，第105页）。

来，紧随时代主题而不断地发展和衍变。无论是早期生命政治，还是福柯以来的"治理主义生命政治"，它们无不以生命的时代追问为中心，紧紧围绕人们关注的生命困惑，促进了生命政治范式的嬗变。"9·11"恐怖袭击事件发生后，生命追问出现了新的变化，生命政治的相关议题也发生了重大转向，现有的生命政治已无法对新的生命追问进行回答。为此，全新的出场语境及迫切的理论诉求，为生命政治范式的演进提供了契机。齐泽克站在时代的前沿，紧紧抓住人们所关心的生命诉求及追问，通过对当代生命政治相关命题的系统阐发，建构了生命政治的新范式，从而推动了生命政治理论的进一步发展。

最后，对齐泽克思想深入研究的必然。国内外学界对齐泽克思想的研究肇始于20世纪90年代，既有研究大多囿于意识形态理论、精神分析理论、主体思想、激进政治思想、文艺批评、社会批判等范畴，而对其生命政治思想的研究几近空白。当然，齐泽克庞杂的思想体系、多学科的视角介入、荒诞不经的写作风格，以及相关文本翻译的滞后，给当代学者对其生命政治思想的把握及研究带来了困难。齐泽克的"生命政治"有着新颖的问题意识、深刻的思想内涵、多样的出场形态、丰富的思想内容，不仅开启了当代生命政治研究的新景象，更成为其个人思想体系的重要构成部分。因而随着学界对齐泽克思想研究的不断深入，其生命政治思想也必将成为研究的重要对象。本书紧紧抓住齐泽克思想研究的发展趋势，以其生命政治思想的研究为主题，力图弥补该领域研究上的遗憾。

二　国内外研究现状及述评

（一）国外研究现状及述评

目前国外对齐泽克生命政治思想的研究尚处于起步阶段，有些著作或论文零星地涉及对齐泽克生命政治及其相关议题的讨论，但尚未出现系统性的论著。国外学者对齐泽克生命政治及其相关议题的探讨，主要体现在以下问题上。

第一，生命何以构成，是身体与灵魂相互分裂，抑或相互交融。英国学者格林·戴里根据对齐泽克的访谈编撰了《与齐泽克对话》（与齐泽克共同署名），在戴里看来，齐泽克眼中的"生命"被一种生命过量维持着，而这种"生命过量"即是死亡冲动。[①] 英国学者托尼·迈尔斯的《导读齐泽克》一书提到，齐泽克从对谢林"有机体"论证的考察中，例证了生命作为有机体是有灵魂的身体与有身体的灵魂的相互交融。[②] 以上著作及其简要探讨，展现了齐泽克对拉康精神分析思想的继承，并为生命"过度""再主体化"，以及生命价值引导等话题的进一步探讨奠定了基础。

第二，生命怎样度过才富有意义。格林·戴里在《与齐泽克对话》中指出，齐泽克反对尼采"末人"式的"活命主义"，斥责那种"生命没有终极意义，生命唯一的目标就是个人快乐"的观念，指责那是没有任何历史使命或参与感的表现，认为荣誉、自由等东西是值得人们为之牺牲的。[③] 美国学者瑞克斯·巴特勒的《齐泽克宝典》一书认为，齐泽克针对"9·11"恐怖袭击事件，指责劫机者可怕的死亡文化，以及他们寻求在暴力死亡中达到个人"快感"高潮的态度。为此，那些断言"生命的神圣和庄严"并用它来抵抗寄生于其中的先验权力威胁的人，将在这样的世界中告终。他认为，人们应该能够洞悉支撑这种拒绝的、隐蔽的"生命政治学"。[④] 英国学者托尼·迈尔斯的《导读齐泽克》指出，在生命与死亡的对立中，齐泽克提出了实在界的"活死人"（虽生犹死）与象征界的"死活人"（虽死犹生），即便是生命之死，也经历着"身体之死"和"灵魂之死"。而在这两种死亡之间的裂隙，可以由丑或美的显现来填补。[⑤] 以上文本的相关讨论，为生命意义的分析提供了参考，为当代"意识形态"控制的分析及批判奠定了基础，为恐怖主义的认知及批判提供了方法上的借鉴。

第三，生命安全面临的挑战，以及如何实现生命安全。乔迪·迪恩（Jodi Dean）的《齐泽克的政治学》（*Žižek's Politics*）指出，借助对纳粹主

① 〔斯洛文尼亚〕斯拉沃热·齐泽克、〔英〕格林·戴里：《与齐泽克对话》，孙晓坤译，江苏人民出版社，2005，第3页。
② 〔英〕托尼·迈尔斯：《导读齐泽克》，白轻译，重庆大学出版社，2014，第92页。
③ 〔斯洛文尼亚〕斯拉沃热·齐泽克、〔英〕格林·戴里：《与齐泽克对话》，孙晓坤译，江苏人民出版社，2005，第109页。
④ 〔美〕瑞克斯·巴特勒：《齐泽克宝典》，胡大平、夏凡等译，江苏人民出版社，2007，第161页。
⑤ 〔英〕托尼·迈尔斯：《导读齐泽克》，白轻译，重庆大学出版社，2014，第93~94页。

义的聚焦，齐泽克实现了对"大屠杀"式恐惧的观照，置身于纳粹残忍毁灭的恐怖之下，犹太人彻底失去了生命安全与保障，纳粹以优生和民族纯洁为借口，实际上德意志人在纳粹时期并未感受到生命的愉悦。在当代资本主义社会，生命依然表现得如此脆弱和易碎，以至于什么都可以伤害它。[①] 马库斯·庞德（Marcus Pound）的《一种（非常）批判性的导言》[*Žižek's：A（very）Critical Introduction*]、约翰·格雷（John Gray）的《齐泽克的暴力想象》（*The Violent Visions of Slavoj Žižek*）、凯尔西·伍德（Kelsey Wood）的《齐泽克：读者指南》（*Žižek：A Reader's Guide*）等揭示了齐泽克从对"暴力"的反思出发，关注"暴力"场域之下的生命何以安置，他捍卫神圣暴力，拒斥纯粹的破坏性暴力，谴责暴力对生命的严重摧残和恐怖性伤害。保罗·A. 泰勒的《齐泽克论媒介》指出："齐泽克将暴力重新定义为媒体标准操作程序所固有的压迫性——尽管它声称不偏不倚，但它对语言和思想施加了强大而有害的限制。"[②] 以上围绕齐泽克暴力观的讨论，为齐泽克生命安全观的进一步梳理及解读奠定了必要的学理基础。

由以上可见，国外学者往往沿着齐泽克的学术理路，聚焦于对其文本的直观审视和解读，其中围绕生命安全、生命自由、生命意义等相关议题的探讨，为本书的深入研究奠定了基础。当然，尽管国外学者对齐泽克思想的研究起步较早，但对其生命政治相关的研究存在着明显的不足：一是缺乏系统性研究。国外学者大多将视野聚焦于齐泽克的意识形态、精神分析、主体思想等领域，并未聚焦在生命政治思想上，现有的成果也大多是一些零散的探讨，缺乏对其生命政治的系统性研究。二是研究的学理性不足。当前国外学者对齐泽克生命政治及其相关议题的探讨，主要集中于对相关文献的整理及评介，而对其生命政治是什么、有哪些内涵和内容、怎样提出的、有何意义及局限等问题缺乏学理上的考察及探讨。

（二）国内研究现状及述评

尽管齐泽克的一些著作早在 20 世纪末已传入中国，但目前国内关于齐

[①] Jodi Dean, *Žižek's Politics*, New York·London：Routledge, 2006, pp. 51-52.
[②] 〔英〕保罗·A. 泰勒：《齐泽克论媒介》，安婕译，中国传媒大学出版社，2019，第 173 页。

泽克"生命政治"思想的研究还相对较少，且大多夹杂在对其他问题的探讨之中。目前国内关于齐泽克生命政治思想及相关议题的研究，主要有下面三类。

一是对该论题相关著作的译介、传播与评论。与齐泽克生命政治相关的译著，有穆青翻译的《真实眼泪之可怖：基耶斯洛夫斯基的电影》，吴静翻译的《无身体的器官：论德勒兹及其推论》，夏莹翻译的《延迟的否定：康德、黑格尔与意识形态批判》，季广茂翻译的《突破可能性的极限》《欢迎来到实在界这个大荒漠》《视差之见》，王师翻译的《事件》，唐健、张嘉荣翻译的《暴力：六个侧面的反思》，涂险峰翻译的《伊拉克：借来的壶》，宋文伟、侯萍翻译的《有人说过集权主义吗?》，郭英剑翻译的《因为他们并不知道他们所做的——政治因素的享乐》，等等。与齐泽克生命政治相关的导读性著作及介绍性文章，有徐钢主编的《跨文化齐泽克读本》、王永豪的《旷世鬼才齐泽克》、张一兵的《齐泽克：拉康对马克思的全面接管》、王月华的《齐泽克的诡异面庞》、万书辉的《齐泽克：来自斯洛文尼亚的国际学术明星》、唐纳的《齐泽克还给你一把破壶》、马淑贞的《齐泽克论柏林墙的倒塌》等。此外，还有一些学者采用书评的方式介绍了齐泽克的相关著作，如佘江涛的《被误用和利用的集权主义概念——读斯拉沃热·齐泽克〈有人说过集权主义吗?〉》，王金林的《唯物史观视阈中的齐泽克"共产主义假设"——〈首先作为悲剧，然后作为喜剧〉剖析之一》，韩爱叶的《齐泽克对西方左翼政治思想理论的批判及启示——解读〈重述列宁〉》，陈林侠的《文本挪用与强行阐释——评齐泽克〈享受你的症状——好莱坞内外的拉康〉》，陈剑的《"事件"的前生后世——评齐泽克的〈事件〉》，张颖的《似是而非 似黑而白——评齐泽克〈斜目而视：透过通俗文化看雅克·拉康〉》，等等。以上有关齐泽克文本的翻译、导读、评论、简要介绍，促进了中文世界对齐泽克及其生命政治思想的认知。

二是以文化批评的介入方式对齐泽克生命政治相关话题的简述。如张历君的《穿越"9·11"的幻象——读齐泽克的〈欢迎光临真实的荒漠〉》一文指出："齐泽克的态度相当明确，9·11事件是被意识形态所利用的社会政治事件。……究竟齐泽克是如何完成这一任务的? 他所主张的精神分析——马克思主义分析框架，可以如何帮助我们穿越意识形态的幻象？"①
程斐的《隐形的暴力——齐泽克论大众文化》分析认为，"商家知道消费
者虽然明白广告是美好的谎言，可他们依然会欣然受骗……这不恰是齐泽
克所谓的我们时代的犬儒主义意识形态状况吗？……这正是大众文化中隐
形的暴力"。② 以上分析无不从齐泽克的文本出发，讨论了齐泽克对生命安
全的关切。此外，王茜在《作为现实支撑的意识形态幻象——读齐泽克的
〈意识形态的崇高客体〉》中指出，"意识形态在相应的社会机制体制下，通
过对人们思想观念的渗透直接影响着人们的生活，成为人们社会生活的一
个重要组成部分。因而齐泽克宣称：一切传统的意识形态理论的盲点就是
把意识形态作为一种社会意识而不是社会存在来看待"，③ 揭示了齐泽克对
意识形态作用于"现实的人"的影响的看法。韩振江的《齐泽克：新马克
思主义文化批判理论》《安提戈涅：赤裸生命的抵抗——论齐泽克对〈安
提戈涅〉的意识形态阐释》，李广旭的《论齐泽克的理论风格》，刘昕亭的
《作为政治批评的缝合式批评——齐泽克研究》《除不尽的齐泽克——国内
齐泽克研究综述》，于琦的《论齐泽克从精神分析到政治哲学的思想进
路》，戴宇辰的《遭遇"视差之见"：齐泽克与文化研究》，皆采用文化批
评的方式，揭示了齐泽克对生命的关怀，表现了齐泽克对生命现实遭际的
追问及反思。

　　三是以对齐泽克政治思想及政治哲学的研究为介入方式，涉及对生
命安全、生命权力、生命自由、生命意义等相关话题的探讨。如佘江涛
的《被误用和利用的集权主义概念——读斯拉沃热·齐泽克〈有人说过
集权主义吗？〉》指出，集权主义并没有消亡，"齐泽克认为它的当今形式多
种多样：从罪恶的独裁者到新右派；从数码世界到电视传媒。在后一种情
况下，我们的日常生活受到了注册和控制"，④ 揭露了齐泽克对生命控制的
独特看法。于琦的《齐泽克论暴力》指出，齐泽克"努力探究的是暴力在

---

① 张历君：《穿越"9·11"的幻象——读齐泽克的〈欢迎光临真实的荒漠〉》，《南方论丛》
　　2009 年第 1 期。
② 程斐：《隐形的暴力——齐泽克论大众文化》，《艺术广角》2009 年第 1 期。
③ 王茜：《作为现实支撑的意识形态幻象——读齐泽克的〈意识形态的崇高客体〉》，《国外
　　社会科学》2010 年第 6 期。
④ 佘江涛：《被误用和利用的集权主义概念——读斯拉沃热·齐泽克〈有人说过集权主义
　　吗？〉》，《博览群书》2005 年第 5 期。

实现普遍主义以及在全球解放事业中的地位和作用"。① 亢姗姗的《恐怖主义：资本逻辑宰制下的意识形态幻象——齐泽克的恐怖主义问题研究》提到，"齐泽克认为，恐怖主义是资本主义社会制度的创伤性内核的产物，在资本主义意识形态下，任何逃避它的企图只能让它更加彰显"。② 韩振江的《齐泽克论暴力与资本主义》分析认为，"齐泽克为暴力世界开出的药方是工人阶级的革命暴力，这种以暴制暴的思想和策略并不能解决当代世界的暴力冲突问题，出路还需我们深入思考"。③ 以上论文讨论了齐泽克对暴力、恐怖主义、反恐战争等的看法，揭示了齐泽克对生命安全的关注。周嘉昕的《界限、对抗、行动：齐泽克对当代资本主义的批判》、章文的《抽象的秩序——齐泽克集权主义批判理论研究》、张剑的《齐泽克：超越资本主义的激进政治学》、田海平的《极权主义何以是一种伦理的"恶"——与齐泽克一起聆听"极权主义的笑声"》、苏平富和赵伟的《"安提戈涅式"的激进抗争——齐泽克欲望化政治行动理论探析》、林哲元的《空无与行动：齐泽克左翼激进政治理论研究》等探讨了齐泽克的集权主义理论、激进理论、政治行动理论，零星地涉及对齐泽克"生命政治"思想相关话题的探讨。孟飞的《齐泽克的左翼政治主题》《齐泽克对当代左翼政治规划的批评》，孟飞、姚顺良的《齐泽克政治哲学的核心理论资源》，于琦的《回到列宁：论齐泽克向马克思主义回归的理论取向》《论齐泽克反抵抗政治的理论取向》《巴特比式的"拒绝"与齐泽克"减法"的政治理论》等围绕齐泽克的政治思想、政治哲学，零星地讨论了齐泽克对生命控制及生命治理的批判。张同兵在《当代西方激进左翼学者共产主义思想研究》一文中提到了齐泽克对生命意义的认识，"齐泽克认为，科学的当代发展正在走向创造生命新形式——进入'生命2.0'的阶段，这种人造生命不仅是对作为'生命1.0'的自然生命的补充，而且将后者纳入自身之中，并回溯性地使自然生命失去意义"。④ 孔明安的《普遍性问题与后现代政治学的困境——兼论齐泽克对拉克劳普遍性概念的批判》、莫雷的《从

---

① 于琦：《齐泽克论暴力》，《学术月刊》2015年第9期。
② 亢姗姗：《恐怖主义：资本逻辑宰制下的意识形态幻象——齐泽克的恐怖主义问题研究》，《江南社会学院学报》2016年第2期。
③ 韩振江：《齐泽克论暴力与资本主义》，《学术交流》2016年第3期。
④ 张同兵：《当代西方激进左翼学者共产主义思想研究》，博士学位论文，兰州大学，2020。

激进民主到阶级斗争——拉克劳、墨菲与齐泽克的政治策略的差异》等则采用比较的方法，试图在齐泽克与其他学者的对比中，揭示齐泽克政治的偏爱和主张，其中有关齐泽克生命解放思想的简要讨论，为齐泽克生命政治研究提供了有益的借鉴。

倍感欣慰的是，近几年已有国内学者开始关注齐泽克生命政治理论，并对其进行了客观评价。韩振江的《生命政治视域下的反恐政治——齐泽克与阿甘本的对话》一文指出，"齐泽克在生命政治的视域中思考了美国的反恐主义政治及其意识形态运作的机制，同时也深化了阿甘本生命政治的内涵，发展了牲人概念，展示了当代西方左翼对全球资本主义的批判实绩"，① 开启了对齐泽克"生命政治"思想相关议题专题研究的序幕。刘茜在《当代生命政治批判的双重阐释路径》一文中提出，"在当代政治哲学中，福柯的生命政治学受到大批哲学家的关注，尤其以激进左派阿甘本、奈格里、哈特、齐泽克等人为代表的生命政治学的争论，开启了生命政治研究的新格局"，② 还提到"今天以阿甘本、奈格里、哈特、齐泽克为代表的激进左派学者重新激活生命政治理论"，③ 已深刻认识到齐泽克生命政治理论的重要价值，并给予它较高的评价和定位。段吉方在《审美与政治：当代西方美学的政治转向及其理论路径》一文中阐述了齐泽克"后政治的生命政治"在美学上的重要意义，认为"齐泽克的'后政治的生命政治'观念具有一个坚实的理论依托，这个理论依托就是对拉康'实在界'概念的理论改造及其现实文化政治阐释的理论延伸"，④ 可谓"有效地将精神分析美学与美学政治学批判加以整合，从而在当代西方美学的政治转向中独辟蹊径"。⑤ 显然，这些探讨具有重要的奠基意义。

值得肯定的是，国内学者在文本翻译、文献整理、文本介绍及其批评上做了大量的基础性工作，为本书的研究提供了丰富的文献材料，但仍有

---

① 韩振江：《生命政治视域下的反恐政治——齐泽克与阿甘本的对话》，《学术交流》2015年第9期。
② 刘茜：《当代生命政治批判的双重阐释路径》，《人民论坛·学术前沿》2020年第8期。
③ 刘茜：《当代生命政治批判的双重阐释路径》，《人民论坛·学术前沿》2020年第8期。
④ 段吉方：《审美与政治：当代西方美学的政治转向及其理论路径》，《外国文学研究》2017年第6期。
⑤ 段吉方：《审美与政治：当代西方美学的政治转向及其理论路径》，《外国文学研究》2017年第6期。

不足之处。一是对齐泽克"生命政治"思想的关注和研究有待加强。齐泽克的"生命政治"思想散布于其诸多文本之中，既有鲜明的问题意识，也有清晰的理论逻辑。然而，现有研究对齐泽克"生命政治"思想的关注不够，缺乏系统性的研究成果。二是问题意识不强。国内对齐泽克"生命政治"的研究，大多从"生命权力""神圣人""生命治理""知识谱系"等角度出发，将生命作为一种"对象"，缺乏对生命能否不再沦为"对象"、可否走向解放的学理追问及反思，而这恰恰是齐泽克生命政治的问题意识所在。国内学者对"生命解放"问题意识的忽视，使得对相关话题的研究成为盲区，为本书的研究留下了探讨空间。

三 研究的意义、方法与创新之处

（一）研究意义

第一，促进生命解放思想的新阐发。生命解放是马克思主义的理论主旨，也是马克思主义生活实践的重要内容。齐泽克不但继承了马克思主义生命解放的理论思想，而且还从生命政治学的维度出发，围绕生命的时代诉求，对当代生命解放所面临的新的语境、新的追问及新的命题等进行了探讨及回答。本书通过对齐泽克"生命政治"思想的梳理及分析，全面展现了齐泽克在解放主体、解放方法、解放内容等方面的新认识及新诠释，促进了生命解放思想的进一步丰富及发展。

第二，推动共产主义理论的新探讨。共产主义理论是马克思主义研究的重要范畴，齐泽克在继承传统马克思主义研究成果的基础上，对共产主义进行了一些深入探讨。一方面，齐泽克对共产主义的内涵进行了新的阐发，并将共产主义视为一个独立于现实社会的空间，一个承载着广大民众美好"愿景"的社会空间。在他看来，共产主义并非答案，"不是应对措施的代指，而是问题的代指"。[①] 另一方面，齐泽克还对共产主义的理论特征与现实意义进行了分析，同时还对共产主义的实现进行了讨论。本书通过对齐泽克"生命政治"思想的分析，客观地展现了齐泽克对共产主义理

---

① 〔斯洛文尼亚〕斯拉沃热·齐泽克：《突破可能性的极限》，季广茂译，福建教育出版社，2017，第25页。

论的新认识，进而推动了共产主义理论在当代的新探讨。

第三，为当代"事件"的解读提供新的视角。齐泽克曾将"事件"理解为"以出人意料的方式发生的新东西"，① 因此并非这个世界发生的任何事情都能被看作"事件"。这里我们借用齐泽克的理解，将"事件"指认为那些具有一定影响并能够促进事物发生变化的事情。当下我们生活在乌尔里希·贝克所言的风险性社会之中，各类"事件"层出不穷，本书通过对齐泽克"生命政治"思想的解读，建构了"生命在场"的思维，促使人们在各类"事件"的观照中发出"生命在场"的追问，并反思生命在安全、福利、自由、健康等方面的现实遭遇，进而为当代各类"事件"的解读及处置提供新的视角。

（二）研究方法

其一，文本分析法。笔者以对齐泽克的外文论著、中文译著、论文、时评、对话稿、讲座笔记、演讲稿等的研读为主，深入分析齐泽克的相关文本，并广泛阅读相关的专著、学术论文、研究报告，以便从文本中把握齐泽克"生命政治"思想的全貌。

其二，逻辑与历史相统一的方法。齐泽克"生命政治"思想诞生于具体的历史背景下，对其阐释不可脱离特定的历史语境。本书致力于从原著之中提炼观点，同时结合相关文献资料，将齐泽克的论述置于特定的语境和历史条件下加以解读，坚持逻辑与历史相统一的研究方法，以避免断章取义式研究。

其三，学科交叉法。本书坚持以辩证唯物主义与历史唯物主义为指导，并综合运用唯物史观、精神分析理论、马克思主义出场学、政治哲学、心理学、道德哲学等领域的相关知识，对齐泽克"生命政治"思想进行解读和阐述，以期全面地分析和研究问题。

（三）创新之处

第一，系统性研究。齐泽克"生命政治"思想的阐述，散见于《欢迎

---

① 〔斯洛文尼亚〕斯拉沃热·齐泽克：《事件》，王师译，上海文艺出版社，2016，第6~13页。

来到实在界这个大荒漠》《伊拉克：借来的壶》《暴力：六个侧面的反思》《突破可能性的极限》《瘟疫！COVID-19 撼动世界》等众多文本，并通过近年来他关于欧洲难民危机、"斯诺登事件"、人工智能、新冠疫情等话题的探讨及评论得以丰富与发展。本书从整体性思维出发，以对"生命政治"及其问题意识演进的探讨为起点，深入讨论"内在解放"与"外在解放"，并分析生命解放的实现，即生命政治的生活实践，最后对齐泽克生命政治的出场意义、局限，以及"后齐泽克生命政治"的发展进行探讨，力图实现对该话题的系统性、学理性研究，以弥补当前该方面研究之不足。

第二，"生命解放"的问题意识。当前对生命政治的研究大多沿袭福柯的学术理路，其问题意识无论是从"神圣人"出发，还是从"生命权力""知识谱系"出发，无不视生命为"对象"，而本书以齐泽克"生命解放"的问题意识为导向，重点回答生命能否解放、为何解放、如何解放等系列追问，在问题意识的选择上，可谓有着创新。

第三，思想与观点创新。本书提出的生命政治的"生命解放"说、生命解放的"增量式"实现等思想，以及对"排除""数字化"控制，"生命过度""债务"的生命控制，新冠疫情对生命健康的威胁等话题的探讨，是现有研究较少关注和涉及的。另外，本书提出的反恐战争"系统性暴力"制造了"虚假的安全感"，"债务"阻止了"真正事件"的创生等观点，也是前人较少言及或探讨的，颇具新意。

四　研究框架

本书深入齐泽克"生命政治"的相关文本，以"生命解放"为核心，从"内在解放"和"外在解放"两个维度，系统梳理并深入探讨其"生命政治"基本思想。本书除导言、结语外，共设五章。

导言部分简要地介绍了本书研究的背景，并对"生命政治"的内涵及其问题意识演进做了简要分析，阐明齐泽克"生命政治"所要解决的核心问题是生命解放，实质上是一种有关生命解放的生命政治。所谓"生命解放"，是指将"现实的人"从"自我奴役""暴力""排除""控制""歧视""威胁"等之中解救出来，以促进其自由发展。"生命解放"有两大任务："内在解放"和"外在解放"。生命从"自我奴役"之中的解放属于"内在解放"，有赖于生命政治"主体"的回归。生命从"暴力""排除""控制""歧视""威胁"等之中的解放属于"外在解放"，意味着生命安全、生命福利、生命自由、生命健康等的实现。

第一章是对"内在解放"的探讨，主要对齐泽克推动"内在解放"的原因及方法进行了分析。齐泽克以拉康精神分析理论为视角，着重围绕生命政治的"主体"为何要回归、怎样回归等追问，完成对"内在解放"的探讨。生命政治的"去主体化"导致了主体的"去实体化"、传统认同的破坏、主体的幻象化，造成了主体的"空无"及"对象化"。对生命政治"去主体化"的反思要求"主体"的回归。生命政治的"再主体化"是"主体"回归的方法，它通过主体的"再认同"、幻象的穿越、生命"过度"的构造，促成了"主体"的再生产，并最终推动了"内在解放"的实现。

第二、三、四章是对生命"外在解放"的详细论述，主要探讨齐泽克为何及如何将生命从"暴力""排除""控制""威胁"等外在束缚之中解救出来。其中第二章主要解决生命安全的问题。齐泽克从"暴力"出发，通过对恐怖主义暴力与反恐战争暴力的批判分析，利用"改变坐标"的行动来消除"暴力"，力图将生命从"暴力"之中解救出来，以促进生命安全的实现。第三章主要解决生命福利的问题。齐泽克以"排除"为视角，通过对物质福利性"排除"和制度福利性"排除"的反思批判，利用"共产主义预设"来克服"排除"，希冀将生命从"排除"之中解救出来，以推动生命福利的管理。第四章主要解决生命自由的问题。齐泽克从"控制"的视域出发，通过对"数字化"控制、"意识形态"控制、"体制"管制、"债务"控制的批判，主张利用数字化的"社会化"、意识形态的"暴力干预"、"改革社会"、"回溯性地撤销"等方法来解除"控制"，以促进生命自由的实现。

第五章主要讨论生命政治的生活实践问题，探讨了齐泽克是如何将生命解放的伟大事业付诸生活实践的。齐泽克围绕生命政治生活实践的实质、当前的"行动"、现实意义等三个方面的分析，完成了对生命解放生活实践的探讨。他阐明了生命政治生活实践的实质是促进生命解放的"增量式"实现，而当前人们需要付诸的"行动"是"秩序"生产、超越"宽容"、强化"生命意识"，其现实意义是促进生命的"觉醒"。

结语部分从马克思主义出场学的视角出发，着重探讨齐泽克"生命政治"思想的出场意义及局限，并对"后齐泽克生命政治"的理论发展做出展望。齐泽克生命政治实现了对当代三种生命政治理论的批判，促进了生命政治的积极化转向，推动了生命政治治理范式的嬗变，但是它的出场依然存在着"机体"观照乏力、生命科技挑战、话语建构暴力等不足。因此，"后齐泽克生命政治"应从生命权力、生命平等、生命自由等维度出发，需围绕当代生命诉求的回答，进一步推动生命解放的探讨及实践。

五　"生命政治"及其问题意识演进

　　目前基于修辞学的考察，能够查找到较早使用"生命政治"一词的是哈里斯（G. W. Harris）。他指出"生命政治"（Biopolitics）这个词之所以被创造及使用，"可通过其自身意义及被用来诠释政治，以证成其合法性"。在他看来，"生命政治指的是在国家层面应当考虑的两个方面之政策，首先是人口的增长与竞争，其次是男性承担国家义务的本能"。① 哈里斯利用"生命政治"来诠释和分析政治，显然借鉴了生命哲学用生命来诠释一切的方法论。随后"生命政治"一词开始出现在政治学、医学、宗教学、地理学、伦理学等诸多学科的话语体系之中。从地域上考察，20 世纪 20~40 年代的德国已开始广泛地使用"生命政治"一词，② 尤其是在政府部门的文件及官僚讲话中频繁地出现，它常常被用来意指种族的优化及人口的治理。然而，由于"生命政治"一词被纳粹赋予了鲜明的法西斯主义色彩，二战后它一度消失在人们的视野中。

　　福柯在 20 世纪 70 年代重新启用了"生命政治"一词，并将它看成自由主义社会下的一种治理技艺。因此他将生命政治理解为"人们以某种方式试图使那些由健康、卫生、出生率、寿命、人种等这些在人口中构成的活人总

---

① G. W. Harris, "The First Use of Biopolitics," *The New Age*, 28th December, 1911, 转引自 http://www. generation-online. org/c/fc_ biopolitics1. htm。

② 关于"生命政治"在 20 世纪早期德国使用的情况，可参见 Karl Binding, and Alfred Hoche, *Die Freigabe der Vernichtung Lebensunwerten Lebens: Ihr Maß und ihre Form*, Leipzig: Felix Meiner Verlag, 1920; Oscar Hertwig, *Der Staat als Organismus: Gedanken zur Entwicklung der Menschheit*, Jena: Gustav Fischer Verlag, 1922。

体之特有现象向治理实践所提出的各种问题合理化"。① 在福柯之后，阿甘本、奈格里、埃斯波西托等人沿袭福柯的学术理路，并赋予了生命政治多样化的内涵。阿甘本则认为，当代生命政治的内涵是政治直接将赤裸生命作为其对象，因而"生命政治本质上是'死亡政治'"。② 在奈格里看来，所谓生命政治，是指"权力不仅通过一系列规训手段力图支配个体，而且力图支配整体生命，这个整体生命因而被组合为人口"。③ 埃斯波西托从生命自身的免疫机制出发，努力将生命政治纳入"免疫范式"的语境之中，最终生命政治变成了对"生命免疫剂量"的管理。④ 尽管以上学者从不同视角对生命政治进行了新的诠释，并对生命政治的"内涵"进行了丰富，⑤ 但是"生命政治"依然未能跳出福柯所开辟的"治理主义"的语义范畴。

　　齐泽克对"生命政治"的理解，突破了福柯以来"治理主义"的语义指涉。在他看来，"生命政治则是指对人类生命的安全及福利的管理，且以这种管理为其第一要义"。⑥ 同时，他还通过对生命控制、生命威胁等的批判分析，将"生命自由""生命健康"等视为当代生命的重要诉求，因而他将"生命自由""生命健康"指认为生命政治的治理对象，并把对它们的管理视为生命政治的语义指涉之一。最终，他的"生命政治"⑦ 以对

---

① 〔法〕米歇尔·福柯：《生命政治的诞生》，莫伟民、赵伟译，上海人民出版社，2011，第280页。
② 汪民安、郭晓彦主编《生产》第7辑《生命政治：福柯、阿甘本与埃斯波西托》，江苏人民出版社，2011，第58页。
③ Antonio Negri, *Reflection on Empire*, Cambridge：Polity Press，2008, p. 70.
④ Roberto Esposito, *Bios：Biopolitics and Philosophy*, Minneapolis and St. Paul：University of Minnesota Press，2008.
⑤ 除福柯、阿甘本、埃斯波西托之外，当代学者托马斯·雷姆科（Thomas Lemke）、张一兵、王丹等分别从不同角度对生命政治的内涵进行了诠释。雷姆科认为，生命政治指的是一个由伦理关怀、政治挑战和经济利益所构成的宽泛综合体。参见 Thomas Lemke, *Biopolitics：An Advanced Introduction*, New York：New York University Press，2011。张一兵认为，生命政治的基本内涵是使奴役肉身化。参见张一兵《关于生命政治》，《当代艺术与投资》2011年第8期。王丹指出，在激进思想的视域下，生命政治本质上是人本主义批判，它通过对现代人生存状态的揭露，试图打碎对人的统治形式，实现人的真正自由。参见王丹《西方激进思想中的生命政治》，中国社会科学出版社，2017，第8页。
⑥ Slavoj Žižek, *Violence：Six Sideways Reflections*, New York：Picador，2008, p. 40.
⑦ 齐泽克"生命政治"的语义指涉不仅契合了时代的生命诉求，而且具有一定的开放性。一方面，齐泽克对"生命政治"内涵的理解并非一成不变，而是不断地通过对当代各类生命"事件"的反思来对其丰富及发展；另一方面，随着当代学者对齐泽克文本研究的不断深入，人们对其"生命政治"内涵的理解及把握也在不断地丰富和深化。

人类生命的"安全""福利""自由""健康"等的管理为核心，紧紧抓住了人类生命存在的前提及保障，进而为人类"生命"的存在与发展奠定了基础。齐泽克通过对"生命"的积极性诠释，确立了生命的主体性地位。因此，他的"生命政治"已不再是对人类生命自身的治理，变成了对人类生命的"安全""福利""自由""健康"等的管理，从而促进了当代"生命政治"语义的进一步丰富及发展。

生命政治对生命哲学的批判与借鉴。诞生于19世纪末20世纪初的生命哲学①，赋予生命以本体论的意义，认为生命是唯一的"实在"，只有生命才能够解释世界的本质及动力。正如叔本华曾将世界视为意志的表象，生命因意志而存在。尼采则强调权力意志，并提出要真正体验生命就必须站在生命之上。狄尔泰认为生命来自体验，而奥伊肯则主张生命即是"精神生活"，并认为它是最真实的"实在"。柏格森从生物学的意义来界说生命，并把生物的特性赋予一切现实之物，并认为生命即是生命冲动，它是宇宙万物的本原。由以上观之，尽管生命哲学最终陷入唯心主义的窠臼，但它将"生命"纳入哲学研究的范畴，不仅实现了对生命的"高度审视和重新评估"，② 更对生命政治的诞生产生了深刻的影响。实际上，20世纪初期生命政治的话语出场，建构在对生命哲学批判及借鉴的基础之上。尽管早期的生命政治否定了生命哲学的"生命实在论"，但是它一方面批判继承了生命哲学以生命为中心、挖掘生命本能、重视生命价值、强调生命的创造性等思想，另一方面又学习借鉴了生命哲学从生命出发并用生命的发生和演变来诠释世界的方法论。

问题导向是马克思主义认识论的基本要求。马克思指出："问题是时代的格言，是表现时代自己内心状态的最实际的呼声。"③ 回答并指导解决问题是"理论"的根本任务，也是"理论"能够不断创新和发展的根本动力。实际上，"理论"的每一次发展，都有着"问题意识"的演进。在此意义上说，厘清了"问题意识"的演进，也就抓住了"理论"发展的逻辑

---

① 生命哲学是19世纪末20世纪初在德、法、英等国出现的一个哲学流派，主要代表人物有叔本华、尼采、柏格森、狄尔泰、西美尔等。

② Thomas Lemke, *Biopolitics: An Advanced Introduction*, New York: New York University Press, 2011, p. 9.

③ 《马克思恩格斯全集》第1卷，人民出版社，1995，第203页。

脉络。显然，生命政治自诞生之日起，便随着"问题意识"[①]的演进，而不断地发生着范式的嬗变。

（一）生命的"基础化"："自然主义生命政治"

"自然主义生命政治"[②]摒弃了生命哲学的生命本体论，确立了"生命作为基础"的问题意识。生命哲学将"生命作为实在"，建构了生命本体论，这对瑞典地缘政治学家鲁道夫·科耶伦（Rudolf Kjellén）产生了巨大的影响。它促使科耶伦从生命出发，用"生命阐释"的方法解释政治现象和政治行为。尽管科耶伦在研究方法上对生命哲学有着借鉴，但他在"问题意识"上却并未沿袭生命哲学的学术理路。他视生命为基石，而不再将生命作为"实在"。科耶伦用生命的生成及发展来诠释政治，最终将"生命政治"带入"自然主义"之境，从而促成了"自然主义生命政治"的出场。"自然主义生命政治"将生命作为基础，它强调政治行动遵循于"有机体"的生物学规律，需要应用认知行为学、进化论、生物学等学科的知识来分析政治行为、政治结构及政治过程。

"自然主义生命政治"有着"有机论生命政治"和"种族论生命政治"两个方面的衍变。科耶伦率先将生命有机体理论应用于对政治的诠释，而他关于"国家有机体"的相关理论，即是对生命政治进行的一种典型的自然主义阐释。20世纪30~40年代，在德国卫生部门出台的诸多文件及官方讲话[③]中开始频繁使用"生命政治"一词，用以强调人口的优化及基因的完善。随着纳粹主义将"优生学"引入生命政治，"种族论生命政治"出场。从此，纳粹以"种族"和"优生"为借口，对德意志人进行

---

① 当代德国学者托马斯·雷姆科在《〈生命政治〉导读》（Thomas Lemke, *Biopolitics: An Advanced Introduction*, New York: New York University Press, 2011）中对生命政治的问题意识进行了初步考察，但遗憾的是他并未能厘清福柯以后"治理主义生命政治"的"问题意识"隶属，也缺乏对"生命解放"问题意识的审视。本书在学习借鉴雷姆科方法论的基础之上，试图对生命政治的问题意识进行更加广泛、更加宏观的梳理，以弥补雷姆科探讨之不足。

② "自然主义生命政治"诞生于20世纪初，主张对生命进行自然主义的阐释，它是生命政治第一个理论上的出场形态。

③ 最为典型的是曾任德国卫生部长一职的汉斯·雷特尔（Hans Reiter）在1934年的一场演讲中使用"我们的生命政治"的话语叙述，用以强调雅利安种族的优越性及其人口数量的提升。参见 Thomas Lemke, *Biopolitics: An Advanced Introduction*, New York: New York University Press, 2011, p.12。

种族筛选和人口控制，他们将犹太人、吉卜赛人、斯拉夫人等视为"劣等民族"，实施种族压制，并最终发起了针对犹太人的"排犹运动"和"种族清洗"。

当然，无论是"有机论生命政治"，还是"种族论生命政治"，它们对生命的理解最终都陷入特定的话语指涉之中，进而限制了对生命进行更为宽泛性诠释的可能。其中，"有机论生命政治"对生命进行了"有机体理论"的阐释，而"种族论生命政治"则对生命进行了"优生学"的诠释。可谓"当与这样一种对生命的限制性理解联系在一起的时候"，① "自然主义生命政治"便面临着合法性的诘难。实际上，只是把生命当作"基础"，不仅是一种典型的语言暴力，同时也是危险的，因为它排除了对"生命"的其他理解，从而限制了人们对"生命"进行多样化诠释的可能。

（二）生命的"对象化"："政治主义生命政治"

"政治主义生命政治"② 确立了将生命视为"对象"的问题意识，实现了对"自然主义生命政治"的嬗变。从 20 世纪 60 年代起，生命政治开始发生明显的转向，"生命"开始作为政治的"对象"而存在。然而，基于研究视角选择的不同，"政治主义生命政治"最终又产生了"生态主义生命政治"和"治理主义生命政治"的分野。前者围绕"生命"自身，重视医疗技术的干预及应用；而后者围绕"治理"，关注"政治学"的介入及分析。

具体言之，一方面，随着"生态主义生命政治"和"技术中心主义生命政治"的相继出场，生命政治发生了"政治主义"的转变。"生态主义生命政治"将人们引入对生命所处生态系统的关注之中，它将"生命过程"作为政治反映和政治行动的新对象，旨在寻求解决全球生态危机的方法，以实现人类对自然环境的保护。自 20 世纪 70 年代以来，随着基因科学、产前筛选技术、分子诊断技术等的突破性发展，"生命政治"发生了一场由"生态主义"向"技术中心主义"的嬗变。"技术中心主义生命政

---

① 迈克尔·莱特：《生命政治概念的系谱研究新成果》，张珊译，《国际社会科学杂志》（中文版）2013 年第 3 期，第 96 页。

② "政治主义生命政治"诞生于 20 世纪 60 年代，它是对生命的一种政治主义理解，其最大的特点是将生命视为政治的"对象"，意图通过政治的手段来控制和奴役生命。

治"涵盖了"生态主义"和"技术中心主义"的方法，它不仅肩负着拯救濒危物种、降低环境污染、保护自然资源等生态功能，更承担着对"技术干预"在法律和道德双重维度内可接受边界的监管。它诉求技术手段的应用，重视医学技术的突破。

另一方面，福柯开辟的"治理主义生命政治"[①]，揭露了"生命"遭受控制、奴役的过程。在福柯看来，生命政治是一种生命权力，这种权力对生命施加肯定性的影响，并致力于管理、优化和繁荣生命。为此，福柯建构了"生命权力说"。随后，阿甘本、哈特与奈格里、乔·佩因特（Joe Painter）等人承继福柯的学术理路，阿甘本从"赤裸生命"出发建构了生命政治的"神圣人说"，哈特与奈格里开辟了生命政治的"帝国说"，乔·佩因特建立了"区域生命政治说"。[②]

尽管"政治主义生命政治"摒弃了"自然主义生命政治"将生命"基础化"的问题意识，但是它将生命视为政治的客体，最终使生命政治变成了对生命的治理，为世人所诟病。事实上，当生命政治沦为生命统治的治理工具之时，其本身即面临着正义性认同的辩难，最终它诱发人们将视镜聚焦于"治理主义生命政治"的"逆向维度"，即那些能够对"生命"进行积极性诠释的生命政治，从而为"生命解放"问题意识的生成奠定了基础。

（三）生命解放：齐泽克生命政治

齐泽克对生命奴役的批判，促成了"生命解放"问题意识的生成。近代启蒙运动赋予生命"自由主义"的内涵，它揭露了有史以来生命统治的悲惨现实，吹响了近代生命解放的号角。三次工业革命及两次世界大战的爆发，促使人们更加关注对生命处境的追问及反思。尤其是福柯开辟的生命政治，展现了权力统治下的"生命规训"和"精神疯癫"，引发了人们

---

① "治理主义生命政治"肇始于法国著名思想家福柯，他在《词与物》《生命政治的诞生》《性史》等著作中对生命政治进行了诠释，将生命政治纳入自由主义的框架之中，且认为它是一种治理术，因此他开辟的生命政治通常被人们称为"治理主义生命政治"。随后，阿甘本、哈特与奈格里、埃斯波西托等诸多思想家沿着福柯的学术理路，分别从不同视角出发对"治理主义生命政治"进行了丰富及发展。

② 乔·佩因特在《区域生命政治学》（*Regional Biopolitics*）中，借助于福柯在其著作中所阐发的有关生命政治的思想来重点谈论英国所出现的区域管治问题，即把生命政治学运用到区域地理研究之中，以考察区域人口的管治问题。

对生命奴役的反思和批判，进而使生命能否摆脱奴役、可否走向解放最终成为生命的时代诉求。当然，无论是福柯、阿甘本，还是哈特、奈格里，他们的生命政治皆是将"生命"视作"对象"，即将"生命"视为一种客体而存在。由于他们并未从生命主体的视域出发，以聚焦对生命解放的探讨，因而他们未能从根本上解决生命奴役的问题。置身于生命解放呼声之中的齐泽克，紧紧抓住时代追问的契机，坚持了将现实的"人"进行"主体化"的马克思主义立场，并针对生命奴役，建构了以"生命解放"为问题意识的生命政治，从而弥补了福柯、阿甘本、哈特、奈格里等人所未曾完成的理论探讨。实际上，齐泽克对"生命解放"理论诉求的密切关注，源自他对生命奴役有着切身的生命体验。他目睹了西方霸权主义，尤其是全球化所带来的生命控制和系统性暴力，还见证了恐怖主义"非理性暴力"的爆发。"9·11"恐怖袭击事件的爆发，以及新冠疫情的全球蔓延，促使齐泽克从生命解放出发，并通过对生命安全、生命福利、生命自由、生命健康等议题的探讨，进而建构一种全新的生命政治形态。

齐泽克将"生命"视为"主体"而存在，赋予了生命政治积极性的内涵。齐泽克生命政治实质上是一种有关生命解放的生命政治，因而所要解决的核心问题是"生命解放"，即将"现实的人"从"自我奴役""暴力""排除""控制""威胁"等束缚之中解救出来，以促进其自由发展。一方面齐泽克的"生命解放"对马克思主义人类解放思想有着批判继承。马克思主义对"自我奴役"、暴力特性、制度弊端等的批判分析，在齐泽克那得到了呼应及共鸣。因而，齐泽克坚持从"自我奴役"的解放出发，并用"暴力"来克服暴力，且希冀通过西方社会"坐标"的改变，以将生命从各种外在的束缚之中解放出来。另一方面，齐泽克对马克思主义人类解放思想有着一些新的探讨。齐泽克的"生命解放"，面临着诸多新的解放难题与新的解放诉求。因而，齐泽克将那些遭受西方社会"排除"的"赤裸生命"视为生命解放的主体，进而实现了对传统无产阶级解放主体理论的新阐发。齐泽克所探讨的"债务"的生命控制、"数字化"控制等揭示了人类解放的新难题与新任务，拓展了马克思主义人类解放研究的主题，丰富了马克思主义人类解放思想的内容，开辟了马克思主义人类解放思想的新境界。同时，齐泽克还将"生活实践"视为生命解放的现实路径，实现了对马克思主义人类解放道路的新探索。实际上，齐泽克通过对"生命政治"的解放性诠释，将"生命"从福柯以来"治理主义生命政治"的"对象化"身份之中解救出来，并使其回归到马克思所言的"历史创造者"与"世界改变者"的位置，从而使"人"成为"主体"，成为一个"大写的人"。显然，齐泽克将"生命"视为生命政治的根本旨趣所在，实现了由"对生命的治理"向"为生命的治理"的转变，这不仅摒弃了福柯以来"治理主义生命政治"的问题意识导向，并实现了对福柯、阿甘本、哈特、奈格里、埃斯波西托等人的理论超越，更开启了"生命解放"的征程，从而为当代"生命"的诠释增添了新的内容。

第一章　生命政治的“主体”回归

　　生命政治“主体”的回归意指生命主体地位的回归，即生命由“对象化”向“主体化”的转变，它标志着生命自身解放的完成。生命解放是一项宏大的事业，它不仅是指将生命从各种外在的束缚之中解救出来，更指涉将生命从自我奴役之中释放出来。前者常常被称为生命的“外在解放”，而后者往往被称作生命的“内在解放”。本章主要就后者，即生命的“内在解放”做详细的探讨。

　　人们对生命“内在解放”的探讨贯穿生命政治发展的全程，从福柯到阿甘本，再到齐泽克，可谓从未有过止息。福柯是生命政治“主体”回归的先行者，在他那里，“每一主体自我管控模式的建构，并未有任何普遍法则的支撑，主体必须处置好内部各力量之间的对抗”。① 这就意味着主体要不断地生产出自己，并完成对“自我”的塑造，才能够找到自己特有的生存方式，可谓“主体是自我调停的力量，它能够调和各力量间的对抗”。② 可见，在福柯看来，主体只有借助于自我形象的恢复及重塑，才能够切实地掌握“原乐”的享用。阿甘本则从奥斯威辛集中营的悲惨叙事中，认识到“去主体化”和“再主体化”是生命政治的双重伴奏，而“主体”的回归则是生命政治永恒的主题。尽管福柯与阿甘本已经意识到

----

① Slavoj Žižek, *The Sublime Object of Ideology*, London · New York：Verso, 2008, p. XXIV（Introduction）.

② Slavoj Žižek, *The Sublime Object of Ideology*, London · New York：Verso, 2008, p. XXIV（Introduction）.

"主体"回归的重要性，但他们的探讨并未能实现对其的彻底解决。

　　齐泽克在福柯与阿甘本探讨的基础之上，将"主体"回归置于 20 世纪以来重大历史叙事的背景之下，并观照当代生命政治实践中的"去主体化"思潮和"再主体化"诉求。齐泽克认为，全球的主体化最终导致了人类主体性的丧失，并指出"客观世界将个体的主观世界蚕食到了这样的地步，以至于主体性只剩下一点或者没有了"。[①] 对此，他提出，"主体'解放'自身的方式并非通过'克服'他者所服从的否定力量"，[②] 而是应积极地参与"他者"的自我指涉，即"他者"被一个自我指涉的否定关系所表明，也恰恰"正是这种否定界定了主体自身"，[③] 从此才使主体摆脱了"他者"意志的控制，而服从于一种作为调节关系的"法律"。实际上，齐泽克有意从拉康的精神分析理论出发，通过对生命政治"去主体化"和"再主体化"两个层面的探讨，完成了对"主体"为何要回归、怎样回归等命题的回答，不仅解决了"主体"回归的理论追问，更促成了生命"内在解放"的实现。

第一节　生命政治的"去主体化"

　　"去主体化"是 20 世纪 60 年代"解构主义"的重要主张，它强调主体的去中心化，并认为"主体脱胎于前主体的文本过程"。[④] 实际上，"去主体化"思潮的滋生深受尼采"末人"[⑤] 思想的影响，且和 20 世纪 30 年代以来法西斯主义的盛行有着密切的关系。法西斯主义过度强调生命的本能，并无限地夸大人的主观能动性，引发了"人类中心主义"[⑥] 的膨胀，

---

① 〔英〕托尼·迈尔斯：《导读齐泽克》，白轻译，重庆大学出版社，2014，第 44 页。

② Slavoj Žižek, *For They Know Not What They Do*: *Enjoyment as a Political Factor*, London · New York：Verso，1991，p. 266.

③ 〔斯洛文尼亚〕斯拉沃热·齐泽克：《延迟的否定：康德、黑格尔与意识形态批判》，夏莹译，南京大学出版社，2016，第 81 页。

④ Slavoj Žižek, *The Parallax View*, Cambridge, MA：MIT Press，2006，p. 175.

⑤ "末人"（the Last Man）是尼采创造的词语，它意指病态的人群，他们是一种厌倦生活、没有梦想、毫无热情的冷漠生物，是与"超人"相对并限制"超人"的人。

⑥ "人类中心主义"认为人是世界的主宰和中心，世界的一切都是人创造的，从而过度地拔高了人的创造性和人的地位，最终陷入主观主义的窠臼。

导致了"主体化"的泛滥，最终"人"上升为世界的主宰，人的意志成了绝对性的力量。在此语境下，生命成了统治阶级利用的资源和操纵的对象。第二次世界大战结束以后，"解构主义"掀开了"去主体化"的大幕，它试图将"人"从"主体化"的泛滥之中拉回到现实的世界，从而为"主体"回归"常态"奠定了基础。因此，"去主体化"在特定历史背景下的出场，有着一定的必要性与合理性。然而，由于 20 世纪后半叶"去主体化"的失控和泛滥，① "主体化"严重丧失。"主体化"已经由二战前的"过度性"肯定，变成了"过度化"祛除，最终"主体性"丧失殆尽，主体已经沦为拉康和齐泽克视界中的"空无"。在阿甘本看来，"现代国家像某种去主体化的机器运行着"，② 主体已彻底沦为齐泽克所声称的盛放"虚无"的空白档案。为此，齐泽克从生命政治的"去主体化"出发，关注主体的"去实体化"、传统认同的破坏及主体的幻象化，以揭露现实生命的"去主体化"及"去主体化"后的主体境遇，进而为生命政治的"再主体化"和主体的自我解放奠定基础。

一 主体的"去实体化"

主体的"去实体化"是生命政治"去主体化"的重要体现，其实质是剥夺了主体之为主体的支撑之物，即剥夺了建构主体的"实体"，从而使主体变得"空无"。可见，主体的"去实体化"是对笛卡尔所建构的主体范式的一种颠覆，它不仅使生命沦为一种"对象"而存在，更使生命体验变得虚拟化，同时主体的真实生活也开始变得"非物质化"。因此，主体"去实体化"不仅导致了主体性的丧失，更使生命政治变得"非人化"，从而使"生命"陷入"自我奴役"的窠臼。

（一）主体被剥夺了"实体"

笛卡尔是现代主体思想的奠基者，他认为主体即是实体，并提出由于

---

① "去主体化"在当代的典型表现即是去中心化、反对权威及反对传统建制，尤其是互联网技术的迅猛发展，使得"去主体化"的趋势更加明显。

② 汪民安、郭晓彦主编《生产》第 7 辑《生命政治：福柯、阿甘本与埃斯波西托》，江苏人民出版社，2011，第 34 页。

"我思"所以"我在"，对后世影响深远。齐泽克认为，笛卡尔将"我思"视为哲学的起点，"并把生命在内的所有现实化约为绵延的实体"，[①] 是一种典型的"反人本主义"表现。然而，笛卡尔以"实体"建构"主体"的思想，一经提出即遭遇挑战。不同于笛卡尔对主体的"实体"性认识，弗洛伊德提出主体是无意识的主体，阿尔都塞则认为主体是"误认"的主体，福柯的主体观有着浓厚的古典主义色彩，而哈贝马斯的主体则是一种具有古老超验的反思的主体。后结构主义代表德里达认为主体只是语言的一个"功能"，"是象征界的一台注定要用腹语说出大他者之话语的自动机"。[②] 新达尔文主义则认为"主体是空间"。[③] 然而，对拉康而言，主体是一个分裂的主体，是"所指的主体"，而主体的悖论就在于它只有通过自己根本的不可能性，通过那永远阻止它成为"主体"的"剩余之物"[④] 才得以存在。这也就意味着，在拉康看来，主体因"过度"而存在，因此主体最终是一种"过度"的主体。

尽管以上思想家从不同角度对主体进行了多样化的认知，丰富了"主体"的思想内涵，但齐泽克坚持要回到笛卡尔的"实体"范畴，他认为"精神分析的主体并不是某种原始的本能冲动的主体"，[⑤] 而是那个正如拉康一再指出的，现代的、笛卡尔式的科学主体。因此，他认为只有当人类丧失了自己的特权地位，只有当人类被化约成一种现实的因素时，如此的主体才会出现，"主体是纯粹的非物质性空白，而不是现实的实体性部分"。[⑥] 可见，当前生命政治的主体是一个空无的主体，是一个被剥夺了实体性的主体，而这种"剥夺"已经蔓延到生命场景的方方面面。例如提供一个产品，同时剥夺它之所以成为它的实体，这在日常生活中随处可见。

---

① Slavoj Žižek, *The Parallax View*, Cambridge, MA: MIT Press, 2006, p.164.

② 〔英〕托尼·迈尔斯：《导读齐泽克》，白轻译，重庆大学出版社，2014，第44页。

③ Slavoj Žižek, *The Parallax View*, Cambridge, MA: MIT Press, 2006, p.126.

④ "剩余之物"（Surplus-things）是拉康精神分析理论中的一个常见术语，它意指一种"过度之物"，又称"补充之物"，齐泽克曾将其比喻成"在喉之鲠"。这里的"剩余"并非一般意义上而言的，从某个数量里减去一部分后，遗留下来的那部分。它在精神分析话语之中有着特定的指涉，是指在某个数量之外增加的部分，是一种额外之物，也被称为"过度"。

⑤ 〔斯洛文尼亚〕斯拉沃热·齐泽克等：《图绘意识形态》，方杰译，南京大学出版社，2006，第27页。

⑥ Slavoj Žižek, *The Parallax View*, Cambridge, MA: MIT Press, 2006, p.164.

我们在购物商场里能找到诸多这样的商品,它们被剔除了使其真正成为该种商品而非其他商品的"根本属性",如不含咖啡因的咖啡、去脂化的奶油及无醇的啤酒等,尽管它们依然被称为咖啡、奶油及啤酒,但它们已经失去了作为该种商品的"实体",剩下的只是"符号"的指称而已。同时,网络世界中的"虚拟性爱"和"无伤亡的战争"①,也成为生命政治"去实体化"的真实写照。主体的"去实体化"导致了主体的虚无,使主体沦为一个无法被"铭写"的"空白",从而引发了"神圣人"②的诞生。当现实的"人"变成了"赤裸生命",主体性也丧失殆尽,主体彻底变成了"去主体化"的主体,变成了一个"空无",进而使生命沦为生命政治的对象,生命政治也就变成了"非人"的生命政治。

(二) 生命体验的"虚拟化"

生命体验是主体一种重要的实践方式,然而主体的"去实体化"直接导致了主体生命体验的非现实化,即"虚拟化"。在齐泽克看来,"我们的日常生活已经虚拟化",③ 而我们日复一日地生活在这个由人工建构起来的世界里,因此回到"实在界"④,扎根于某种"真正的现实"成为主体不可抗拒的冲动。

主体生命体验的"虚拟化"主要表现在两个方面。第一,"虚拟现实"被体验为"现实"。所谓"虚拟现实",即它提供了现实,"但又剥夺了现实之为现实的实体,剥夺了实在界坚硬的抵抗之核"。⑤ 这在真人秀节目、"虚拟性爱"、"网络交往"等生命体验中得以佐证。尽管真人秀节目是一种按照剧本编排进行的虚假表演,然而它带给观众的直觉体验依然是

---

① "无伤亡的战争"由科林·鲍威尔(Colin Powell)所提倡,即指没有战争的战争,它并非没有伤亡,而是强调"我方"的毫无伤亡。参见 Slavoj Žižek, *Welcome to the Desert of the Real!*, London · New York: Verso, 2002, pp.10-11。

② "神圣人"(Homo Sacer),又称"赤裸生命",是指在古罗马被排除在世俗法律和"神法"之外的人,他们不能被用于献祭,他们被剥夺了作为市民的资格,可以被随意处置和杀戮,被当作"非人"来看待。此外,汉语界曾有学者将其翻译为"牲人"。参见 Giorgio Agamben, *Homo Sacer: Sovereign Power and Bare Life*, Stanford: Stanford University Press, 1998, pp.52-55。

③ Slavoj Žižek, *Welcome to the Desert of the Real!*, London · New York: Verso, 2002, p.19.

④ "实在界"(the Real),或称"真实界",是拉康常用的精神分析术语,它是指语言分割之前的世界,它和想象界、象征界一起构成了人类栖居的三个基本维度。

⑤ Slavoj Žižek, *Welcome to the Desert of the Real!*, London · New York: Verso, 2002, p.11.

生活之中的"真实"。"虚拟性爱"实际上是一种没有肌肤之亲的性爱，但它带给主体的依然是赤身肉搏般的"现实"体验。在齐泽克看来，那些让人们产生快感和生理冲动的色情片，"或许展示了虚拟现实的终极真相"。①虽然"虚拟现实"被主体体验为"现实"，但它不是真正的现实。如同不含咖啡因的咖啡，尽管它不论闻起来还是喝起来都与真正的咖啡无异，但不是真正的咖啡。实际上，"虚拟现实"的真正教训在于对"真正的"现实的虚拟化，并通过虚拟现实的幻象，"真实"的现实则沦为一种假象。

第二，"真正的现实"被体验为"虚拟现实"。"真正的现实"是指真实的人在生产、生活过程中所处的场域，它是一种主体之间彼此交往的、切实存在的社会现实。在齐泽克看来，虚拟化过程的另一极端则是我们开始把"真正的现实"体验为"虚拟现实"，这时"真正的现实"与"虚拟现实"之间的界限开始变得模糊。当"真正的现实"被主体体验为"虚拟现实"之时，"真正的现实"即丧失了"现实感"，其"实存性"遭受遮蔽。因此，对大多数民众而言，纽约世贸中心大厦的倒塌仅仅是发生在电视上的一个悲惨事件而已。"9·11"恐怖袭击事件的惨烈"现实"，经过电视新闻轮番转播，人们观看后也许会产生悲情，但绝不等同于在事件现场目睹之后所产生的悲痛。此外，现代战争已经被剥离了实体，战争仿佛一款虚拟游戏，真实的战争变成了虚拟的"战争"，似乎它只是发生在电子显示屏上而已。一旦交战双方把真实的战争当作一款虚拟游戏，无论它实际上有多么悲惨，而在"操纵者"眼里却看不到任何真正的流血牺牲和真实的死亡。以上"真正的现实"被体验为"虚拟现实"，而"现实"不仅丧失了"既视感"，更失去了它所蕴含的有待于主体去多维度解读的"意义"。

当然，无论是"虚拟现实"被体验为"现实"，还是"真正的现实"被体验为"虚拟现实"，在齐泽克看来，它们都是主体认知发生断裂的表现，最终将引发生命体验的虚拟化，从而使主体失去了"主体性"，并沦为被"他者"所控制及注视的对象。

① Slavoj Žižek, *Welcome to the Desert of the Real!*, London·New York：Verso，2002，p. 12.

（三）"真实生活"的"非物质化"

"真实生活"是生命政治主体活动的寓所，然而由于"实体"的缺乏及被剥夺了物质载体，它开始变得不"真实"，并逐步走向"非物质化"。所谓"真实生活"是"现实的人"所寄身的场所及活动的空间。齐泽克从当代好莱坞"一派繁荣"的景象之中看到了晚期资本主义消费社会的"真实生活"表象，"这样的真实生活已经被剔除了物质性的重要属性"。[①] 在齐泽克看来，"真实生活"如同真人秀节目一样开始具有舞台表演的功能，其左邻右舍在"真实生活"中的言谈举止与真人秀节目中的演员和临时演员无异。尽管他们都是在真实地生活，然而他们的行为如同表演一样，充满着精心设计，生活的场景也开始变得越来越"非物质化"。当然，构成今日"真实生活"表象的，从数字化特效到真人秀节目等，可谓环环相扣，纵横相连。

"真实生活"似乎不再严密地依赖传统的物质载体，"非物质化"成为主体生活的真实写照。对此，齐泽克指出，西方资本主义世俗化的社会和功利性的世界，就是"真实生活"的"非物质化"，就是由"实体性"和"物质性"向"幽灵式存在"的转化。齐泽克通过对马克思商品拜物教的分析，看到"恰恰是在'物神'丧失其物质形态，变成流动的'非物质'的虚拟存在之时"，[②] 商品拜物教才能淋漓尽致地发挥。当代"真实生活"的"非物质化"引发了"拜物教"的盛行，而信用卡、电子账户及虚拟货币在日常生活中的广泛使用，使生活变得更加"虚拟"和"无根化"，最终"资本"的抽象力量成为"去主体化"的主体的主宰，进而导致了主体的异化。在齐泽克看来，纽约世贸中心大厦倒塌后，现实生活中的恐怖行为导致"现实感丧失"，伤亡数字变成了袭击惨象的"物质性"表征，而真实流血的景象则很少被媒体报道，最终伤亡"数字"变成了"9·11"恐怖袭击事件的代表性符号。"真实生活"的"非物质化"诱发了主体生命体验的虚拟化，加速了主体的"去实体化"，从而使主体陷入无根的"虚无"之中，并迫使它只能如幽灵一般到处游荡。

---

① Slavoj Žižek, *Welcome to the Desert of the Real!*, London · New York: Verso, 2002, pp. 13-14.

② Slavoj Žižek, *Welcome to the Desert of the Real!*, London · New York: Verso, 2002, p. 36.

二　传统认同的破坏

生命政治"去主体化"必然伴随着对主体自身各种传统认同的破坏及消解。齐泽克将"想象性认同"与"符号性认同"视为主体认同的前后两个阶段。在他看来，所谓想象性认同，"是对这样一种形象的认同，我们以这种形象显得十分可爱"，[①] 这种形象代表着"我们想成为怎样的人"，即是一种对"他者"的确认及认同；而符号性认同，"则是对某个位置的认同"，[②] 这个"位置"是别人观察我们和我们审视自己的基点，通过对它的认同，以便我们显得可爱，显得更值得别人爱。想象性认同是主体理想化的"自我"，即"想要成为谁"的问题，它是"被构成"的认同。符号性认同是主体自我的"理想"，即"最终是谁"的问题，它是"构成性"的认同。可见，想象性认同和符号性认同是主体基于不同维度出发的"认同"，且二者难以交集。为此，齐泽克认为符号性认同的达成时刻，即是想象性认同瓦解之时。

生命政治"去主体化"，导致了认同的"短路"。[③] 所谓认同的"短路"，主要是指发生在想象性认同和符号性认同之间的"短路"。它造成了主体"想要成为谁"而"就是谁"的误认，从而使主体自身陷入"他者"的窠臼，主体成了带有"他者"色彩的"自我"，而未能回归到真正的"自我"，最终直接把"他者"当成了"自我"。"尊严"是"普通劳动人民"想象性认同的重要特性，"普通劳动人民"甚至可以把"赞美"和"理想化的形象"停留在想象性认同阶段，使其成为自我认同的"理想"，即那是想象性中的"自我"，然而他们一旦将"尊严"上升为符号性认同，变成"符指化"的"自我"，就出现了严重的认同"短路"。因为"普通劳动人民"可以想象他们是尊严的主体，但不能将尊严的主体就视为"自身"。认同的"短路"之所以发生在"普通劳动人民"身上，主要由于完

---

① Slavoj Žižek, *The Sublime Object of Ideology*, London·New York：Verso，2008，p. 116.

② Slavoj Žižek, *The Sublime Object of Ideology*, London·New York：Verso，2008，p. 116.

③ "短路"（short circuit）是物理学词语，齐泽克在文本中曾多次使用。北京师范大学季广茂教授将齐泽克话语叙述中的"短路"解释为原本没有交集的两个东西，由于某种原因，实现了相交，最终构成了短路。参见〔斯洛文尼亚〕斯拉沃热·齐泽克《意识形态的崇高客体》修订版，季广茂译，中央编译出版社，2014，第10页。

成认同的那些"缝合点",即"尊严"和"理想化的形象",并不是一种"现实"的存在。一方面,它们仅是统治阶级所施加的"过度",意在美化残酷的生命统治;另一方面,"普通劳动人民"并未通过"解放"实现对其"符指化"的指认和阐释,因而它们并不属于"普通劳动人民"自我认同的特征。想象性认同与符号性认同的"短路",不仅造成了传统认同的破坏,更为主体的自我认同和解放带来了挑战。

生命政治"去主体化",造成了认同的"歧途"。所谓认同的"歧途",主要是指想象性认同的一种误认和"符号性指认"的一种误导。主体认同的建构往往起步于对"楷模""模范""榜样"等的想象性认同的基础之上。在齐泽克看来,"对楷模、理想及形象制造者的认同是我们主要的和自发的认同"。① 因此,各类明星、艺人、政治家、英雄人物等最先成为青少年建构想象性认同的参照。我们认同某人是以他的某种特征、品性为根基的。然而主体的想象性认同并非全建构在对良善品性和高尚品格认同的基础之上,被认同的品性也有可能是失败的、脆弱的、肮脏的、对他人有负罪感的,如对希特勒的崇拜、对社会上"小混混"的膜拜。那些建构在劣质品性之上的"想象性认同"即是误入歧途的"典型",② 这在奥地利1986年的总统选举中得以体现。瓦尔德海姆是一位拒绝消解"创伤性过去"的总统候选人,其逃避面对过去,是一种负面的品性表征,却迎合了民众的期望,最终得到了多数选民的品性认同。为此,齐泽克指出,"右翼意识形态尤其善于把脆弱感及内疚感当作认同的品性提供给人们",③ 以供他们认同。希特勒则特别善于抓住主体想象性认同的这一"歧途",在他的诸多出场中,人们特别认同他那无力狂怒的癔症式爆发,因为他知道人们能够在"癔症式宣泄之中,'认出'自己"。④ 然而这种"认出"建构在希特勒精心设计的基础之上,它是一种被导入歧途的品性认

---

① Slavoj Žižek, *The Sublime Object of Ideology*, London・New York:Verso, 2008, p.117.
② 这类误入歧途的"认同"在现实世界中有着诸多鲜活的案例,在笔者看来,日本前首相安倍晋三即是典型。安倍是日本右翼的代表,他一再参拜靖国神社,并多次就侵华战争、慰安妇、南京大屠杀等发表不当言论,引起了日本国内外民众的不满,但是他的这些负面言论及那些有争议的"行动",恰恰迎合了日本右翼的需求,并成为日本右翼分子对其认同所在。当然,这类"认同"歪曲了历史事实,并伤害了中、韩、朝等国人民的感情,因而值得批判。
③ Slavoj Žižek, *The Sublime Object of Ideology*, London・New York:Verso, 2008, p.117.
④ Slavoj Žižek, *The Sublime Object of Ideology*, London・New York:Verso, 2008, p.117.

同，自然造成了主体想象性认同的紊乱和挫败。

此外，符号性认同往往因"符号"的"刚性指称"而对主体造成"误导"，甚至导致其自身的瓦解。齐泽克以黑帮话语之中的"疤面"为例，"疤面"的"符号性指认"不仅意味着一个人有着满脸的疤痕，同时还指涉我们正在和一个昵称为"疤面"的人打交道。当然，即便他脸上的疤痕刚刚通过整容而消失，但我们依旧称他为"疤面"。可见，"疤面"这一符号，已不仅是对那个"人"的简单描述，它被赋予了更多的语义内涵，已成为那个人的"刚性指称"。对整容之后"疤面"的符号性指认，已不再囿于原初的符号性意义，因此"疤面"的昵称，已将主体带入符号性认同的"歧途"。在齐泽克看来，米洛什·福尔曼（Miloš Forman）导演的捷克语电影，为"符号性认同"的瓦解提供了注脚。福尔曼的电影偏爱嘲弄那些日常生活中渺小的普通人，展示他们卑微的生活方式，展现他们伟大梦想的破灭及毫无结果。在齐泽克看来，这一姿态更加危险，因为福尔曼无意于摧毁官僚的想象性认同，他只是通过揭去专门表演给官僚看的景观面具，进而机智地推翻了官僚的符号性认同。可见，想象性认同起到了瓦解和推翻符号性认同的作用。实际上，无论是想象性认同的紊乱，还是符号性认同的误导，都将导致主体认同误入"歧途"，进而造成主体认同的破坏，从而为生命政治"主体化"的回归制造了障碍。

三　主体的幻象化

幻象使主体变得"虚无"。主体"去实体化"，导致幻象占据原来"实体"的位置，并充当了"实体"的填充之物，最终基本幻象成了支撑主体的存在之物。正如齐泽克所说，"最基本的幻象是主体性无法触及的，正是这种不可触及性使主体变得'虚无一物'"。[①]齐泽克将主体的"虚无"归因于幻象对"实体"的置换和填充，并认为在最基本的方面，幻象对主体而言是不可理解的，也正是这种不可理解性使主体变得"虚空"。齐泽克将这种促使主体变得"虚无"的幻象视作一种可建构的、想象性的

---

① Slavoj Žižek, *The Parallax View*, Cambridge, MA: MIT Press, 2006, p. 172.

场景，它是主体用以填补"大对体"① 欲望的空白和缺口。在齐泽克看来，人们常常用它来填补"根本不可能性"这一真空，并认为"幻象基本上是一个被我们用来遮掩空隙的屏障"②。可见，幻象能够为主体的欲望建构一个"坐标"，即建构一个能够促使我们欲求某物的框架。吊诡的是，尽管幻象充当了"实体"的填充之物，但是它一旦占据原来"实体"的位置，其本身也变成了"实体"，成为支撑主体的"实体"之物。正如齐泽克所言，基本的幻象是一个实体，而这个实体又具有极度的创伤性。因为它能够把主体关系陈述给"快感"，即它的存在的创伤性内核，它是主体所不能识别、未曾熟悉、永不能整合到其象征界的事物，"对这个幽灵式内核的公开揭露蒙上了一种不能忍受的羞耻，这将导致主体的失语及自我的删除"③。尽管幻象能够为主体提供一个想象性场景，能使主体忍受"大对体"的欲望这个深渊，并发挥着抚慰人心、令人心平气和的作用，但不可忽视的是幻象在结构上又对主体有着一定的"破坏"，它可以粉碎和扰乱我们的"现实"，并与生命的"现实"水火不容。幻象对"现实"的破坏，进一步加剧了主体的"空无"，最终加速"去主体化"。

基本幻象控制着主体的自我体验。"去实体化"的主体由于得到基本幻象的支撑，尽管逃脱了沦为"空无"的命运，但是其自我体验遭到它的控制，其主体性也几近丧失。基本幻象对主体自我体验的控制主要表现在两方面。首先，幻象对主体所处"现实"的控制，即幻象对主体现实生存处境的控制。齐泽克认为，"现实"是由幻象构造和支撑的。因此，信仰支撑着幻象，而幻象又调控着社会现实。对此，拉康也曾直言，"幻象是一种支撑物，它把一致性赋予我们所谓的'现实'"④。幻象对"现实"的左右，影响着置身于"现实"之中的主体。正如齐泽克所指，幻象借助于对"现实"的驾驭，实现了对主体活动的掌控。可谓正是幻象这一框架，不仅决定着我们在现实中的活动，更直接"决定着我们在'现实'之

---

① "大对体"（the Big Other）是拉康常用的词语，它不赋予任何事物以结构，它是偶然性的，但它拼命地掩盖自己的偶然性。它有多种表现形式，如黑格尔所谓的"历史的理性"即是典型。

② Slavoj Žižek, *The Sublime Object of Ideology*, London · New York：Verso, 2008, p. 141.

③ Slavoj Žižek, *The Metastases of Enjoyment：Six Essays on Woman and Causality*, London · New York：Verso, 1995, p. 178.

④ Slavoj Žižek, *The Sublime Object of Ideology*, London · New York：Verso, 2008, p. 44.

中的行为模式"。① 显然，幻象不仅为主体的"现实"活动提供了背景性框架，更为主体的场景本身能否成为"现实"提供了决定性说明。"9·11"恐怖袭击事件的发生，只是表明了那些常常出现在电视中的幻象性幽灵突然闯进我们生活的现实。在齐泽克看来，这不是"现实"进入了幻象，而是幻象进入并粉碎了"现实"，因此幻象成为何为"现实"的决定性因素。最终幻象通过对主体所处"现实"的决定，实现了对主体自我体验的控制。其次，基本幻象维持着主体的生存。基本幻象绝非一种可有可无的增补，它是主体得以存在的支撑之物。基本幻象正是利用对主体的绝对意志发挥，实现了对主体自我体验的控制。拉康曾提出，"'基本幻想'完全支持着主体的存在"，② 且认为主体有着构成性的"去中心化"。对其后果，齐泽克指出，主体的"去中心化"（即"去实体化"）导致了主体最隐蔽的主观体验的被剥夺，同时还"被剥夺了事物向主体真实彰显的样子"。③由于基本幻象构成和支撑着主体的存在之核，因此齐泽克断言，我们的生存是由基本幻象维持着的。显然，最终"主体的基本幻象控制着其自我体验的世界"。④

　　总之，主体的"幻象化"使主体陷入"空无"之中。无论是拉康，还是齐泽克，他们都期待精神分析"终极"时刻的到来，即等待"穿越幻象"的到来。在主体遭受"去实体化"的同时，原有的各种传统性认同也受到破坏，主体开始失去"主体"的位置，渐渐沦为一种"对象化"的存在。阿甘本曾指出，"去主体化"并不仅仅存在着黑暗的一面，它不仅是纯粹地毁灭了所有的主体性，"它还有更加多产而诗意的另一面"。⑤ 实际上，阿甘本的言外之意指涉"去主体化"所拥有的充满诗性正义的一面，即"去主体化"在破坏传统认同的同时，还有着促进"再生产"的一面，这种"再生产"不仅意指认同的再编码，还指涉主体自身，可谓"破坏"给"生产"创造了一定的可能性空间，最终"去主体化"导致了人们对

① Slavoj Žižek, *The Sublime Object of Ideology*, London·New York: Verso, 2008, p. 48.
② Slavoj Žižek, *The Ticklish Subject: The Absent Centre of Political Ontology*, London·New York: Verso, 1999, p. 266.
③ Slavoj Žižek, *The Parallax View*, Cambridge, MA: MIT Press, 2006, p. 171.
④ Slavoj Žižek, *The Parallax View*, Cambridge, MA: MIT Press, 2006, p. 171.
⑤ 汪民安、郭晓彦主编《生产》第7辑《生命政治：福柯、阿甘本与埃斯波西托》，江苏人民出版社，2011，第40页。

"再主体化"的呼唤。因此阿甘本对"去主体化"充满诗性正义的表达，为齐泽克生命政治"再主体化"的出场提供了指南。

第二节　生命政治的"再主体化"

生命政治的"再主体化"是伴随"去主体化"的过程进行的，它是对破坏了的主体的再生产，是对消解了的原有认同的再编码或再认同。实际上，"再主体化"即是一个再生产的过程，它是在"去实体化"的主体的基础之上，通过再认同而实现的新主体的建构。其中，再认同是"再主体化"的中心工作，也是"再主体化"得以完成的关键所在。"再主体化"的结果是新主体的诞生，当然绝非原有主体的回归，它是在原有破碎了的主体基础之上的"凤凰涅槃"。因此"去主体化"和"再主体化"是主体自身的一种双重运动，其中"去主体化"是主体得以成为"主体"的必要条件，而"再主体化"是主体最终成为"主体"的决定性运动。当然，参与推动"再主体化"进程的不仅有国家、社会，也包括主体自身。在生命政治"再主体化"的过程中，齐泽克通过主体的再认同、幻象的穿越及生命"过度"的构造，促进了生命政治"再主体化"的完成，从而对主体"内在解放"的实现进行了有益的探索。

一　主体的"再认同"

想象性认同是为主体迈向"再认同"的首要环节，齐泽克将其通俗地表述为是对"将要成为怎样的人"的一种建构。想象性认同通过认同"他者"和意识到"自我"两个环节来完成，其中认同"他者"是对主体想要成为"怎样的人"的寻找及学习，而意识到"自我"则是对"我"要成为"怎样的人"的觉醒。

认同"他者"。想象性认同第一阶段的任务是主体对成为"怎样的人"的确认，而这只能到主体之外去寻找。当主体在寻找"怎样的人"的过程中，"他者"，无论是建构的，还是现有的，皆是主体展开想象的前提。主体在对"他者"的形象、品性、特征等的认同中，为"自我"的建构指明了方向。主体对"他者"的认同，即是对"自我"的追寻，而在现实中能够易于充当"他者"的往往是各类明星、英雄、行业达人、先进典型等。主体想象性认同的起始，即是要率先寻找到一些能够充当其学习对象的"他者"，以便对其进行效仿。正如齐泽克指出的，在想象性认同中，"我们在'与人相似'的层面上效仿他者"，[1] 我们使自我认同"他者"的形象，并尽可能地像"他"。主体对"他者"的认真模仿，成了迈向想象性认同的第一步。究其"效仿"的成因，齐泽克从拉康镜像理论中得到了启示。在他看来，主体只有先借助对"他者"的投射，才能够从"他者"身上看到自己。也就是说，主体只能通过另一个人（即"他者"），才能够为"自我"提供反映"自我"的一致性的形象，"自我"才能够找到自己的"身份"。这意味着主体首先是在"他者"身上看到并认出自己，并从对诸多"他者"的比较中，找寻到作为"人"的"身份"。

意识到"自我"。主体的想象性认同，不能仅仅停留在对"他者"的模仿阶段，否则主体成了"他者"的影子而失去"自我"。为此，齐泽克指出在效仿"他者"之后，主体要获得自我的统一性，需要把自己等同于想象性"他者"，因此必须异化自己，即要把"自我"的同一性置于自己之外，或者说把"自我"的同一性置于他的替身的形象之中。从此，"他者"依旧是"他者"，而对"他者"效仿的主体由于扬弃了"同一性"，开始远离"他者"，且逐步意识到"自我"。在齐泽克看来，"想象性认同总是对大对体中的某个凝视的认同"。[2] 当主体在效仿"他者"、认同某个形象时，"谁在凝视"显得至关重要，因为它直接关乎主体能否摆脱"他者"的纠缠而促进"自我"意识的觉醒。显然，癔症性神经症患者把自己体验为"他者"，其想象性认同就是"为他人的存在"。对此，齐泽克建议，精神分析的介入需要引导他意识到，当他在为他人演戏时，这个"他人"就是他自己。显然，"为他人的存在"实际上是"为自己的存在"。因此想象性认同完成了对"想象性他者"与"想象性自我"的连接，从而为符号性认同的进入奠定了基础。

符号性认同是主体"再认同"的关键环节，也是对"我是怎样的人"

① Slavoj Žižek, *The Sublime Object of Ideology*, London・New York：Verso，2008，p.121.

② Slavoj Žižek, *The Sublime Object of Ideology*, London・New York：Verso，2008，p.117.

的回答。符号性认同需通过"符指化特征"的寻找和"自我"的符号性指认两个阶段来完成。其中,"符指化特征"的寻找是对"怎样的人"之"怎样"的符号性确认,而"自我"的符号性指认是对主体的符号性"委任"。

"符指化特征"的寻找。齐泽克将符号性认同视为对某个凝视位置的认同,而在这个凝视点上,不仅"他者"能够观察我们,而且主体也可以观看"自身"。正是在这一凝视点上,主体使自己认同"他者",也恰恰在这个凝视点上,"他"是不能被模仿的,"他"是躲避"与人相似"的。在符号性认同中,凝视点成了主体审视"自我"的关键位置,而寻找"自我"不可替代的特征成了"凝视"的重要任务。显然,符号性认同不同于想象性认同对"他者"的效仿,它关注的是寻找"自我",而这个"自我"即是主体所拥有的不能被模仿及不能被替代的内核,是能够用符号所指称的东西。故然,齐泽克指出,"符号性认同(IO),代表着主体对大对体中、符号秩序中的某些符指化特征、特性(I)的认同"。[①] 可见,完成符号性认同的关键即在于对"符指化特征"的寻找及确认,而这一工作建构在想象性认同的基础之上。实际上,在想象性认同这一环节,主体对"他者"的认同即是对"他者"特征的认同,而在符号性认同阶段只需要对"他者"的特征进行抽象概括,并进行符号性指称。

"自我"的符号性指认。符号性认同的出场并不突兀,它是在想象性认同的基础之上进行的。当主体进入想象性认同后,在效仿"他者"的过程中开始有了"自我"意识,此时的认同已不再是想象性的,而是符号性的,即结构性的。由于主体开始融入既定的社会符号领域,它通过接受某种"委任",通过在主体间符号网络中占据某个位置,从而实现了符号性认同。实际上,想象性认同总是屈从于符号性认同,因为"决定和支配形象的及让人喜爱的想象形式,正是符号性认同(从那里观察我们的那个位置)"。[②] 想象性认同也并非一种可有可无的"剩余",它是主体"再认同"的必经环节,是符号性认同的重要前提。同时,符号性认同是瓦解想象性认同的关键环节,因为主体只有从想象性认同走向符号性认同,才能够真正地完成"再认同",否则主体一味地沉沦于想象性阶段,只是在效

---

① Slavoj Žižek, *The Sublime Object of Ideology*, London · New York:Verso, 2008, pp. 116-117.

② Slavoj Žižek, *The Sublime Object of Ideology*, London · New York:Verso, 2008, p. 120.

仿"他者",并不能完成对"自我"的符号性指认。主体最终只能在符号性认同阶段完成对"自我"的符号性指认,从此"符号"的刚性指称成了主体的"代码"。

可见,主体从效仿"他者"出发,通过想象性认同,完成了对"将要成为怎样的人"的确认,又经过符号性认同,完成了对"我是怎样的人"的认同,最终促进了"再认同"的完成。主体"再认同"的完成意味着主体"再生产"的实现,它不仅使主体认识到了自我,更使主体完成了对"我"要成为"怎样的自我"的一种确认,从而使"去主体化"过程中丧失的"主体性"得以"回归"。因此,主体"再认同"的完成昭示着主体已经摆脱"去主体化"的纠缠,开始变身为生命政治的主体,且踏上解放的坦途。

二　幻象的穿越

"穿越幻象"意味着完全认同幻象。主体"幻象化"导致幻象填补了实体的位置,造成了主体的"虚无",因此"穿越幻象"成了生命政治"再主体化"过程中的一项重要使命。拉康将"穿越幻象"视为精神分析治疗的终结时刻,且认为即使在政治中,"'穿越'基本幻象是有可能的——只有这种扰乱幻觉核心的姿态才是真正意义上的行为"。[①] 在齐泽克看来,拉康所言的"穿越幻象"即在于去体验幻象。齐泽克认为,幻象不能被阐释,而只能被穿越,其主要原因在于幻象是一种无法被分析的惰性建构,它抵制阐释。"穿越幻象"并不只是为了体验某种"穿越"的快感而"穿越",其目的是体验幻象幕后的"空无",而我们应做的工作,就是去亲身体验,何以在幻象之后一无所有,幻象又是如何巧妙掩盖这"一无所有"的。在他看来,"穿越幻象"之时,"这个幻象(客体)即'秘密,只是物化了我们欲望的空隙而已"。[②] 实际上,当主体沉湎于幻象之时,可谓快乐无比,然而一旦要把它告诉别人,主体则会感到极度的不适和羞耻。因此,"穿越幻象"并不意味着主体接受了"现实",只是"主体屈从于由

① Slavoj Žižek, *The Ticklish Subject*: *The Absent Centre of Political Ontology*, London · New York: Verso, 1999, p. 266.

② Slavoj Žižek, *The Sublime Object of Ideology*, London · New York: Verso, 2008, p. 69.

符号性匮乏所导致的效应,而符号性匮乏揭示了日常现实的有限性"。① 吊诡的是,在齐泽克看来,"穿越幻象"却意味着要认同幻象,也就是说要认同这样的幻象,"它构造了过度,而过度抵抗着我们,并使我们无法沉浸于日常的现实"。② 可见,齐泽克对幻象的认同,有着一定的话语指涉,他追求对生命"剩余"或称之为生命"过度"之物的认同,当然这些能够被"认同的幻象",其本身亦是主体的支撑之物,它们使主体得以生存,并充当了主体之所以能够成为主体的"实体"之物。因此,"穿越幻象"必须要认同这样的幻象。唯有此,"去主体化"的主体才能够重新获得"实体"的填充,进而才能够促成"再主体化"的完成。

"穿越幻象"必须同时认同"征兆"③。"阐释征兆"与"穿越幻象"是精神分析的前后两个阶段,面对征兆,我们首先需要做的就是阐释征兆,穿透征兆,以便抵达作为快感内核的根本幻象,"而幻象阻塞了阐释的深入进行"。④ 然后,我们需要进行至关重要的一步,即"穿越幻象",也就是要与幻象保持一定的距离,并"注意幻象构成是如何遮蔽、填补大对体中的空隙、匮乏和空洞位置的"。⑤ 在"穿越幻象"时,主体还必须认同征兆,因为"穿越幻象"与认同征兆同样密切相关,主体只能在征兆的"过度"之中,才能够发现有关"自身"的真相。齐泽克认为,认同征兆也就意味着,在"过度"之中,在事物"正常"方式的瓦解之中,"发现能够使我们认识事物的真实机能的关键"。⑥ 然而,当主体进入"穿越幻象",并不意味着"阐释征兆"的结束。实际上,尽管主体穿越了自己的幻象,也与其现实的幻象框架保持着距离,但是其征兆却依然存在。究其原因,在于征兆有其病理性的构成,而这样的病理性构成,不仅超越了对它的阐释,甚至超越了幻象。对此,拉康试图以"症候"一词来摆脱征兆所面临的困境。然而齐泽克提醒我们,要务必牢记征兆所拥有的激进本体

---

① Richard Boothby, *Freud as Philosopher*, New York: Routledge, 2001, pp. 275-276.

② Slavoj Žižek, *Welcome to the Desert of the Real!*, London · New York: Verso, 2002, p. 17.

③ "征兆"(symptom)是齐泽克借用拉康所惯常使用的词语,精神分析话语中的"征兆"不同于传统语言学中的"征兆",它并非加密过的信息,而是毫无意义的字符,它是纯粹的原乐。在齐泽克看来,它是超越任何分析的、只能认同的快感,而这种快感是个人化的。它是无意义的踪迹,只能回溯性地建构。

④ Slavoj Žižek, *The Sublime Object of Ideology*, London · New York: Verso, 2008, p. 80.

⑤ Slavoj Žižek, *The Sublime Object of Ideology*, London · New York: Verso, 2008, p. 80.

⑥ Slavoj Žižek, *The Sublime Object of Ideology*, London · New York: Verso, 2008, p. 144.

论身份，在他看来，那个被视为"症候"的征兆，恰恰是我们仅有的实体，也是支撑着我们存在的仅有之物，"是把一致性赋予主体的唯一之处"。[①] 同时，他指出，征兆是主体"逃避疯癫"的一种选择，是主体选择某物，而非选择"空无一物"的方式。因此，主体在"穿越幻象"过程中对征兆的认同，意味着其对"空无一物"的拒绝。反之，主体一旦放弃对征兆的认同，"世界末日"即真正降临，因为能够替代征兆的只有"虚无"，最终主体只能遭受纯粹的孤独、精神自杀，或听从死亡驱力的摆布。为此，齐泽克认为，当主体能够在自我征兆的"实在界"之中识别出其存在的唯一支撑之物时，"穿越幻象"才能真正抵达目的，同时"再主体化"也意味着真正地完成。

三　生命"过度"的构造

生命"过度"是"再主体化"过程中对主体的必要补充。"过度"是一种"剩余"，它是在某个固定数量之外增加的部分。所谓生命"过度"，是指生命体中的"过剩"，是那些超出了纯粹生命的东西。生命"过度"是一种构成性的过度，它是主体最终能够成为"主体"的必要添补。然而，主体一旦失去了这些"过度"，生命便失去了活下去的意义，主体即变得好像被剥夺了实体般匮乏。恰恰由于生命"过度"填补了主体"去实体化"后的匮乏，而成为主体的必要补充之物。齐泽克曾强调，"人类的生命永远都不仅是'生命'，它总是被一种生命的'过度'所维持着"。[②] 可见，正是有了生命"过度"的补充，生命才值得一过，人生才值得一活。人类的生命并不仅仅是一个纯粹的生物性的过程，它还有着区别于各类低等动物的社会属性，也正因为它有着社会属性，才最终使其成为"现实的人"，而非成为"物"或"兽"。当然，支撑生命社会属性功能发挥的，也恰恰是生命"过度"。

生命"过度"扰乱了主体沉浸其中的日常现实。它使主体敢于冒险、勇于担当，并去追求那些世俗话语之中的"伟大的公共事业"。齐泽克指

---

① Slavoj Žižek, *The Sublime Object of Ideology*, London · New York: Verso, 2008, p. 81.

② Slavoj Žižek, *On Belief*, London: Routledge, 2001, p. 104.

出，主体要回归的 "实在界"，恰恰因为它有着 "过度" 的特征，我们才无法使它融入 "现实"。换言之，我们无法使它融入被我们体验为 "现实" 的东西，因此 "我们被迫将其体验为噩梦般的鬼怪"。[①] 生命 "过度" 对主体的 "扰乱" 使其免于陷入西方消费主义社会的陷阱，即西方社会所鼓吹的，主体应当拒绝思考，要忠实地追随着 "消费主义意识形态" 的引领，其任务即是消费和享乐。对此，齐泽克认为，西方消费主义俨然是 "去主体化" 的帮凶，它已经淹没了 "主体性"，并诱使主体向 "对象化" 过渡。

生命 "过度" 是一种永远不变的 "剩余"。齐泽克曾将生命 "过度" 视为生命之中所永远不变的 "剩余"，它是一种内在于生命，而又超越生命的补充，也是处在 "第一世界" 的人们所匮乏的东西。面对 "第三世界" 人们奉献于某种 "超验事业" 的热情，齐泽克发现，生活在西方社会的人们越来越难以设想一种他们乐意奉献生命的公共事业或普遍事业。由此，齐泽克鼓吹人们应当勇于冒险，敢于将热情投入对生命 "过度" 的追求之中。只有这样，生命的 "主体性" 才能够充分地发挥，人才能够成为驾驭 "自我" 的主人。为此，齐泽克将生命 "过度" 的构造视为生命政治 "再主体化" 过程中的一项重要工作，且认为正是生命 "过度" 填补了主体 "去实体化" 后的空白，才使其成为 "主体" 不可丢弃的一部分。

生命 "过度" 由 "荣誉" "自由" "尊严" 等构造而成。基于生命 "过度" 是外置于主体的一种 "剩余"，因此它的构体绝非源于主体自身，而只能到 "主体" 之外去寻找。在齐泽克看来，能够充当生命 "过度" 的是 "自由" "荣誉" "尊严" "自主" 等，它们是人类自诞生以来愿以身相殉的 "道" 之所在，也是人类自启蒙运动以来所追寻的人之 "理性" 的光辉所在。"自由" "荣誉" "尊严" "自主" 等是 "现实的人" 所追求的精神品格，也是马克思主义建构的 "自由人" 所拥有的良好品性。其中，"自由" 与 "自主" 是主体性的重要体现，它们强调主体能动性的发挥，重视主体的自治与自我协调。"荣誉" 和 "尊严" 是主体认同的一种表现，它是主体自我认同与他者认同的统一，是主体进行道德裁量的一种价值尺度。当然，"自由" "荣誉" "尊严" "自主" 等是外在于生命，却又内化

---

① Slavoj Žižek, *Welcome to the Desert of the Real!*, London · New York: Verso, 2002, p. 19.

于生命的"存在之物",且是一种永恒的价值追求,也正基于"自由""荣誉""尊严""自主"等对生命"过度"的构造,人类生命才避免沦为仅是一个生殖和寻求快乐的愚蠢过程,它使"现实的人"真正地、有意义地活着。

生命"过度"的构造是一个开放性的过程。主体在对生命"过度"追寻的过程中,经历了由"爱欲"向"荣耀"的转移。主体由起初对"爱欲"的追求和积累,移情于对"荣耀"的追寻,最终获得了来自社会的认同和赞许。齐泽克在当代资本家的慈善行为中看到了他们对生命"过度"的热忱追求,当资本家将积累的财富捐献给社会时,他们否定了自己的资本人格化,他们的生命也因此获得了"意义"。如乔治·索罗斯和比尔·盖茨这样的"成功人士",他们是资本主义内在否定的典型,他们并没有将资本积累应用于大规模的再生产,而是将其应用于慈善事业,这本身就违背了资本运行的逻辑。当然,他们的慈善行为及对社会的大量捐赠,也并非单纯地出于个人的喜好。对此,齐泽克直言,无论索罗斯和盖茨的捐献行为是出于真心抑或出于虚伪,他们对生命"过度"的追寻及由"爱欲"向"荣耀"的移情,也确实给他们赢得了来自社会的大量赞许。值得一提的是,"自由""荣誉""尊严""自主"等仅是构造生命"过度"的部分要素,诸如"平等""正义""公平"等也可以充当生命"过度"的填充之物,因此生命"过度"的构造是一种具有开放性的生命实践,它有待于人们以更多的人类"基本价值共识"去填补。

综上所述,生命政治的"去主体化"及"再主体化"是一个同时进行的双向运动,主体在"去主体化"过程中遭受"去实体化"、传统认同的破坏、"幻象化"等创伤,因此借助于"再主体化"的运动,以实现主体的"再编码"即"再认同",以完成"幻象的穿越"及生命"过度"的构造。生命政治"去主体化"导致了生命的"对象化",使主体最终沦为一种"空无",而生命政治的"再主体化"使主体拥有了"生产"自身的机会,进而使主体将新的认同注入"自身"。生命政治"再主体化"促成了"主体"的回归,它使主体从"自我"束缚之中解放出来,从而使生命完成了对"自身"的解放。当然,以上齐泽克有关生命自身解放的探讨,难免存在着如能否彻底解放的质疑及追问。齐泽克对生命自身解放的阐释建构在拉康精神分析理论的基础之上,它聚焦于生命自身的认同,关注生命征兆的阐释与幻象的穿越。然而,生命政治"再主体化"的完成是否就意味着生命"内在解放"的彻底实现?这确实是一个值得进一步探讨的话题。毋庸置疑,当代生命除了存在着拉康精神分析话语之中的"认同""幻象"等困扰之外,还遭受"凝视"、欲望、恐惧、烦恼等非理性因素的影响,显然齐泽克对它们缺乏深入探讨,因而其生命自身解放的彻底性饱受质疑。尽管齐泽克按照设想完成了对生命"内在解放"的探讨,但是施加于"生命"的外在"枷锁"却依然牢固。为此,对生命外在束缚的解放成为齐泽克生命政治的另一项重要任务。

第二章　生命安全："暴力"
及其消除

　　生命安全是生命得以存在、为继乃至更好发展的前提。在威胁生命安全的诸多因素中，暴力无疑是最为核心的要素之一。"9·11"恐怖袭击事件的发生，标志着恐怖主义已上升为当代生命安全的重大威胁之一。恐怖主义是一种典型的"伪原教旨主义"[①]，它缺乏真正的信仰，其暴力的频繁爆发并非源于某项"先验事业"的驱动，它只是在追求波澜壮阔的破坏性景观。它是恐怖分子对生命"原乐"的一种变态满足，并为反恐战争的出场制造了借口。尽管反恐战争的初衷旨在打击"暴恐"活动，但实际上它早已沦为西方霸权主义的工具。反恐战争不仅为"例外状态"[②]的宣布提供了借口，更为暴力"征兆"的生产创造了可能。当前，恐怖主义"能指隐喻"的普遍化和"紧急状态"的滥用对生命安全造成危害，导致生存环境恶化。因此在齐泽克看来，恐怖主义暴力与反恐战争暴力已陷入"致命

---

① 齐泽克并不认同将恐怖主义归纳为"原教旨主义"的范畴，因为在他看来，恐怖主义缺少真正的"原教旨主义"所表现出来的那种有着真实的信仰，并对宗教有着无限忠诚的特征。尤其是在对待非信徒的态度上，真正的"原教旨主义者"并无仇恨，只是充满冷漠，而恐怖主义则充满愤慨与仇恨，并执意以极端性行动来报复。参见 Slavoj Žižek, *Violence: Six Sideways Reflections*, New York: Picador, 2008, pp.85-86。

② "例外状态"是卡尔·施米特在《政治的神学》一书中引介使用的术语，它是一种对法律规范悬置的状态，而它的决断常常由主权者来进行。阿甘本在施米特的基础上，对"例外状态"有了新的发展，他将其视为一种特殊的"空间"，一种法律效力的空间，也是当前生命所生存的空间。同时，阿甘本又引介了"紧急状态"来对其加以说明。齐泽克对"例外状态"的使用主要沿袭阿甘本的理解。参见 Giorgio Agamben, *Homo Sacer: Sovereign Power and Bare Life*, Stanford: Stanford University Press, 1998。

的恶性循环",人类的生命安全遭受到前所未有的挑战。为此,齐泽克选择从"暴力"出发,[①] 着重围绕恐怖主义暴力与反恐战争暴力,通过对其的批判分析,以及对其"消除"的进一步探讨,希冀将生命从"暴力"之中解救出来,以推动生命安全的实现,进而为当代生命解放事业的开展提供有益的借鉴。

第一节　恐怖主义暴力

"9·11"事件的发生,不仅使西方传统的生命安全架构遭受到破坏,更使人们将视线聚焦于恐怖主义暴力这一在全球范围内频繁爆发,并制造生命恐慌的破坏行为。恐怖主义暴力的爆发是"原我邪恶"的一种变态释放,它以变态的"死亡文化"为信仰,宣扬以俗世的极端性死亡来换取"天堂"里的享乐,可说是恐怖分子对"实在界"的一种激情。实际上,恐怖分子对伊斯兰教从未有过真正的信仰,他们只不过是盗取了《古兰经》中的教义。因此,恐怖主义暴力的爆发与真正的宗教信仰无关,其只不过是对伊斯兰教的歪曲利用而已。继"9·11"事件后,恐怖主义组织又先后策划制造了"7·22"于特岛惨案、"12·16"白沙瓦恐怖袭击事件、"11·13"巴黎恐怖袭击事件、"3·22"布鲁塞尔恐怖袭击事件等多起悲惨事件,尤其是近年来中东极端组织"伊斯兰国"[②] 的兴起及其丧失人性的大规模杀戮,造成大量人员伤亡,并加剧了生命安全的危机。为此,齐泽克从"非理性"和"理性"两个维度出发,对恐怖主义暴力进行了批判分析,以揭露其实质及危害,并试图为其"消除"寻找到方法,进而为当代生命安全的治理奠定基础。

---

① 齐泽克从主客观的视角出发,将暴力分为"主观性暴力"和"客观性暴力"。在他看来,主观性暴力是一种可被直观感知的暴力,又被称为非理性暴力;客观性暴力则是隐藏在主观性暴力背后的暴力,它是一种理性暴力,具有隐匿性和复杂性的特点,又被细分为"符号性暴力"和"系统性暴力"。齐泽克对"暴力"的主客观类型划分,为"暴力"的生命政治批判提供了全新的视角。参见 Slavoj Žižek, *Violence: Six Sideways Reflections*, New York: Picador, 2008, pp. 1-2。

② "伊斯兰国"是近年来活跃在伊拉克和叙利亚的极端恐怖主义组织,全称为"伊拉克和大叙利亚伊斯兰国"(Islamic State of Iraq and al-Sham, ISIS)。

一 "非理性暴力"

恐怖主义"非理性暴力"是一种主观层面的暴力，因而又被称为恐怖主义"主观性暴力"。在齐泽克看来，恐怖主义"非理性暴力"的出场易被人察觉，它是"被我们体验为一种将非暴力的零层面当作其对立面的纯粹暴力"。[①] 这是一种令人恐惧的暴力，它往往并不带有世俗社会的功利主义色彩，也非基于意识形态的原因，其实质上是恐怖分子"原乐"的一种疯狂性大爆发，因此齐泽克将这种暴力视为"原我的邪恶"，它是由"自我"和"原乐"关系之中那个最基本的不平衡所诱发的。它的危害巨大且影响深远，不仅对生命造成了严重的伤害，而且对当代生命安全造成了巨大的危害。

首先，对身体及心理造成伤害。恐怖主义"非理性暴力"的爆发常常造成显见的"物理性"破坏。一方面，它强调基于物理学意义上的暴力性破坏，即"物理性暴力"的爆发。"物理性暴力"极其残忍，它是一种原始的、邪恶的暴力，人肉炸弹、定时炸弹、枪击、砍头、汽车炸弹等残忍的手段是其典型的出场形态。它的出场往往造成建筑物的轰然倒塌、汽车的爆炸及人员的大量伤亡。另一方面，它指涉对生命造成的物理性伤害，往往是身体遭受创伤，心理遭受伤害，精神遭受打击。因此，它不仅是一种显见的、带有血腥色彩的暴力，更是一种让人畏惧的暴力。在齐泽克看来，邪恶组织、邪恶个体及邪恶国家都有可能成为恐怖主义"非理性暴力"的主体。当前恐怖主义已经渗透到世界各地，而每一次恐怖主义袭击事件的爆发，无不对生命造成伤害。尤其是近年来，恐怖主义"非理性暴力"在全球的频繁爆发不仅给当代生命安全造成了巨大的危害，而且在全球范围内造成了大量的生命伤亡，引发了人们的心理恐慌。因此，它已经严重地威胁到了生命生存及健康发展。

其次，扰乱"正常"的生活环境。生命的生存与发展需要一个"正常"的生活环境作为保障，而所谓"正常"的生活环境，即一种安全的、和平的，并有利于生命生存及发展的环境，它是一种"有序社会"的状

---

① Slavoj Žižek, *Violence*: *Six Sideways Reflections*, New York: Picador, 2008, p. 2.

态，也是一种和谐社会的状态。然而，齐泽克将"非理性暴力"视为对社会"正常状态"的扰乱。在他看来，恐怖主义"非理性暴力"是一种与"有序社会"在零层面相抵抗的暴力，它的频繁爆发打破了社会原有的"正常状态"，扰乱了生命所赖以生存的安全环境，从而将生命置于暴力冲突之中。下面具体言之。

一是正常秩序受到扰乱。恐怖主义"非理性暴力"的爆发毫无规律可循，它有着随意性和随时性的特点，尤其是近年来恐怖主义袭击事件的频繁爆发，促使西方国家不得不调整相关的政策以应对恐怖主义。因此，一方面恐怖主义以爆炸袭击为手段，制造了社会的短暂混乱和秩序破坏。如近年来中东极端组织 ISIS 占领了大量的城市，进行着惨绝人寰的暴力统治，导致局部地区原有社会秩序的瓦解。另一方面，西方国家以"反恐"为借口对社会进行过度的控制及干预，造成了社会正常运行秩序的破坏。

二是和平状态遭到破坏。恐怖主义"非理性暴力"的爆发加剧了社会的动荡，它使"和平状态"遭受破坏。"9·11"恐怖袭击事件发生后，美国主导的反恐战争迅速爆发，从阿富汗战争、美伊战争，到利比亚战争，再到中东地区的叙利亚内战，"反恐"的战火一直未曾中断。不难发现，由恐怖主义袭击引发的反恐战争导致越来越多的国家卷入其中，致使更多的地区成为战场，最终导致战火持续不断，全球性的和平成为一个遥不可及的幻想。

三是文明秩序遭到破坏。恐怖主义"非理性暴力"摒弃了文明社会的一切道德准则，并打破了一切法律、条规及协议的约束。在中东地区，无论是早期的本·拉登"基地"组织，还是当前的极端组织 ISIS，它们都制造了诸多骇人听闻的悲惨事件，从儿童人肉炸弹、校园袭击，到贩卖女性、拍卖"奴隶"，再到大规模有组织的屠杀、贩卖及破坏文物，等等，使人类社会现存的文明秩序遭受到严重破坏。实际上，恐怖主义"非理性暴力"对社会环境、文明秩序、和平状态的扰乱，不仅导致了叙利亚难民事件的发生，更引发了西方骚乱的频繁爆发，从而为当代生活环境的建构及生命安全的治理带来了严峻挑战。

最后，掩盖"客观性暴力"的破坏。"非理性暴力"是恐怖主义暴力之中可被人们感知的一种暴力，它的易见性体现在可被直观感知和捕捉，它是人们在生命实践中能够直观感受到的一种暴力。然而齐泽克对恐怖主义暴力的生命政治观照并未囿于“非理性”的范畴，他力图透过主观性暴力，去紧紧抓住诱发其爆发的深层次暴力或支撑其爆发的背景性暴力。为此，他指出应“让自己摆脱那些直接可见的主观性暴力，即由清晰可辨的行动者展现出来的暴力的迷人诱惑”。① 我们需要寻找的是隐藏在“非理性暴力”背后的“客观性暴力”，因为“客观性暴力”是一种幕后的暴力，它并不能被生命直接地感受和捕捉。长期以来，由于恐怖主义“客观性暴力”遭受到其“非理性暴力”的遮蔽而鲜为人知。恐怖主义“客观性暴力”的爆发有着系统性、隐匿性的特点，它往往寄存于恐怖主义“主观性暴力”之中，并借助主观性暴力的爆发，对生命造成创伤。恐怖主义“客观性暴力”是一种隐性的暴力，它往往是恐怖主义组织精心策划、实施的结果，它给生命安全带来的隐性破坏，往往要甚于“主观性暴力”。实际上，恐怖主义“客观性暴力”常常引发一系列显见的“主观性暴力”，但是由于它隐匿在“非理性暴力”的背后，且不留一点踪迹，给人们造成了一种仅是“非理性暴力”爆发的错觉。恐怖主义“非理性暴力”的爆发常常受到人们的强烈谴责和批评，而其“客观性暴力”则往往为人们所忽视。因此，当恐怖主义“非理性暴力”为人们所预防，乃至被人们试图消除之时，其“客观性暴力”则依然存在，从而为其消除制造了障碍，也给当代生命安全的治理留下了隐患。

二 “理性暴力”

恐怖主义“理性暴力”实质上是一种“客观性暴力”，它由“符号性暴力”和“系统性暴力”构成。所谓恐怖主义“符号性暴力”②，是由恐怖主义组织通过惯用言说的形式生产出来的暴力，它是一种再生产的暴力，而那些被惯常用于思想宣传的画册、报纸、标语、视频、广播、网络等是其典型的载体。齐泽克曾巧妙地借用海德尔格称之为“我们存在之寓所”③ 的隐喻来形容“符号性暴力”。由于“符号性暴力”是语言“符号

① Slavoj Žižek, *Violence: Six Sideways Reflections*, New York: Picador, 2008, p. 1.
② Slavoj Žižek, *Violence: Six Sideways Reflections*, New York: Picador, 2008, pp. 1-2.
③ Slavoj Žižek, *Violence: Six Sideways Reflections*, New York: Picador, 2008, p. 1.

化"的结果,因此它是一种抽象化的存在,且往往内在于语言及语言形式之中,"它从属于语言自身,从属于某种意义体系的强制性作用"。① 在齐泽克看来,恐怖主义"符号性暴力"是一种建基于语言之上的基础性暴力,它往往借助于对恐怖主义"非理性暴力"的引诱,并促使其大规模地爆发,进而对生命安全造成严重危害。

恐怖主义"系统性暴力"② 是一种结构性暴力,它往往来源于恐怖主义体制,是其体制自身及其运行产生的暴力。诸如本·拉登恐怖主义"基地"组织和中东极端组织 ISIS 都具有一套维持自身运行的机制,而这些机制本身及其运行产生的暴力即是典型。在齐泽克看来,"系统性暴力"类似于物理学上的暗物质,隐藏在人类无法直视的黑洞之中,它是所有直观可见的主观性暴力的对立物,是我们直观难以察觉的客观性暴力。恐怖主义"系统性暴力"的爆发并不采取"物理性"破坏的方式,它主要通过诱发或鼓动恐怖主义"主观性暴力"对生命造成创伤。基于此,恐怖主义"系统性暴力"被视为其"主观性暴力"的"幕后推手"。

恐怖主义"符号性暴力"及"系统性暴力"长期隐藏在主观性暴力的背后,并通过恐怖主义主观性暴力的爆发对生命安全造成严重危害。因此,恐怖主义"理性暴力"是诱发其"主观性暴力"的深层次原因,也是在生命安全治理过程中容易被忽视的一种暴力。它的危害性主要体现在以下方面。

其一,恐怖主义"符号性暴力"引发了"恐怖主义"能指隐喻的普遍化,加剧了对生命安全的破坏。在当代西方政治语境下,"恐怖主义"被一个个符号所指称,随后它通过"符号化"的抽象过程,进入生命的语言系统,成为话语矩阵中的一个个符号编码。正如黑格尔已经意识到的,"就在对事物的符号化之中存在某种暴力的东西,这等于是物遭受到了玷污"。③ 在齐泽克看来,这种由主人能指"缝合"并"统合"了的符号场域,破坏了"真实存在的"话语空间,而这一主人能指的暴力强加将是"非理性"的。实际上,恐怖主义"符号化"的抽象本身,并未能统摄恐怖主义的全部属性,因为语言简化了被指涉之物,并将它简化为单一特

---

① Slavoj Žižek, *Violence: Six Sideways Reflections*, New York: Picador, 2008, p. 2.

② Slavoj Žižek, *Violence: Six Sideways Reflections*, New York: Picador, 2008, p. 2.

③ Slavoj Žižek, *Violence: Six Sideways Reflections*, New York: Picador, 2008, p. 61.

征，而这个单一特征并不能表征它的全部。因此“恐怖主义”远非人们直观可见的那些暴力袭击和自杀式爆炸，它还有着更多难以为人们所认知的符号性内涵和语义指涉，而恰恰正是这些建构了恐怖主义的“符号性暴力”，从而对生命安全造成破坏。

此外，齐泽克察觉到恐怖主义“符号性暴力”还隐藏着更为隐蔽的恶果，即当前西方国家存在着将“恐怖主义”能指隐喻普遍化的现象，并最终使“恐怖主义”的“标签化”走向泛滥。在当代西方，“恐怖主义”的语义范畴已被无限扩大，尤其是西方那些别有用心的政客，正在利用“恐怖主义”的话语指涉对生命安全实施破坏，如“如果你购买毒品，你就是在为恐怖分子筹集资金”① 之类的标语肆意飘荡。实际上，当“‘恐怖’一步步地成为所有社会危害的隐含的普遍等价物”，② 那个曾经发生在纳粹德国时期将犹太人“幽灵化”的戏法，将再次在当代变形上演。“恐怖主义”能指的有意扩大，使得“恐怖主义”成为一种可被随时用来进行政治打击的“标签”，这不仅模糊了人们对“恐怖主义”的准确认知及客观判断，更给当代生命安全治理带来挑战。

其二，恐怖主义“系统性暴力”制造了触目惊心的破坏性“景观”。近年来，恐怖分子的一系列疯狂行动和恐怖袭击，促使齐泽克观照隐藏在恐怖主义“主观性暴力”幕后的“系统性暴力”。恐怖主义“系统性暴力”往往是恐怖主义组织精心策划并通过系统化运作引发的，它有着破坏性强、持续性长的特点。下面具体言之。

首先，恐怖主义引发了“信仰”危机。恐怖主义组织常常打着“宗教”的旗号，而实际上他们并没有真诚的宗教信仰，因此齐泽克将其称为“伪原教旨主义”。在齐泽克看来，恐怖主义与宗教无关，因为恐怖主义组织刻意歪曲《古兰经》的教义，违背了伊斯兰精神。恐怖主义组织一度以“圣战”为幌子，引诱或逼迫那些生活在困苦无助之中的生命为了“今世的解脱”和“来世的荣耀”而战，并鼓动他们“以安拉之名”戕害那些“异端分子”，以俗世的死亡来换取安拉的原谅，实现荣登“天堂”的愿望。实际上，伊斯兰教信仰中的“圣战”，主要是指净

---

① Slavoj Žižek, *Welcome to the Desert of the Real!*, London・New York：Verso, 2002, p.111.

② Slavoj Žižek, *Welcome to the Desert of the Real!*, London・New York：Verso, 2002, p.111.

化自己内心的战争，其斗争的对象主要是自己的道德失败和弱点，而非如恐怖主义组织所宣称的那样向外在的"敌人"宣战。由此，恐怖主义组织对伊斯兰教的歪曲，不仅给真正的信仰带来了伤害，同时也引发了民众对伊斯兰教的严重误解。一方面，伊斯兰教信徒对《古兰经》教义进行严谨的阐释，并就恐怖主义的歪曲做出澄清，以捍卫"信仰"的真谛，进而使伊斯兰教从恐怖主义的绑架之中解脱出来。另一方面，西方国家从伊斯兰教教义入手，以确认伊斯兰教并非恐怖主义滋生的根源。可见，恐怖主义对伊斯兰教的绑架及利用，将西方国家及伊斯兰教信徒带入对宗教本身的审视之中，从而引发了伊斯兰教"信仰"的危机，并导致真正的信徒和西方国家的慌乱，严重伤害了广大民众的"信仰"感情。

其次，恐怖主义变态的诉求导致民众的恐慌。齐泽克通过对恐怖主义系统性运行的考察，寻找到"恐怖主义"那匪夷所思的生命诉求。在他看来，恐怖主义组织的精心策划和体制性运行，并非为了单纯地追求经济利益或宗教诉求，也不是为了某些具体的政治诉求，它意在制造破坏人类生命安全的轰动性"效果"。正如齐泽克所说，恐怖分子不惜以死亡为代价，其根本上"并非为了导致物质上的损害，而是为了产生引人瞩目的效果"。[①] 恐怖分子袭击纽约世贸中心大厦，并不仅仅是从物理上对当代资本主义标志性建筑进行摧毁，重要的是他们想制造那种触目惊心的破坏性"景观"。在惨烈的恐怖主义袭击中，那些实施袭击的恐怖分子除了失去自己的生命之外，他们一无所得。吊诡的是，暴力袭击发生了，恐怖分子却不希望得到什么。这在西方世界看来，简直是一种变态的行为，它几乎打破了一切传统的行为价值判断。恐怖分子除了对"天堂"有着美好的幻想，对"俗世"几近无求。正如齐泽克所指出的那样，他们只是在想尽一切办法，去伤害和毁灭这个世界，这是恐怖主义"系统性暴力"的可怕之处，也是恐怖分子的问题所在。卡尔·施米特曾对恐怖分子的这种"破坏性效果"进行过描述，他指出，"公开的恐怖活动是一个狭小空间，与之相联系的却是不安、恐惧和普遍猜疑的广大空间"。[②] 恐怖分子由于没有

---

① Slavoj Žižek, *For They Know Not What They Do：Enjoyment as a Political Factor*, London・New York：Verso, 1991, pp. 1xxvi–1xxvii.
② 〔德〕卡尔·施米特：《政治的概念》，冯克利等译，上海人民出版社，2015，第209页。

“俗世”的羁绊，可随时随地发起暴力袭击，尤其是恐怖分子近年来的疯狂行动，已经打破了原有的社会秩序，使民众对生命安全失去信心，从而加剧了民众的恐慌。

最后，恐怖主义打破了西方原有的生活方式。长期以来，整个西方社会都沉浸在当代消费主义的狂欢之中，享乐是人们的追求，而酗酒、滥交及疯狂等是其基本生活的日常。民众不再像布尔乔亚先驱们那样为了某项“崇高的事业”而甘愿冒险，他们渐渐地回归日常，并在“平庸”的生活中度过一生。在齐泽克看来，恐怖主义则代表了另外一种生活方式，他们有着“事业”的追求，并通过每日的“训练”而为之奋斗。他们甚至丝毫不在意当下生活的困苦，甚至可以为了某项“先验事业”而甘愿冒险，乃至不惜性命去捍卫他们所宣称的“真理”，因此恐怖分子终极攻击的目标是“建基于现代科学之上的整个西方无神论的生活方式”，[1] 而他们袭击的终极目的是“将绝对的否定性之维引入或重新引入我们的日常生活”。[2] 恐怖袭击事件的爆发，打断了当代西方民众日常生活的进程，打破了人们原有“末人”般死气沉沉的生活方式，迫使那些处于麻木不仁状态之中的人去反思自身的生活，而不再沉迷于日常的意识形态世界。当前沉睡的西方社会已经被恐怖主义接二连三的暴力袭击所惊醒，迫使人们不得不改变现有的生活方式，并认真地去正视“恐怖主义”这个到处制造着暴力袭击的邪恶组织。正如齐泽克所言，面对恐怖主义的威胁，西方人们需要沿着布尔乔亚先驱们的轨迹，敢于抛弃现有的生活方式，去追求某项“崇高的事业”，并甘愿为此冒险，因为只有这样才能够捍卫自己生活的世界及人类生命的安全。

第二节 反恐战争暴力

反恐战争是“9·11”事件后由西方国家主导并发起的一场旨在全球范围内打击恐怖主义的行动，它是一场持续至今仍未结束的“战争”。近

---

① Slavoj Žižek, *Violence: Six Sideways Reflections*, New York: Picador, 2008, p.81.
② Slavoj Žižek, *Welcome to the Desert of the Real!*, London·New York: Verso, 2002, p.142.

年来随着美军虐囚事件、斯诺登揭秘事件、叙利亚难民事件等的先后爆发，人们从反恐战争的幻想之中惊醒。在齐泽克看来，"9·11"恐怖袭击是恐怖分子生命"原乐"的疯狂爆发，而反恐战争则充满了暴力的征兆。尽管反恐战争从某些角度而言有着一定的必要性，但我们不应忽视近年来它所生产的各种暴力。本节主要从"主观性暴力"、"符号性暴力"及"系统性暴力"等维度出发，对反恐战争暴力进行全面的考察，以揭露其实质及对生命安全的危害，进而为其消除提供指南。

一 "主观性暴力"

反恐战争"主观性暴力"是反恐战争过程中生产的一种非理性暴力，它与恐怖主义"非理性暴力"一样，也具有"物理性"破坏的特点。尽管西方国家一再强调反恐战争的"正义性"与"合法性"，但是在"反恐"过程中却存在着诸如误伤、误炸、酷刑、虐待等非理性暴力行为，为世人所诟病。实际上，西方并没有妥善地处理好反恐战争的"正当性"与"暴力性"并存的问题，尤其是它生产出大量的"主观性暴力"，对生命造成了显见的伤害，并导致众多平民伤亡事件的发生，最终其"正义性"与"合法性"遭受质疑。反恐战争"主观性暴力"的危害主要体现在如下方面。

其一，制造了生命创伤。西方主导的"反恐"行动不仅未能杜绝暴力的使用，而且对赤裸裸的暴力手段充满偏爱，最终造成了"暴力"横生。因此，"反恐"行动本身即大量生产着"主观性暴力"，并对民众的身体及心理造成伤害。一方面，暴力抓捕及刑讯逼供普遍存在。"反恐"是一项系统性的工作，它涉及情报、侦查、执行、司法等多个环节，而以上任何环节的缺少及失范，都有可能导致"非理性暴力"的产生。西方所谓的"反恐"行动，无论是发生在西方国家，还是发生在中东地区，长期以来都存在着滥用权力的现象，导致大量平民无辜伤亡。尤其是针对恐怖主义嫌疑人的刑讯逼供，更是一种赤裸裸的暴力行为。另一方面，误炸、误伤、误捕等现象不断发生。无论阿富汗战争还是伊拉克战争，抑或叙利亚内战，西方国家主导的反恐战争总是存在着误炸、误伤、误捕等现象，大量无辜的平民因遭受来自西方国家的炸弹袭击而伤亡。

反恐战争自爆发起，就面临着一个亟待回答的伦理性追问，即那些制造了大量袭击的恐怖分子，是否需要西方国家以发动“战争”的方式，乃至采用“主观性暴力”来消灭，他们的生命是否由于其滔天的罪行而不经法律的裁决即遭受毁灭性的暴力打击。西方反恐战争的爆发，以实际行动对这一追问进行了明确的回答。西方反恐战争以“紧急状态”为理由，绕过了当前一切法律制度和国际公约的限制。尤其是美国试图采取“以暴制暴”的反恐行动，生产了大量的“非理性暴力”，导致诸多的生命伤亡，对人类生命安全造成了严重的破坏，进而使过度化了的“反恐”也成为一个亟须为人们所正视的问题。

其二，加剧了生存环境的紧张。当前，由于反恐战争的系统性运行并未能清除掉它自身所生产的各种主观性暴力，因而它被齐泽克视为一台“暴力”生产的机器。尽管反恐战争的初衷是针对各类恐怖主义，但在实际运行过程中它早已偏离初衷，变成了“霸权主义”的工具。近年来恐怖主义接二连三的暴力袭击深刻表明，反恐战争并没有实现对恐怖主义的彻底消灭。西方社会的各种“反恐”抗议、游行及电视辩论也在不断地上演，可谓反恐战争在一定程度上加剧了原本紧张的生存环境，使生命处境恶化。

反恐战争以“例外状态”为借口，扰乱了司法秩序的正常运行，并破坏了各类文明公约。卡尔·施米特曾将“例外状态”视为一种“战时状态”，并认为它建构了一个法律悬置的空间，从而使主体的行动摆脱了传统法律法规的束缚。当然，施米特将“例外状态”的旨趣，指认为秩序的恢复和社会正常状态的回归。实际上，西方反恐战争只是从卡尔·施米特那里攫取了对司法秩序和文明公约逾越的权力，却并未致力于对社会良善秩序的重构，这在近年来中东先后爆发的几场反恐战争中得以佐证。反恐的目的在于恢复及稳定社会秩序，而美伊战争之后的伊拉克并未如美国声称的那样发展，它依然遭受着恐怖主义的暴力袭击，依然有大量无辜平民死于“暴恐”和“反恐”。可见，当“例外状态”变成一切“反恐”行动的“合法”外衣时，反恐战争的“主观性暴力”往往逃避了司法的追责，进而加剧了对司法秩序的破坏和对文明公约的践踏。

反恐战争大量的“紧急行动”加剧了社会的紧张。“紧急行动”是西方在反恐战争中惯常使用的手段，它是对阿甘本“紧急状态”的巧妙借用。在阿甘本看来，"紧急状态"是一种可不受司法授权而先行采取行动的特殊状态。反恐战争对"紧急行动"的偏好体现在窃听、监视、先行抓捕、先行军事干预、先行军事介入等诸多方面。最终，"恐怖主义"成为一种可怕的标签，"紧急行动"成为"合法"的外衣，它不仅造成了大量的误捕、误亡、误伤，更引发了社会的恐慌，进而导致生存环境的紧张。实际上，近年来恐怖主义疯狂的暴力袭击已经造成了人类生存环境的恶化，而当反恐战争也在大量地生产着"主观性暴力"时，将必然导致人类生存环境的进一步恶化。

二 "符号性暴力"

反恐战争"符号性暴力"是一种基础性的暴力，它是由西方国家通过媒体所生产出来的暴力。它具有一定的隐蔽性，常常难以为人所察觉。它对生命安全的破坏主要体现在如下方面。

其一，干扰生命安全的认知。"9·11"事件后，西方国家借助于"反恐"的"符号"生产、恐怖分子形象的塑造及媒介的宣传，建构了反恐战争的表象，在一定程度上干扰了人们对生命安全的认知。这不仅表现在"感性认识"上的干扰，也表现在"理性认识"上的刻意歪曲。

首先，"感性认识"上的干扰。感性认识是人初级阶段的认识，它建构在对各类表象把握的基础之上。为此，西方国家在纽约世贸中心大厦轰然倒塌之后便控制了媒体的话语生产与话语传播。"9·11"事件发生后，电视、报刊、网络上充斥着帝国大厦轰然倒塌的新闻和恐怖分子的丑恶形象，西方媒体刻意将这类影像进行循环播放，并通过"专家点评"和"社论谴责"制造了恐怖主义丧心病狂、文明社会应举国声讨的舆论氛围，从而给反恐战争制造了所谓"正义性"的出场语境。在齐泽克看来，西方媒体对符号生产的刻意编辑掩盖了事情的真相。西方媒体对遭袭之后的西方惨况进行循环播出，而对反恐战争中遭受袭击的伊拉克、阿富汗、利比亚等国平民的悲惨现实却视而不见，因此电视机前的观众看到的只是那些经过媒体精心选择加工过的影像，永远也看不到事情的全部及真相。此外，西方国家通过媒体的鼓吹，阻碍了人们对"9·11"事件何以至此的进一步追问。在反恐战争"符号性暴力"的轰击下，整个西方社会陷入"行动起来”的狂躁之中，似乎如何采取报复行动才是人们所应关心的“反恐”话题。最终西方统治阶级将民众的视线吸引并转移到针对恐怖主义的“报复”上来，从而干扰了广大民众对反恐战争的深刻反思。可见，西方社会通过“符号”的生产，精心建构了“反恐”的假象，实现了对民众“感性认识”的误导和干扰。

其次，“理性认识”上的刻意歪曲。马克思主义将理性认识视为一种更高层次的认识，并认为它建构在感性认识的基础之上，且是对其的升华。在齐泽克看来，西方媒体通过对恐怖主义形象的建构及“反恐”影像的精心剪辑，为感性材料的提供做了刻意的安排，从而影响了理性认识的生成。实际上，理性认识的产生需要依赖大量的感性材料，而当这些“材料”失去客观性时，那么从这些“材料”抽象而成的理性认识难免也会失真。可见，西方媒体从“认识”的源头上就对反恐战争的认知进行了操纵及扭曲。此外，西方国家通过媒体编织了“行动起来”的舆论氛围，以“行动”的呼声阻碍了民众对“事件”的深层次反思，使民众对反恐战争的认知仅仅停留在“感性”阶段，而未能及时地对其抽象概括，从而阻碍了民众对反恐战争的理性判断和反思。当然，西方国家还通过对“反恐”话语的垄断对“理性认识”的生成进行了干扰。西方已经垄断了“反恐”话语的阐释，不容“他者”对“反恐”质疑，但凡有一点质疑及反对的声音，他们就立即拿出“恐怖主义”的标签，随时准备贴在“他者”的身上，甚至不惜从技术层面实施屏蔽，以阻碍其传播，进而控制了“感性材料”的提供。事实上，西方国家并未对“反恐”及“恐怖主义”进行客观描述，其符号生产也充满着偏见，最终不仅导致了“表象”的失真，更造成了“理性认识”上的歪曲，从而干扰了人们对生命安全的客观审视和判断。

其二，遮蔽生命威胁的真相。反恐战争“符号性暴力”是其系统运行过程中生产的语言暴力，其目的在于支持反恐战争，以实现“反恐”的话语霸权。在“反恐”话语争夺中，西方国家对各类媒介和意识形态宣传进行着严格的控制。基于反恐战争的需要，它们往往遮蔽了恐怖主义对生命威胁的真相。

首先，对真相的误导。西方通过“反恐”符号的生产，将人们带入有意编织的“反恐”语境之中。恐怖主义是“反恐”话语建构的“幻象之维”，它是西方媒介塑造的“敌人”，也是反恐战争旨在消灭的对象。然而，反恐战争的符号性生产扩大了"恐怖主义"的能指，它给予大量平民"恐怖分子"的身份，进而扭曲了"恐怖主义"的实质，也导致了"恐怖主义"话语本身的失真。真正的恐怖主义已经对人类生命安全造成了严重的威胁，而西方国家的错误判断和符号性误导，最终扭曲了生命威胁的真相，导致人们对真实的生命威胁浑然不知。

其次，对真相的掩盖。西方国家为了争夺"反恐"话语霸权，存在着人为地夸大抑或弱化恐怖主义威胁真相的行为。尤其是近年来，反恐战争似乎已经成为西方国家实施地区统治、维护全球霸权及进行经济掠夺的工具。"恐怖主义"似乎变成了一种可被随时利用的政治需要，进而使"反恐"也沦为一种可被各国随意使用的话语标签。当"反恐"成为西方各国攫取利益的工具之时，其"正义性"及"合法性"则荡然无存。西方社会甚至为了"利益需要"，存在着人为地编织"恐怖主义"形象和随意指认"恐怖主义行为"的现象，因而掩盖了恐怖主义威胁的真相，导致人们对生命安全的误判。

最后，对真相的有限认知。西方国家尽管是反恐战争的主导者，但是对这场战争的形势及趋势并未能做出准确的判断，近年来中东极端组织ISIS的兴起即是佐证。反恐战争是一场战争双方都在寻找对手的非常规战争，"反恐"形势也并未如西方国家设想的那样发展，恐怖主义也并非西方国家想象的那般不堪一击。可见，在整个反恐战争过程中，西方对恐怖主义的规模、战争持续时间、生命威胁等的认识也是有限的。此外，反恐战争的发展早已超出西方国家的控制，恐怖主义的蔓延也超出西方国家的预期，因此有关"反恐"的话语诠释也充满着大量的"无知"，最终造成了对生命威胁真相的"不知"。同时，反恐战争符号性生产与符号性交流的扭曲，也进一步加剧了这种浑然不知。

反恐战争"符号性暴力"的干扰，造成了"真相"认知的困难，从而使人们难以了解生命威胁的实况。然而在齐泽克看来，"社会的符号性暴力最纯粹的状态，往往以其反面形式出现"。① 因此，我们应当利用逆向思维，对当代西方建构的"反恐"话语进行重新分析、判断及认知，以便从中窥探到生命威胁的真相。

---

① Slavoj Žižek, *Violence: Six Sideways Reflections*, New York: Picador, 2008, p. 36.

三 "系统性暴力"

反恐战争"系统性暴力"是由反恐战争自身及其机制运行所生产的一种结构性暴力。在齐泽克看来，它常常隐藏在反恐战争"主观性暴力"的幕后，是一种对生命安全更具破坏性的暴力。诚然，对反恐战争"系统性暴力"的寻迹，需要从了解其特征入手。

反恐战争"系统性暴力"的第一个特征是隐匿性，主要表现为"在场的隐匿性"和"出场的隐匿性"两个方面。所谓"在场的隐匿性"，主要是指反恐战争的"系统性暴力"往往隐藏在"主观性暴力"和"符号性暴力"的幕后，不易为人所察觉或感知。在齐泽克看来，不同于"主观性暴力"的直观显见和"符号性暴力"的事物"符号化"，"系统性暴力"源自体制内部，是体制运行所产生的一种隐匿性、结构性暴力，是一种对生命更具压制性、创伤性的暴力。从发生在阿富汗、伊拉克、利比亚等国家的反恐战争中，人们可以直观地看到那些由"战争"创伤带来的"主观性暴力"，并且每天都遭受到那些由媒体狂轰滥炸的"反恐"宣传所带来的"符号性暴力"。然而，西方反恐战争所生产的"系统性暴力"却往往不为人知，也更为隐蔽。所谓"出场的隐匿性"，主要是指反恐战争"系统性暴力"的爆发并不采取直接进行的方式，它往往借助于"主观性暴力"或"符号性暴力"，并通过它们进行非理性或理性的爆发。一方面，它往往借助于"主观性暴力"的非理性爆发，对生命造成恐惧和压制。在齐泽克看来，它类似于物理学上的暗物质，隐藏在人类无法直视的黑洞之中，可谓"主观性暴力"的"幕后推手"。当然它并不采取直接的物理性破坏，主要通过诱发主观性暴力，对生命实施系统性的压制。另一方面，它常常隐藏在"符号性暴力"的背后，通过意识形态霸权，对生命进行着思想控制。在齐泽克看来，西方国家为了强化反恐战争的"合法性"和掩盖反恐战争的真实动机，不仅通过媒介生产了大量的"符号性暴力"，更"动用一大堆注定使我们对最残忍的暴力形式变得迟钝的机制"，[1] 而这种

---

① 〔斯洛文尼亚〕斯拉沃热·齐泽克：《暴力：六个侧面的反思》，唐健、张嘉荣译，中国法制出版社，2012，第181页。

让人"变得迟钝的机制"正是一种隐藏在"符号性暴力"幕后的"系统性暴力"。实际上，资本主义体系常常借助于"反恐"的"符号"生产和媒介的意识形态宣传，为民众建构认知的图绘和藩篱，从而对民众的认知造成了严重的干扰与禁锢。

第二个特征是霸权性。其霸权性主要是指通过反恐战争结构化的运作，使僵化的资本主义体系得以激活，并在话语、经济及政治上实现了对他国的控制和操纵。在齐泽克看来，后"9·11"时代的世界给人们的警示是，弗朗西斯·福山所梦想的"自由民主"已经破产，西方已不再是安全、快乐、幸福的天堂，尤其是近年来恐怖主义暴力袭击的频繁爆发，已彻底惊醒沉睡的西方人。在他看来，"9·11"恐怖袭击事件给资本主义体系提供了一个重新审视自身的机会，促使它以反恐战争为契机，将美国、欧洲及其他资本主义国家重新凝聚在一起，促使它们由"各自为战"转向"团结合作"，去对付"恐怖主义"这个所谓现代西方文明的"共同敌人"，从而为其全球霸权地位的强化创造了可能。反恐战争"系统性暴力"的霸权性主要体现在三个方面。

其一，话语霸权。"9·11"事件发生后，西方国家精心地建构了"反恐"的话语体系。在循环播放纽约世贸中心大厦倒塌影像和恐怖分子影像时，西方媒介为反恐战争的发起制造了所谓"正义性"的出场语境。正如齐泽克所言，西方媒介对"反恐"的报道经过了新闻的"再生产"，且是"至高权力"[①]允许与希望电视机前的观众所看到的，而任何僭越西方意识形态的文字报道或影像片段，都将遭受到资本主义的暴力压制与打击。更为丧心病狂的是，当既有的报道不能满足意识形态宣传需要之时，西方媒介不惜去生产"新闻"，最终这些虚假的新闻主导着舆论，垄断了"反恐战争"的话语。此外，西方媒介还牢牢地把持着"反恐"话语的阐释权，而任何来自外部的"挑战"都将被贴上"恐怖主义"的标签，并以"合法性"的名义扑灭"挑战"，窒息"质疑"，从而捍卫"反恐"话语的生

---

① "至高权力"（sovereign power）是由阿甘本所创造并惯常使用的术语，它是一种控制生命的最高权力。在阿甘本看来，它不仅掌控着"死亡"，还决断着"神圣人"的归属。由于它往往为统治阶级所攫取和占有，因此常常被视为统治阶级的代名词。参见 Giorgio Agamben, *Homo Sacer: Sovereign Power and Bare Life*, Stanford: Stanford University Press, 1998。

产权，垄断"反恐"话语的阐释权，实现对"反恐战争"的话语控制。

其二，经济霸权。西方国家尤其是美国热衷于"反恐"，绝非为了弘扬惩恶扬善的道义，也非为了贯彻维护世界和平的联合国宗旨，最为根本的目的在于攫取经济利益和霸占世界市场。在齐泽克看来，西方的"反恐战争"是一个充满虚伪的幌子，而在这幌子下充斥着军火、石油、医疗、情报等的增量买卖，西方的"反恐战争"似乎已经沦为一种精心算计的生意，显然有"利益"就去"反恐"，没有"利益"就消极或拒绝"反恐"。事实上，西方利用"反恐战争"不仅从阿富汗、叙利亚、伊拉克、利比亚等国赤裸裸地进行经济掠夺，而且还意图利用"反恐"标签，霸占世界经济的主导权，以实现经济上的垄断与霸权。

其三，政治霸权。西方国家反恐战争常常以"例外状态"为借口，以"反恐"为理由，为其各种政治霸权行为寻找虚伪的"合法性"依据。近年来，西方以"反恐"为借口，对阿富汗、伊拉克、利比亚等国进行赤裸裸的主权侵犯和军事占领，并以"民主""秩序恢复""安全"为幌子，通过培植代理人、不间断"反恐"、"政治恐吓"、"国际制裁"之类的手段，对以上数国进行政治操纵。此外，西方还将"反恐"的触角伸向更多国家。如齐泽克所指，恐怖分子是反恐战争打击的对象，而当前戴着"恐怖分子"面具出场的，却是那些被排除在固有政治空间之外的各类"政敌"。以美国为首的西方国家所炮制的"邪恶国家名单"已充分展现，西方国家正利用反恐战争在全球范围内进行"恐怖主义"指认。一些国家常常被贴上"支持恐怖主义邪恶国家"的标签，成为西方在国际上联合打击和制裁的对象。最终，资本主义体系利用反恐战争，通过"系统性暴力"的隐性爆发，完成了全球政治霸权地位的强化。

第三个特征是压制性。在齐泽克看来，反恐战争是资本主义体系的一场表演，它通过"反恐"系统化的运作，压制人们对于"体制"的仇视和对抗。首先，它利用"反恐"转移了人们对"体制"的关注。"9·11"恐怖袭击事件发生后，美国主导的反恐战争借助于对本·拉登、萨达姆、卡扎菲等恐怖分子头目形象的建构，为西方社会树立了"敌人"，成功地将人们的视线吸引到那些被建构的恐怖分子身上。依据传统马克思主义的解说，"召唤外部敌人的目的是转移视线，使人们不再注意问题的真正来源，不再注意体制自身固有的对抗"。① 因此，齐泽克认为，"假如这场反恐战争与其说是针对恐怖袭击，还不如说是针对反全球化运动的兴起而做出的回应，是一条控制它并将注意力从它那里分散开来的途径呢"。② 在齐泽克看来，反恐战争机制运行之中，存在着被称为"系统"暴力的东西，"存在某种为了经济及政治体系顺畅运作而通常会导致的灾难性后果的东西"。③ 这种内置于反恐战争机制的"系统性暴力"，有意将人们的关注从资本主义体制转移到"恐怖主义"上，并压制了对它的"反抗"。其次，它以"慈善"为幌子，消解了人们对"体制"的抵抗。反恐战争之后的伊拉克、阿富汗、利比亚可谓满目疮痍、民生凋敝，西方人道主义慈善这时悄然登场。西方是反恐战争的发起者，也是以上三国家园的摧毁者，在战后它却突然变成了"慈善大使"，声称积极地帮助它们重建家园，这本身就颇为滑稽。实际上，当下中东地区并未如西方在反恐战争前所许诺的那样发展，恐怖主义袭击仍未中断，民众的生命安全及生活状态也并未有所好转。在齐泽克看来，西方的"慈善"只是反恐战争的温情版本，它之所以采用人道主义慈善作为伪装，不过是要转移民众的视线，将斗争的矛头移向引发这场战争的"制度性"问题之外，以延迟这一"制度"的消亡，可谓"慈善已沦为掩盖经济剥削的人道主义面具"。④ 西方国家热衷于对反恐战争创伤国及其他落后国家的救济、援助，巧妙地回避了导致这些落后国家悲惨状况的"制度性"问题，进而延迟了资本主义系统的危机，消解了民众对它的仇视和抵抗。

毋庸置疑，反恐战争"系统性暴力"对全球发展、中东和平、国际经济贸易等诸多方面都有危害，对其危害的分析可以从制度、文化、社会等多种视角入手，而齐泽克却有意选择从生命政治的视角出发，主要关注它对生命造成的创伤，探讨它对生命安全、生命权力及生存环境所造成的影响，可谓启人深思。

---

① 〔斯洛文尼亚〕斯拉沃热·齐泽克：《欢迎来到实在界这个大荒漠》，季广茂译，译林出版社，2015，第176页。

② 〔斯洛文尼亚〕斯拉沃热·齐泽克：《伊拉克：借来的壶》，涂险峰译，生活·读书·新知三联书店，2008，第50页。

③ 〔斯洛文尼亚〕斯拉沃热·齐泽克：《暴力：六个侧面的反思》，唐健、张嘉荣译，中国法制出版社，2012，第2页。

④ Slavoj Žižek, *Violence: Six Sideways Reflections*, New York: Picador, 2008, p. 22.

反恐战争制造了"虚假的安全感"。西方国家主导的反恐战争是一种非常规的战争，它彻底打破了人们对"传统战争"概念的认知。正如齐泽克所言，我们不再拥有类似于传统意义上的战争，"即那些发生在两个主权国家之间，可适当进行调解的冲突"。[①]"9·11"恐怖袭击事件的爆发，标志着这场发生在恐怖主义和"反恐"国家之间的战争已经打响，而参战双方最大的任务就是识别敌人和武器，因为行动者越来越喜欢秘密地采取行动。一方面，恐怖分子越发像幽灵一般隐秘，他们早已不再急于宣布为自己的行动负责；另一方面，"反恐"国家采取的"反恐"举措也鲜为人知，"反恐"行动也变得越来越隐秘。恐怖分子没有可见的"中心"，也没有固定的敌人，他们在欧洲制造了多起爆炸事件后，又马不停蹄地寻找下一个目标。西方作为"反恐战争"的主导者，也在为寻找仿佛遁形了的恐怖分子而抓狂。齐泽克发现，只是在"9·11"事件后，西方通过对本·拉登及其恐怖主义"基地"组织的形象建构，"西方的想象才重新获得动力"。[②]从此，西方通过对本·拉登、卡扎菲、萨达姆等一系列恐怖分子"形象的建构"，[③]才为这场反恐战争找到了所谓的"敌人"。在齐泽克看来，反恐战争是一场利用了"恐怖主义"的虚假战争。正如他所言，当下我们用来命名冲突的术语，诸如"反恐战争""民主和自由""人权"等都是虚假的，它们模糊了我们对形势的感知，而不是让我们对其慎思明辨。尽管反恐战争打着"反恐"的名义，以生命安全的建构为己任，然而在齐泽克看来，反恐战争却一直发挥着表演的功能，其真正目的是哄骗我们，让我们产生虚假的安全感，以让我们相信一切都没有发生实质性的改变。实际上，反恐战争并没有实现对恐怖主义的根除，它只是为民众编织了一个虚假的安全幻象，因而人们依然生活在遭受袭击、骚扰的恐怖的环

---

① Slavoj Žižek, *Welcome to the Desert of the Real!*, London·New York：Verso, 2002, p. 93.

② Slavoj Žižek, *Welcome to the Desert of the Real!*, London·New York：Verso, 2002, p. 110.

③ 西方通过形象建构来树立"敌对目标"的方法和希特勒打击犹太人的手法如出一辙，希特勒曾经将所有社会对抗的原因投射到犹太人身上，从此犹太人成了邪恶的代表、贪婪的象征、唾骂的对象。在齐泽克看来，希特勒以犹太人为目标，终极来说是一种"置换行为"，其目的在于将"系统性矛盾"从资本主义自身转移到犹太人身上，以阻止"真正改变"的发生。参见 Slavoj Žižek, *Violence：Six Sideways Reflections*, New York：Picador, 2008, pp. 209-210。实际上，本·拉登和塔利班曾是美国中情局支持的阿富汗"反苏游击运动"的一部分，他们的发展及壮大，美国有着不可推卸的责任。参见 Slavoj Žižek, *Welcome to the Desert of the Real!*, London·New York：Verso, 2002, p. 27。

境之中，生命的境遇也没有发生任何实质性的改变。

反恐战争普遍化导致生存环境的恶化。近年来，以美国为首的西方国家从恐怖主义"主观性暴力"的爆发中，为反恐战争找到了所谓的"合法性"依据。反恐战争的主要参与者及支持者都认为自己是受害者，并利用受害者的身份对其霸权主义进行"合法化"。当然，反恐战争的这种"合法化"有着虚假性，这在反恐战争的普遍化过程中表现得尤为明显。正如齐泽克指出的那样，以色列、印度、法国等紧步美国后尘，也强调自己拥有像美国那样的"反恐"权力。可见，美国主导的反恐战争引发了效仿连锁反应，诸多国家纷纷学习美国建构了一个个"恐怖主义"的形象，以获得像美国那样的控制权力。进而，这场由美国及其效仿国家发起的反恐战争，在阵营上实现了扩大化。此外，齐泽克将反恐战争称为一场奇怪的战争，因为在那里，"敌人一旦进行简单的自我防卫和反击，他们就被认为是犯罪"。[1] 西方社会依然沉浸于"非敌即友"的二元逻辑之中，战争的前提是必须要找到"敌人"，而寻找"敌人"的过程仿佛是一个"表演"的过程。事实上，"敌人"的形象在西方视域中发生了根本性的变迁，现在的"敌人"，已不再是那些作为领土性存在的邪恶帝国抑或某个大毒枭，"而是非法的、秘密（几乎虚拟）的、全球范围内的网络"。[2] 在这个"网络"之中，犯罪活动与宗教激进主义的狂热，可谓珠联璧合。在齐泽克看来，在这场"敌人"的选择中，美国还悄悄地树立了"隐形的敌人"，它意图借助于反恐战争对欧洲进行绑架，以实现对欧洲的统领。为此，齐泽克斥责道，当前欧洲再次遭受美国文明的绑架，美国已经着手为全球制定行为准则，并将欧洲视为自己的一个"州"。可见，反恐战争也将以恐怖分子为代表的"敌人"进行了扩大，最终促成了整场反恐战争的普遍化。当前西方沉浸在"反恐"之中，造成了生存环境的"人为性"恶化，进而给生命安全的治理带来了挑战。

反恐战争对"紧急状态"的滥用导致生命权剥夺的合法化。当下的反恐战争，还面临着滥用"紧急状态"的诘问。齐泽克认为，"9·11"事件发生后美国政府官员的相关言论及政治行为，充分表明美国已经误入"紧

---

① Slavoj Žižek，*Welcome to the Desert of the Real!*，London · New York：Verso，2002，p. 93.

② Slavoj Žižek，*Welcome to the Desert of the Real!*，London · New York：Verso，2002，p. 111.

急状态"的逻辑之中，从而法治开始悄悄地中止，"美国已经处于战争状态"。① 更为人们所惊恐的是，美国打着"反恐战争"的名义，欲将全球置于"紧急状态"之中，意图实现对全球的霸权统治。事实上，美国并未进入战争的状态，也未处于战争的边缘，因为对大多数人而言，他们的生活并没有发生什么明显的改变，可谓一切照旧。针对美国因"反恐"而对"紧急状态"的滥用，齐泽克曾强烈地谴责道："该套话语使得对人们法定权利及其他权利之剥夺变得合法化。"② 实际上，西方反恐战争对"紧急状态"的滥用，不仅模糊了战争与和平的界限，导致"紧急状态"的常态化，更严重的是使生命权的剥夺变得频繁。西方国家常常以"反恐"为名，对整个社会实施着"监控"计划，这在斯诺登揭秘事件中得以暴露。通过斯诺登的揭发，人们不难发现西方国家借助于"反恐"，长期以来对民众进行着监视、监听、监控，甚至常常借助于技术手段对民众的网络、通信等进行攻击或窃听，这公然地违背了西方所奉行的宪法精神，践踏了相关法律法规及国际文明公约，严重地侵犯了民众的隐私权、言论权、自由交往权。此外，西方国家在中东地区的几次大规模"反恐"行动，存在虐囚、误炸、肆意破坏、任意搜捕等行为，是对中东民众的基本生命权赤裸裸的剥夺。

"9·11"事件的发生，标志着"一个暴力的时代重新开启了"。③ 尽管西方国家的反恐战争在打击和遏制"恐怖主义"上有过一定的积极意义，但其背后隐匿的"系统性暴力"不容忽视，它已经对生命造成了侵犯和创伤。反恐战争决不可沦为资本主义称霸全球的游戏，更不可成为资本主义世界打击"异己"的工具。反恐战争应然回到针对恐怖主义非理性暴力的初衷，应然引发对恐怖主义根源的思考。当前，恐怖主义的暴力袭击已经从美国、挪威、法国、比利时等国向更多的国家弥漫，而中东地区极端组织 ISIS 的兴起以及西方青年的加入，再次提醒西方，已经到了全面审视与反思"反恐战争"的时候。

---

① Slavoj Žižek, *Welcome to the Desert of the Real!*, London·New York：Verso, 2002, p.107.

② Slavoj Žižek, *Welcome to the Desert of the Real!*, London·New York：Verso, 2002, p.107.

③ 韩振江：《生命政治视域下的反恐政治——齐泽克与阿甘本的对话》，《学术交流》2015年第9期。

第三节 "改变坐标"的行动

齐泽克视界中的"暴力",主要指涉当前人类生命所遭遇的非传统安全领域的暴力,而恐怖主义暴力和反恐战争暴力则是其主要的出场形态。进而,齐泽克将二者的消除寄希望于"改变坐标"① 的行动。当然,齐泽克所言"改变坐标"的行动,主要意指能够推动当前冲突"坐标"发生改变的"激进性行动"。这意味着它是一种能够推动现有社会状态发生实质性突破的行动,而非那种一再陷入"重复性"工作的"立即行动"②。为此,齐泽克建议人们应抵挡住西方"行动"的诱惑,并寻找到"暴力"的根本起因,继而对其进行批判分析。齐泽克从本雅明"神的暴力"③ 之中看到了它所具有的解放性作用,因此他期待"激进性行动"的到来,并主张利用"设置法律的暴力"来消除暴力,且通过"维持法律的暴力"来维护生命安全的秩序。同时,齐泽克将当代西方社会"坐标"的改变,即西方现行制度的颠覆及新社会空间的到来,视为"暴力"消除的标志。尽管他置身于"暴力"泛滥的布尔乔亚世界之中,但是他试图跳出西方意识形态的藩篱,以寻找一条将生命从"暴力"之中解放出来的路径,为人类生命安全的实现进行有益的探索。

一 拒绝"行动"的诱惑

抵挡"行动"的引诱,为反思"暴力"创造空间。面对恐怖主义暴力

---

① Slavoj Žižek, *Welcome to the Desert of the Real!*, London · New York: Verso, 2002, p. 128.

② "立即行动"是"9·11"事件后由西方媒体所鼓吹的一种针对恐怖主义的行动,它号召人们立即行动起来,对恐怖主义进行以牙还牙式的报复。实际上,它是一种典型的"伪行动",因为它并没有有效地改变"恐怖主义暴力"四处爆发的现状,也未能触及"暴力"滋生的根源。

③ "神的暴力"(divine violence)又称"神圣性暴力",它是本雅明在《暴力批判》中使用的词语。在他看来,"神的暴力"是"神话暴力"的对立面,它是为了所有生命的生存而统治所有形式的生命的纯净权力,它是一种纯粹驱力和不死性的表达,它打击着受法律制约的"赤裸生命"。参见 Slavoj Žižek, *Violence: Six Sideways Reflections*, New York: Picador, 2008, pp. 178-205。

接二连三地爆发，人们往往难以冷静，似乎“行动起来”是一种本能的反应，但在齐泽克看来，这恰恰陷入西方意识形态的引诱之中。西方国家借助于意识形态的宣传，不仅干扰了人们对“暴力”的客观认知，而且将人们引诱到“立即行动”起来的舆论之中。① 近年来，随着恐怖主义暴力袭击事件的频繁爆发，西方媒介所营造的这种“伪紧迫感”也在不断地升级，似乎现在已经到了需要立即行动起来的时刻。最终，整个社会沉浸于“行动起来”的冲动之中，人们开始变得盲从。“以暴制暴”是打击恐怖主义的传统方法，也是西方社会有意营造的意识形态迷惑，它有意将人们引领到“认知”的歧途，其目的不仅在于为反恐战争提供“合法性”的依据，更在于干扰人们对资本主义体系的反思。“行动起来”似乎在直观上意图改变现实的冲突“坐标”，但实质上资本主义世界并没有发生根本性的改变。对此，齐泽克提醒人们，在当前形势中，“真正仍在向革命机会敞开的唯一道路，就是摒弃对于直接行动的轻率号召”。② 事实上，身处西方“反恐”话语之中的人们，难免被人为剪辑过的各类“暴力”影像所迷惑，人们要做的绝非盲目地采取行动，而应是坚决地抵制住“行动”的引诱。正如齐泽克所言，当我们面临困境之时，能够抗拒实时介入的诱饵，也许是一个人唯一应做之事。当然，齐泽克这一拒绝“行动”的建议给自己带来了“非议”，以至于部分左翼激进主义者正是基于此而批判齐泽克的“妥协”。实际上，齐泽克的拒绝“行动”有着特定的话语指涉，它主要是指资本主义媒介所鼓吹的“行动”，正如齐泽克所言，那是资本主义世界的行动，而非属于民众自身解放的行动。齐泽克拒绝“立即行动”的建议，其目的在于为人们认知及反思“暴力”创造一定的空间，从而为属于民众自身解放行动的付诸做好准备。

恐怖主义暴力并不具有解放性。恐怖主义暴力的爆发并非源于某个崇高的理想，它只是通过狂热“暴力”对生命“原乐”进行变态的满足。在齐泽克看来，恐怖主义文化是一种病态的文化，恐怖主义暴力的爆发仅仅

---

① 齐泽克将这种由媒介所鼓吹的“立即行动”视为典型的“伪紧迫感”。在其看来，在这些“紧急命令”之中隐藏着一种根本的反理论锋刃，因为它是一种“伪行动”，其目的在于利用“参与”的冲动来掩盖行进中的虚无。参见 Slavoj Žižek, *Violence: Six Sideways Reflections*, New York: Picador, 2008, pp.6-7, 217。

② 〔斯洛文尼亚〕斯拉沃热·齐泽克：《伊拉克：借来的壶》，涂险峰译，生活·读书·新知三联书店，2008，第64页。

是为了满足"大对体"对"原乐"的需求。因此纽约世贸中心大厦的爆炸,"它首先是致命快感的大爆炸",① 恐怖主义将人视为一种工具,它只是意在从暴力性死亡之中获得最大的生命满足。因此在尤瓦尔·赫拉利看来,"就本质而言,恐怖主义就是一种表演"。② 其"表演"的目的,是让民众永远地生活在暴力袭击随时可能发生的恐惧之中。此外,恐怖主义是资本主义体系的一种"剩余",而并非对这一体系的对抗。恐怖主义是对资本主义全球化的直接反应,它们攻击的目标"是全球资本主义对社会生活的腐蚀性冲击"。③ 当然,这一切皆发生在资本主义体系之内,且和经济全球化有着密切的关系。近年来恐怖主义暴力的爆发,并没有提出政治上或经济上的诉求,"我们看到的抗议是零度抗议,是不提任何要求的暴力抗议",④ 正如巴黎恐怖主义袭击并非基于任何具体的社会经济抗议。实际上,无论是骚乱,还是"非理性暴力"的爆发,遭受创伤的都是普通民众。恐怖主义并没有撼动资本主义体系的根基,因而在齐泽克看来,它并不具有生命解放的潜能。

反恐战争并未实现对"暴力"的消除。挪威于特岛、法国巴黎、比利时布鲁塞尔等地恐怖袭击事件的爆发,宣告了西方反恐战争已彻底陷入"进退两难"的境地。反恐战争打着消灭恐怖主义暴力的旗号,而实际上在滋生恐怖主义的资本主义制度消亡之前,反恐战争无论是口号上还是行动上,皆面临着"合法性"的诘难。在齐泽克看来,美国可以惩罚那些对袭击负责的人,并要把这种惩罚看成一种义务,而非一种复仇。显然,当反恐战争变成对恐怖主义的复仇之时,反恐战争已经偏离了初衷。目前看来,西方国家主导的反恐战争并未取得消除恐怖主义的预期效果,而恐怖主义的恶性报复却一再幽灵般地上演。尤其在中东地区,极端组织 ISIS 毫无人性的杀戮,使人类生命安全遭遇到前所未有的挑战。齐泽克将极端组织 ISIS 的诞生,归咎于当代资本主义全球化的畸形发展,且认为极端组织 ISIS 是资本主义制度框架内的产物。毋庸置疑,西方反恐战争近年来确实

---

① Slavoj Žižek, *Welcome to the Desert of the Real!*, London·New York:Verso, 2002, p.141.

② 〔以色列〕尤瓦尔·赫拉利:《未来简史:从智人到神人》,林俊宏译,中信出版社,2017,第 16 页。

③ Slavoj Žižek, *Welcome to the Desert of the Real!*, London·New York:Verso, 2002, p.41.

④ 〔斯洛文尼亚〕斯拉沃热·齐泽克:《欢迎来到实在界这个大荒漠》,季广茂译,译林出版社,2015,第 6 页(中文版前言)。

取得了一些"反恐"成果，但在这些"反恐"成绩的背后，它却一再地生产着诸如误伤、误炸、监视、监听、虐囚等暴力性事件。当反恐战争生产着"暴力"副产品之时，其自身即面临着"合法性"的质疑。实际上，西方反恐战争仅仅是一场有选择的"战争"，并不是一场全面的"战争"。最终它不仅无法彻底消除"暴力"，也无法将生命从"暴力"之中解放出来。

"暴力"与"反暴力"恶性循环对生命安全造成破坏。在齐泽克看来，当前恐怖主义的"暴力"与反恐战争的"反暴力"已陷入致命的恶性循环。这种由恐怖主义带来的暴力深受"伪原教旨主义"的诱导，在这种"诱导"被消灭之前，其"暴力"则难以消除。然而，反恐战争自爆发起，即面临着合法性的质疑。反恐战争的发起以恐怖主义的暴力袭击为借口，而值得追问的是，西方世界尤其是美国这种"以暴制暴"的方式是否可取，恐怖主义暴力袭击是一种极端的报复行为，而反恐战争的狂轰滥炸是否也走向了行动的极端。如齐泽克所言，美国将其"反恐"行动的首个代号称为"无限正义"，可谓滑天下之大稽。一旦将反恐战争视为一项工作，恐怕它将永远无法真正地完成，因为人类总是存在着这样或那样的恐怖主义威胁。"威胁"总是不断，"反恐"也必将不断地升级。"暴力"与"反暴力"的恶性循环，不仅加速了生存环境的恶化，更加剧了当代生命安全的威胁，从而给当代生命安全的治理带来了严峻挑战。

二 寻找"暴力"的起因

恐怖主义暴力与反恐战争暴力的滋生有着诸多成因，但在齐泽克看来，人们需要摆脱"暴力"现象的迷惑，并排除西方意识形态的干扰及误导，而应将其追溯到"制度"的根源之上，唯有此才能为"暴力"的消除提供正确的方向。因此，在西方资本主义制度消亡之前，恐怖主义与反恐战争恐怕仍将长期并存，而二者生产的"暴力"也必将长期存在。

恐怖主义暴力的滋生并非源于宗教信仰。在齐泽克看来，"恐怖主义袭击与真正的伊斯兰教这一伟大而崇高的宗教毫无关系"。[①] 恐怖分子内心缺乏真实的信念，暴力频繁爆发即是佐证。恐怖主义并非真正的"原教旨

---

① Slavoj Žižek, *Welcome to the Desert of the Real!*, London · New York：Verso, 2002, p.133.

主义",因为它缺乏"原教旨主义"对宗教的忠实信仰。尽管恐怖分子常常以极端的报复行动来表现出对宗教的忠诚,但他们的"信仰"从一开始便出现了危机。事实上,他们信仰的并不是真正的宗教,只不过是从真正的宗教之中盗取了其部分教义,并加以歪曲利用而已。恐怖分子并没有传统马克思主义话语叙述之中无产阶级式的政治诉求,也没有反抗当代西方消费主义社会文明冲击的巨大勇气,他们只是在一味地付诸疯狂的暴力袭击。恐怖分子最终"成了非理性的抽象的行动力",① 他们始终都在威胁着人们的安全。在西方看来,"基地组织中的恐怖分子并非敌对方的士兵,而是'不受法律管辖的作战者'",② 他们绝不属于一般人所声称的罪犯,他们是被排斥在法律之外、被剥夺了生命权利的"赤裸生命"。实际上,恐怖分子早已是"现代主义者",他们是"现代全球资本主义的产物和现象",③ 他们代表着"原教旨主义世界"对资本主义全球适应的一种努力。此外,齐泽克认为,恐怖主义绝不归属于阿伦特提出的"平庸之恶"④ 的范畴,因为在恐怖分子实施疯狂袭击的行动中,很难有"平庸之恶"的存在。"平庸之恶"强调对"显见之恶"的盲从,而恐怖分子并没有一点"盲从"的特征,他们甚至为自己制造的恐怖"效果"感到无上的"光荣"。齐泽克曾有意将恐怖主义与纳粹主义相比较,他指出纳粹将"解决犹太人的问题"视为一项使命,并将该使命视为应当隐藏起来的秘密,因此需要刻意避开公众的目光,而恐怖分子的行径却不同,他们偏爱公开地炫耀由恐怖行为所造成的破坏性"景观"。可见,恐怖分子已经不再将作恶当作秘密,而是公开地制造"惨烈的景观",他们以此为"荣耀"并炫耀。为此,齐泽克说:"基地组织的自杀式袭击者无论在任何意义上都不是'平庸'的,而实际上却是'妖魔式的'。"⑤ 这也就意味着,恐怖主义之恶并不属于传统政治之恶的范畴,因此齐泽克将它视为一种新型的政治

---

① Slavoj Žižek, *Welcome to the Desert of the Real!*, London · New York: Verso, 2002, p. 33.

② Slavoj Žižek, *Welcome to the Desert of the Real!*, London · New York: Verso, 2002, p. 93.

③ Slavoj Žižek, *Welcome to the Desert of the Real!*, London · New York: Verso, 2002, p. 52.

④ 阿伦特的"平庸之恶"是指由无名官僚按部就班犯下的滔天罪行,它是对"显见之恶"的顺从。在齐泽克看来,恐怖主义之恶并不具有以上特征。参见 Slavoj Žižek, *Welcome to the Desert of the Real!*, London · New York: Verso, 2002, p. 136。

⑤ 〔斯洛文尼亚〕斯拉沃热·齐泽克:《伊拉克:借来的壶》,涂险峰译,生活·读书·新知三联书店,2008,第 68 页。

之恶，即"原教旨主义之恶"。①

反恐战争暴力的滋生进一步强化了资本主义制度。在齐泽克看来，反恐战争对个体生命安全造成危害，而资本主义制度却成为最终的受益者。在后"9·11"时代，个体生命依然遭受到"暴力"的威胁。无论是面对恐怖主义暴力，还是面对反恐战争暴力，个体生命都未能逃脱"受害者"的宿命。尤其是当前"暴力"与"反暴力"的恶性循环，使越来越多的个体生命遭受到创伤。正如齐泽克所指，巴黎恐怖主义袭击的最大受害者就是难民本身，在"我与巴黎同在"的陈词滥调背后，真正的赢家则是那些支持全面战争的党派。当前中东难民危机是美国和欧洲对外政策的结果，成千上万的难民流离失所，即是这一政策带来的恶果。当然，除难民之外，西方社会及中东地区的民众，不仅身心摧残、精神恐惧，更面临着生命权利遭受剥夺的危险，因而他们也是"暴力"与"反暴力"恶性循环的受害者。因此，我们对巴黎袭击的真正谴责，应当是发出何人将能从中受益的追问。恐怖主义问题的关键在于隐匿在恐怖分子幕后的那些"理性战略家"在做些什么。为此，我们应当将目光聚焦于当今的全球资本主义。实际上，西方资本主义制度才是反恐战争的最终受益者。一方面，反恐战争激活了僵化的资本主义体系。齐泽克认为，后"9·11"时代的世界给我们的教训是，弗朗西斯·福山梦想的全球自由主义民主已经宣告结束。"9·11"恐怖主义袭击为反恐战争的出场提供了契机，它彻底惊醒了沉睡的西方社会，促使它们以"反恐"为契机去重新审视自身，并发起了在全球范围内捍卫资本主义霸权的行动。另一方面，反恐战争延迟了资本主义系统危机的爆发。西方利用反恐战争转移了民众的视线，它将斗争的矛头转向了资本主义制度之外，并为民众建立了仇视的一系列"恐怖分子"形象。为此，我们面对的是一个充满了虚假性的冲突，一个将真实战线进行模糊化和神秘化的冲突。最终，资本主义制度从反恐战争中找到了新的活力，从而为"暴力"的消除制造了困难。

资本主义制度是"暴力"滋生的根源。"9·11"事件的发生，引发了

---

① 齐泽克曾对政治之恶的四种模式进行概括，它们是独裁主义之恶、极权的"理想主义之恶"、恐怖主义者的"原教旨主义之恶"、阿伦特式的"平庸之恶"。在他看来，恐怖主义应当属于"原教旨主义之恶"的范畴。参见〔斯洛文尼亚〕斯拉沃热·齐泽克《伊拉克：借来的壶》，涂险峰译，生活·读书·新知三联书店，2008，第 68 页。

西方媒体的"狂轰滥炸",对此,齐泽克强调,"我们需要'学习、学习、再学习'这种暴力滋生的成因"。① 面对"暴力"源起于何处的学理追问,齐泽克建议人们应当击破各类"暴力"的表象,去思考那些深层次背景性的东西,当前人们要抵抗的,"是被我称为诠释学诱惑的东西",② 人们要在这些"暴力"事件中寻找到那些隐藏在幕后的深层次意义及信息。在他看来,正是资本的自我驱动在操纵着整个表演,"它是导致真实生活发展和灾难发生的关键原因所在"。③ 可见,齐泽克已经摆脱西方意识形态的纠缠,并将恐怖主义暴力及反恐战争暴力的起因皆归咎于资本主义制度。因此无论是恐怖主义暴力,还是反恐战争暴力,它们都是资本主义所酿的恶果。正如齐泽克所指,即便恐怖主义把我们炸得灰飞烟灭,西方的反恐战争也不是属于我们的战争,它依然属于发生在资本主义世界内部的战争。因此,最终的威胁并非来自外部,也非来自"大对体",而是来自内部,"来自我们自身的疲惫倦怠和道德缺陷……"④ 同时,齐泽克提醒人们,反恐战争暴力也是当代资本主义驱动的结果。当前那些所谓"进步知识分子"的首要任务,就是不要介入"敌人"的内部斗争,而应从资本主义体制本身出发来寻找"暴力"的起因,除了要抓住那些隐藏于西方社会的宗教激进主义因素,更应当认识到资本主义体系才是"暴力"产生的真正根源所在。在后"9·11"时代,尽管恐怖主义与反恐战争并存,其"暴力"的出场也越发频繁,但资本主义制度在本质上却丝毫未曾改变。同时,它还借助于反恐战争获得了诸多的利益。可见,齐泽克从资本主义制度上寻找到"暴力"的起因,无疑为"暴力"的消除及生命安全的治理指明了方向。

三 "激进性行动"的降临

"激进性行动"不仅是马克思、恩格斯在《共产党宣言》中所声称的那个能够打破束缚着无产者锁链的力量,也是那个能够使无产者获得"整

---

① Slavoj Žižek, *Violence: Six Sideways Reflections*, New York: Picador, 2008, p. 8.

② Slavoj Žižek, *Violence: Six Sideways Reflections*, New York: Picador, 2008, p. 76.

③ Slavoj Žižek, *Violence: Six Sideways Reflections*, New York: Picador, 2008, p. 12.

④ Slavoj Žižek, *Welcome to the Desert of the Real!*, London · New York: Verso, 2002, p. 154.

个世界”的力量。① 因此，它有着破坏和生产的双重功能，一方面它能够打破现有“暴力”滋生的局面，另一方面它能够为人类生命安全的实现创造可能。齐泽克将“暴力”的消除寄希望于“激进性行动”的降临，他深受本雅明“神的暴力”和列宁“行动”思想的影响。实际上，齐泽克从“神的暴力”之中看到了它所具有的解放性特质，又从列宁“十月革命”的“行动”之中看到了它对新社会的开启。可见，“激进性行动”的降临，意味着西方现存制度将走向颠覆，同时也意味着对一个新的社会空间的开始建构。

（一）“神的暴力”的解放性维度

本雅明在《暴力批判》一文中对“神的暴力”的解放性进行了肯定，并试图借助它来终结“暴力”，这给齐泽克的“暴力”消除提供了指南。齐泽克从希区柯克的电影《触目惊心》中寻找到“神的暴力”的粗暴入侵，并认为它是一种具有超越法律正义的暴力。“神的暴力”犹如一种“神”的干预或介入，当然之所以称之为“神的”，应该在“人民的声音是上帝的声音”这句古拉丁格言的语义之下，才能够被视为“神的”。在齐泽克看来，“神的暴力”的出场往往处在正义的缺位之时，且有着道德混乱、非正义滋生的语境，因此“神的暴力”净化的罪责是律法，而不是罪恶。当“神的暴力”降临之时，其“杀人”并不能被视为一种罪行或牺牲，因为那些被它消灭的人是彻底和完全有罪的。正如“至高权力”对“神圣人”的随意杀戮并不违法，也没有罪。在本雅明的理解中，“神的暴力”与恐怖主义暴力无关，也非置身于法律的例外，更区别于无政府主义爆发的纯粹暴力。

“神的暴力”有别于“神话暴力”，它们之间是手段与符号的对立。“神话暴力”是一种对“赤裸生命”进行掌控的暴力，它要求“神圣人”的牺牲，旨在维护原有秩序，以建立一定的法律统治。而“神的暴力”不服务于任何手段，“甚至连惩罚罪犯，以重建正义平衡也不例外”。② 它是非牺牲和非赎罪的，并对原有社会秩序有着破坏，因此它属于“事件”的

---

① 参见《马克思恩格斯选集》第 1 卷，人民出版社，1995，第 307 页。
② Slavoj Žižek, *Violence：Six Sideways Reflections*, New York：Picador, 2008, pp. 199-200.

秩序，而不像"神话暴力"那样属于"存在"的秩序。可见，"神的暴力"的出场冲破了原有秩序的束缚，并推动了制度"坐标"的改变，因而具有一定的解放性，并被视为一种具有革命性的"暴力"。为此，齐泽克认为，在后"9·11"时代，置身于"紧急状态"之下的我们，需要求助于本雅明所言的"真正的例外状态"，即用"纯粹的"革命性暴力来与当前西方社会的"紧急状态"对峙。在齐泽克看来，面对恐怖主义与反恐战争的恶性循环，"以本雅明式'神的暴力'的行动，彻底打破这一循环，并走出这一循环，这是完全有可能的"。① 齐泽克通过对本雅明"神的暴力"的考察，寻找到它的"解放性维度"，并认为只有这种类似于"神的暴力"才是人们所能接受的，也是人们所愿意选择的，因为它是一种能够推动传统制度颠覆并走向未来的暴力。

（二）"激进性行动"对"暴力"的消除

"9·11"恐怖袭击事件发生后，西方媒体迅速掀起了"反恐"的浪潮，"立即行动"起来的口号充斥着整个西方社会。在齐泽克看来，"那种'积极主动'的、'去参与'的冲动遮蔽了行进中的虚无"。② 对此，他从量子力学的希格斯场理论中受到启发，并指出"促使系统发生改变的首要行动则是从所有活动中撤出，即什么也不做"。③ 因此，齐泽克建议人们应当从"立即行动"起来的冲动之中抽身，并什么也不做，认为这才是为真正的激变奠定基础的唯一道路。由此来看，齐泽克似乎对"行动"缺乏热情，但实际上他的"什么也不做"不仅意味着对整个西方制度框架的否定，即并不认同于西方"行动"的召唤，更为真正的激变性活动提供了准备的空间。齐泽克并不认同阿甘本那种守株待兔式的立场，"政治斗争的空间已经封闭，任何民族性、解放性的运动均无意义，所以我们只需耐心地等待'神圣暴力'的神奇爆发"。④ 齐泽克在拒绝西方媒体鼓吹的盲目行动之后，并未真正地停留在"什么也不做"的状态。因为在他看来，如果我们所说的"暴力"指涉到基本社会关系彻底动摇的话，那么有时候"什

---

① Slavoj Žižek, *The Parallax View*, Cambridge, MA：MIT Press，2006，p. 264.
② Slavoj Žižek, *Violence：Six Sideways Reflections*，New York：Picador，2008，p. 217.
③ Slavoj Žižek, *Violence：Six Sideways Reflections*，New York：Picador，2008，p. 214.
④ Slavoj Žižek, *The Parallax View*, Cambridge, MA：MIT Press，2006，p. 266.

么也不做才是最暴力的行为”。① 可见，在“暴力”面前，齐泽克并非一个“什么也不做”的妥协者，他只是对那些具有解放性特点的“激进性行动”有着偏爱。

当前打破恐怖主义暴力和反恐战争暴力之恶性循环的唯一方式，就是采取一些能够改变冲突“坐标”的行动。因此齐泽克希冀本雅明“神的暴力”的降临，正如他所言，“我们要以对虚假反暴力的拒斥为起点，并走向对解放性暴力的接受”。② 吊诡的是，齐泽克采用了以“暴力”来消除“暴力”的方法。当然，这种作为方法的“暴力”是一种“激进性行动”，它具有革命性和解放性的特点。一方面通过“激进性行动”来消除“暴力”，是基于打破现有秩序的需要。正如阿甘本所言，我们通常把那些破坏秩序运行的力量称为“暴力”，而本雅明则将其称为“设置法律的暴力”。实际上，“至高权力”对现有秩序进行着严格的控制，因此通过和平协商的方式往往难以奏效，唯有暴力才能够打破这种僵局，才能够促进秩序的改变。另一方面，新的社会空间秩序的建构及维持需要“激进性行动”。正如阿甘本所言：“让既有秩序及其内在固有的特权结构不断持续运转的那个力量，也正是暴力！”③ 而本雅明则将其称为“维持法律的暴力”。为此，齐泽克认为，尽管我们应该拒斥暴力，但是我们依然需要暴力，只是需要的是那种能够真正改变某个格局的、基本坐标的暴力，即类似于“神的暴力”的“激进性行动”。同时，为了使这种暴力能够早日降临，我们应该“通过一个纯粹撤退的姿势使出现暴力的位置保持开放的状态”。④ 为此，他十分期待“激进性行动”的到来，因为它就是“暴力”的代名词，即一种解放性的暴力，一种用来抛弃、建立差别、画出分界线的狂暴姿态。

（三）“制度”的改变

“制度”的改变主要意指西方现行社会制度发生颠覆而新的社会制度

---

① Slavoj Žižek, *Violence: Six Sideways Reflections*, New York: Picador, 2008, p. 217.

② Slavoj Žižek, *Violence: Six Sideways Reflections*, New York: Picador, 2008, p. 206.

③ 〔意〕阿甘本：《神圣人：至高权力与赤裸生命》，吴冠军译，中央编译出版社，2016，第66页（译者导论）。

④ Slavoj Žižek, *The Parallax View*, Cambridge, MA: MIT Press, 2006, p. 381.

降临的过程。可见，"制度"改变的实现标志着"暴力"消除的完成。当前资本主义处于全球一体化之中，"这意味着全球资本主义是其自身与其异己的辩证统一"。① 换言之，资本主义与反抗它的各种力量都处于同一"坐标"之内，资本不仅生产着自身，还生产着各种反抗它的力量。由此，无论是本·拉登，还是小布什，他们都不是我们的选择，因为他们都是反对我们的"他们"。正如齐泽克所言，恐怖主义和反恐战争既然都是资本主义制度的产物，我们需要做的就是要跳出资本主义意识形态的迷惑，站在这一"制度"之外来审视和反抗这一制度。而在这一制度"坐标"改变之前，"暴力"恐怕将永远难以消除。最终齐泽克穿越西方意识形态的幻象，开始从制度的根源出发，将"暴力"的消除寄托于"制度"的改变上，并希冀通过制度的更新来促进生命安全的实现。

在推动西方制度改变的道路上，齐泽克继承了马克思主义付诸暴力的"革命传统"，② 并主张通过"激进性行动"来推翻资本主义制度。为此，他对列宁的"激进性行动"充满了崇高的敬意，因为"在'列宁主义'那里，政治暴力是一种破坏性能量的爆发，且具有解放性"。③ 列宁的"激进性行动"是一种革命性的活动，它突破了传统马克思主义的教条，不仅实现了对传统制度的颠覆，更促进了新的制度"坐标"的建构。在齐泽克看来，这不仅是一件伟大的创举，更充分地践行了马克思"第十一论纲"④的精神。

面对恐怖主义暴力和反恐战争暴力，不是我们做得太多，而是做得太少。在齐泽克看来，现有的各类暴力还不能称之为"激进性行动"，因为这些暴力并没有推动制度"坐标"的实质性改变，它们更多的是为了现有秩序的不变而爆发。如若借用本雅明的术语来描述，齐泽克所追求的是"设置法律的暴力"，即能够实现对现有制度突破的暴力，而当前的骚乱、

① Slavoj Žižek, *Welcome to the Desert of the Real!*, London · New York：Verso, 2002, p. 51.

② 传统马克思主义者对革命暴力有着偏爱，并主张以激进暴力的方式来推翻资本主义制度，如马克思将暴力比喻成孕育新社会的旧社会的助产婆（参见《马克思恩格斯文集》第 5 卷，人民出版社，2009，第 861 页），索雷尔也曾强调无产阶级要用暴力来反对资产阶级和国家（参见〔法〕乔治·索雷尔《论暴力》，乐启良译，上海人民出版社，2005，第 141 页）。

③ Slavoj Žižek, *Welcome to the Desert of the Real!*, London · New York：Verso, 2002, p. 29.

④ "第十一论纲"指的是马克思撰写于 1845 年的《关于费尔巴哈的提纲》中的最后一条论纲，即"哲学家们只是用不同的方式解释世界，问题在于改变世界"。

抗议、占领等活动，乃至恐怖主义暴力，实质上都是维护原有“法律”的暴力。为此，齐泽克对真正的“激进性行动”的降临充满着期待。届时，革命者要把人民从旧制度的枷锁之中解救出来，“使人民能够摆脱腐化的身体，创造出全新的自己”。① 当然，在这场解放性的斗争中，令他们相互携手的不是他们身份中所蕴藏的文化，“而是那种在每一种文化中、在共同的斗争中所团结起来的被压抑者、被剥削者、受苦者、那‘无派别的派别’”。② 实际上，齐泽克的“激进性行动”处于现有的制度背景之下，而又超越现有的制度框架。在他看来，西方现有的制度并不能彻底地消除“暴力”，而只能通过建构一套新的制度，以完成对“暴力”的消除。只不过齐泽克将这一有待建构的制度指认为“共产主义”。因此，唯有西方制度发生改变，才意味着“暴力”消除的真正完成，同时也预示着“共产主义”空间的开启及人类生命安全的实现。

齐泽克深受本雅明暴力批判思想的影响，他从暴力所兼具的“破坏”与“建构”的双重功能出发，试图借助于“破坏性暴力”来实现对西方制度“坐标”的改变，并利用“建构性暴力”来促进新制度的维护，从而为当代“暴力”的消除提供了有益的借鉴。然而，齐泽克的探讨依然存在着一些值得商榷之处。

其一，“暴力”能否消除。有关“暴力”消除之可能性的追问，确实是一个难以立即回答的命题。正如对“暴力”何以滋生的探讨一样，它涉及利益的争夺、权力的褫夺、情感的宣泄等诸多方面的因素。尽管齐泽克从当前非传统安全领域中最突出的“暴力”入手，抓住了恐怖主义暴力与反恐战争暴力，但是他对其他领域暴力的探讨较少。更为关键的是，其他领域暴力的消除是否也会像齐泽克所声称的那样通过“激进性行动”来完成，也确实是一个值得商榷的命题。例如由主体情感宣泄引发的纯粹性暴力，则很难通过外在的“激进性行动”来消除。

此外，齐泽克将暴力划分为“非理性暴力”和“理性暴力”，并进一步将“理性暴力”细分为“符号性暴力”和“系统性暴力”，然而在“暴力”的消除上齐泽克并没有按照他自己的划分有针对性地给出对策，他只

① Slavoj Žižek, *For They Know Not What They Do*：*Enjoyment as a Political Factor*, London • New York：Verso, 1991, p. 261.

② Slavoj Žižek, *Violence*：*Six Sideways Reflections*, New York：Picador, 2008, p. 157.

是从宏观层面出发，注重整体性的强调，而忽视了每种暴力特殊性的一面，堪称遗憾。实际上，"符号性暴力"的滋生，一方面源于语言自身。正如黑格尔指出的，对事物的任何符号性抽象都是一种暴力，因此符号诞生本身即是一个抽象的过程，也就带有先天性的暴力。另一方面，"至高权力"通过意识形态对符号的操纵，利用媒体控制着符号的生产与传播，也产生着暴力。齐泽克对"符号性暴力"的探讨主要集中于后者，而对前者的探讨少之又少。因此，面对符号的先天性暴力能否消除的追问，齐泽克并未给出明确的回答。当然，这不仅是一个理论难题，也是一个实践难题。可见，齐泽克的"暴力"消除有着一定的出场语境和特殊的语义指涉，一旦有所逾越，"暴力"的消除即面临着辩难。

其二，"暴力"将以何种方式消除。齐泽克是典型的西方激进马克思主义者，他从本雅明"神的暴力"中看到了"暴力"所具有的解放性可能，因此他主张以"激进性行动"，即采取"以暴制暴"① 的方式来消除"暴力"。齐泽克对"激进性行动"的选择，源于他对西方现行制度及其"自我革命"之可能性的一种绝望。他之所以付诸暴力则在于他试图改变当下的社会"坐标"，并希望通过现行制度的瓦解和传统社会的变化来为新秩序的建构提供机会，进而创造出一个可能性的空间。在某种意义上，齐泽克继承了传统马克思主义"暴力"思想积极性的一面，正如他对列宁充满着敬意，并从列宁身上看到"暴力"除了具有破坏性的一面，还具有"生产性"的一面。实际上，齐泽克将"暴力"的消除寄希望于"暴力"，在可行性上和预期效果上也值得商榷。值得肯定的是，齐泽克的"激进性行动"为我们的进一步追问提供了契机，即在激进方式之外，是否还有其他的方式消除"暴力"。换言之，"暴力"的消除可否免于暴力，例如通过和平协商的方式，抑或等待人类文明演进到一定阶段则会自主地放弃暴力。这不仅有待于理论上的进一步探讨，也有待于实践上的深入探索。当然，我们有理由相信针对以上追问的回答，为"后齐泽克生命政治"的研

---

① 值得注意的是，齐泽克这种"以暴制暴"的主张也存在着理论上的辩难，如让-玛丽·穆勒（Jean-Marie Muller）认为，人们不应当对暴力进行"好"与"坏"的划分，因为一旦提出"好"的暴力的标准，那么它极容易被一些人利用以合法化自己的暴力行为。可见，被齐泽克用于消除"暴力"的暴力也面临着同样的遭遇，也易于为人所利用。参见 Slavoj Žižek, *Violence：Six Sideways Reflections*，New York：Picador，2008，pp.62-63。

究提供了指南。

其三，共产主义制度下是否存在“暴力”。在齐泽克生命安全的建构中，西方制度的颠覆标志着“暴力”消除的完成。然而，令人深思的是，齐泽克继承了本雅明的思想，并认为新秩序的维护依然离不开暴力。那么，在未来的共产主义社会，是否还需要“暴力”来维护？齐泽克却未曾给出明确的回答。实际上，在传统马克思主义看来，共产主义社会的进入依然需要“暴力”手段的介入，而针对进入的方式及先后的问题，却没有人给出具体的答案。因此，在未来全球将同时进入共产主义，还是分区域进入共产主义，即一部分区域先进入，另一部分区域后进入，这确实是一个难以准确回答的问题。也恰恰基于此，对共产主义是否存在“暴力”的追问，即变成了对共产主义将以何种方式进入的回答。如若未来的共产主义社会并非以一种全球整体性的方式进入，这固然需要“暴力”来巩固新的秩序，但值得追问的是，这种分区域进入的“共产主义”，还能被视为马克思所追求的共产主义吗？

齐泽克对当代暴力的理论观照，源起于对生命安全的建构。他的主客观暴力的划分开启了当代暴力认知的新视野，尤其是他建议人们应透过各类“主观性暴力”的表象，去深思那些由西方意识形态宣传所生产的“符号性暴力”，并抓住那些因体制运行所产生的“系统性暴力”，因为它们才是最可怕的暴力。当前恐怖主义暴力与反恐战争暴力相互交织，而齐泽克对其生命政治的分析，无疑给人们提供了崭新的视角。齐泽克从当代“暴力”的批判开始，又回归到对本雅明“神的暴力”的向往，最终试图通过“激进性行动”的降临来推动现存制度的颠覆，进而完成“暴力”的消除。尽管齐泽克的相关主张及思想存在着诸多不足，也没有就“激进性行动”的发起、部署及实施等做出详尽的阐释，但他对“暴力”的消除及后“9·11”时代生命安全的建构进行了积极的探索，这不仅为当代“暴力”的判断及对其实质的把握提供了指南，更为当代生命安全的审视及反思提供了契机，因而值得人们学习与借鉴。

第三章　生命福利:"排除"及其克服

　　"排除"作为一种治理术,曾被广泛地应用于生命统治的实践之中。统治阶级往往将"排除"工具化,以对"生命"进行惨无人道的奴役,这在古罗马"神圣人"的诞生中得到佐证。"神圣人"又称"赤裸生命",他是被古罗马城邦政权所抛弃的"生命",是被排除在古罗马城邦市民社会之外的"人"。他介于"市民"和"献祭人"之间,是一种不受法律保护、可被随意践踏的生命。当然,"神圣人"由于遭受到"双重"① 的排除,变成了"非人",已不被看作真正意义上的"人"。古罗马统治者利用"排除"将生命的"生物属性"和"政治属性"进行了分离,而"神圣人"已彻底丧失了"政治属性",只剩下"生物属性",如同行尸走肉。

　　尽管古罗马早已成为尘封的历史,但"神圣人"的"排除"戏法却一再如幽灵般上演。20世纪30年代德国《纽伦堡法案》② 的出台,开启了纳粹德国将犹太人"排除"在纳粹社会之外的进程。希特勒利用"排除",将犹太人逐步地"神圣人"化,并最终使犹太人沦为可被"至高权力"随意处置的"赤裸生命"。在资本主义全球化发展的当下,西方霸权主义对"排除"的兴趣丝毫不减,因而"排除"也一再地被召唤。为此,齐泽克

---

① "神圣人"不仅遭受到世俗法典的排除,而且遭受到神法的排除,因此"神圣人"被悬置于世俗社会和宗教领域之外,成为遭受双重排除的"非人"。参见 Giorgio Agamben, *Homo Sacer: Sovereign Power and Bare Life*, Stanford: Stanford University Press, 1998, p. 52。
② 《纽伦堡法案》是纳粹德国于1935年颁布的反犹太法案,该法案对犹太人进行了定义,它是纳粹种族政策的法理依据,也是希特勒开始实施种族大清洗的重要标志。

以"排除"为切入点，通过对物质福利性"排除"和制度福利性"排除"的批判分析，并利用"共产主义预设"来克服"排除"，以期将生命从"排除"之中解救出来。齐泽克的探讨不仅为当代生命福利管理开启了新的视角，更为生命解放的实现奠定了基础。

第一节　物质福利性"排除"

物质福利性"排除"是西方福利社会实施霸权主义的工具，它主要是指对特定人群或某团体成员的物质福利进行限制或剥夺，将他们从应该享有物质福利的群体之中"排除"出去。物质福利性"排除"导致了个体生存境遇的分化，一部分人因遭受"排除"，而成为游离于西方主流社会之外的"赤裸生命"，另一部分人则享受着较高水平的物质福利，成为西方消费主义社会之中的"至高权力"。当然，这种较高水平的物质福利建构在西方资本主义"剥夺"的劣根性之上，它是由无数遭受"排除"的个体生命所创造的。实际上，每个生命都应享有基本的物质福利，因为物质福利是生命保障的根本，也是生命政治治理的基本要素。物质福利是满足生命第一属性的基本需要，它关涉生命的健康与发展。基于此，对"物质福利"的强调是马克思主义的基本精神，正如马克思、恩格斯不仅高度重视"物质生产"，强调"生产力总量"的提升，更格外关注"物质福利"的创造，竭力为"按需所取"生产出足够的所"取"之物。齐泽克对物质福利的关注，主要集中于对"物质性排除"的反思及批判上。尽管齐泽克并未将物质福利视为专门的话题讨论，但我们依然可以通过他散布于文本各处的话语叙述，洞悉他对物质福利的重视。

一　物质生产性"排除"

物质生产性"排除"制约了物质福利的生产，影响了生命福利的供给。所谓物质生产性"排除"，主要是指在物质生产上的"排除"，是一部分人在物质生产上被"排除"出去，其语义不仅指涉机会上的排除，也指涉结构性的排除。物质生产是生命福利管理的重要活动，也是物质福利的主要来源，因此尽管齐泽克偏好对"形上"理论的探讨，而较少聚焦对"具象"事物的议论，但他对物质生产格外关注。西方新马克思主义者齐泽克对物质生产的话语叙述建构在对资本主义全球化批判的语境之中。受传统马克思主义对物质生产客观评价的影响，齐泽克最终回到马克思的视界，在"生产"与"资本"的复杂关系中，对物质生产的重要性进行了强调。齐泽克对马克思从物质生产出发对资本主义内在的生产性和革命性进行的分析产生了浓厚的兴趣。在他看来，马克思已经深刻地认识到，资本主义在提高生产上有着强大的驱力。当然，资本主义对物质生产的重视，在今天看来，除了有着利润的追求，还有着霸权主义的夙愿。在"反霸权"和"反资本"的情景假设中，齐泽克对物质生产依然充满着希冀。因为物质生产不仅为对抗资本创造了可能，更为生命保障提供了基本的福利。他曾以"现实存在的资本主义"的惨痛遭遇为例证，[①] 进一步说明社会的"物质存在"与"自我生产力"之间存在着正比例关系。因此，一个社会要维持有效的物质存在，就必须着力于生产力的提升。可见，齐泽克对物质生产的高度重视，为其"排除"的反思及批判奠定了基础。

齐泽克有意从物质生产性"排除"的批判中来展现物质福利的生产问题，以揭露生命福利管理中的当代困境。面对谁被"排除"的学理追问，齐泽克从对巴西贫民窟和中东难民营的观照出发，对遭受物质生产性"排除"的对象进行了确认。在他看来，这些难民和贫民或许已经丧失，或许从未真正拥有过物质生产的条件，他们寄生于当代西方人道主义的救助之下，似乎成了被当代物质生产所"抛弃"的人。当物质生产性"排除"剥夺了个体生命参与社会生产的机会之时，由于"劳动"的缺场，"劳动创造价值"沦为一种梦想。[②] 最终，物质生产性"排除"使他们丧失了基础的保障，而其生存所需的基本福利只能寄希望于西方社会的施舍。同时，

---

① 〔斯洛文尼亚〕斯拉沃热·齐泽克：《迎接动荡的时代》，肖辉译，《国外理论动态》2012年第3期，第24页。

② 齐泽克将贫民窟里的贫民、难民营里的难民、非法的移民等视为被"排除"在公民福利社会之外的人，他们一无所有，并被剥夺了传统生活方式的任何支撑。他们往往并不能像西方社会里的居民那样拥有劳动生产的机会，因而并不能通过出卖自己的劳动力而获得一定的工资，以维持正常的生存。参见 Slavoj Žižek, *The Parallax View*, Cambridge, MA: MIT Press, 2006, pp. 267-269。

他们又频繁遭受恐怖主义暴力的袭击及自然灾害的侵袭，使得生命脆弱到了极点。

　　物质生产性"排除"有着诸多成因，而武装暴力、自然灾害、气候变化等是较为显见的因素。齐泽克对物质生产性"排除"的审视，建构在全球化的思维之上。他抛弃传统民族主义狭隘的视线，最终将"全球性问题"置于全球化的视野之下。齐泽克将生命遭受物质生产性"排除"的境遇聚焦在全球化的背景之下，实现了对国家、区域、族群等传统地域概念的超越。在他看来，武装暴力是诱发物质生产性"排除"的显见要素。无论是传统历史语境之中的暴力征伐或武装掠夺，还是现代恐怖主义"非理性暴力"的肆意杀戮，皆破坏了人类物质生产的秩序，使得一部分人逃离家园，沦为流离失所的难民。难民是被物质生产"排除"在外的生命，这在极端组织 ISIS 兴起的中东地区极为凸显。武装暴力对物质生产"排除"的加剧，不仅凸显于对物质生产条件的改变抑或对物质生产秩序的破坏，更彰显于对物质生产主体的杀戮和对物质生产成果的霸占。当然，我们不能把中东极端组织 ISIS 疯狂的石油掠夺、泯灭人性的性奴买卖、丧心病狂的文物走私等视作"物质生产"，因为它们已经逾越了文明秩序下"物质生产"的边界，其危害早已超越"排除"所滋生的恶果。另外，自然灾害、气候变化、核灾难等都会导致物质生产性"排除"。自然灾害对物质生产性"排除"的诱发则比较显见，而针对气候变化对"排除"的影响，齐泽克曾有巧妙的假设：如果有一天气候发生变化，使得西伯利亚更适合人类生产居住，而撒哈拉以南非洲则变得十分干旱，且难以支撑大量的人口，这些因气候变化而走出撒哈拉以南非洲的生命，成了被物质生产"排除"在外的生命。此外，齐泽克还有意对核灾难进行考察，他曾对日本"福岛核电站事故"进行了假设，[①] 当福岛核电站事故发生之时，日本政府计划将大量的人口从东京地区撤离出去，如果一切真的发生了，那么这些从东京撤离出去的人又能前往何处？他们最终将成为被福岛核泄漏事故"排除"在外的人。当前核反应堆散布全球，因而齐泽克对核灾难引发的物质生产性"排除"的反思有着一定的现实意义。

　　资本主义全球化是诱发物质生产性"排除"的重要因素。齐泽克拒绝

---

　　①　Slavoj Žižek, "The Non-Existence of Norway," *London Review of Books* 18（2015）.

采用哈特和奈格里从"帝国"出发的批判思维,他沿着巴迪欧"资本主义全球化"的批判思路,对处于资本主义全球化背景下的物质生产性"排除"进行了分析。在齐泽克看来,资本主义全球化发展不仅带来了由自然灾害"报复"所引发的物质生产性"排除",更导致了由"资本主义制度性危机"所造成的物质生产性"排除"。前者的"报复"有生态环境恶化、全球气候变暖、物种加速灭绝,而后者的"危机"有经济危机频繁爆发、生产相对过剩、民众大量失业。齐泽克有意以当代全球粮食危机为例,对资本主义全球化的结构性失衡进行了考察。西方国家通过跨国企业、世界银行、国际货币基金组织等对粮食生产进行结构性调整,促使欠发达国家将最好的土地应用于出口粮食的生产,进而导致本国粮食供给的不足。齐泽克认为,这种结构性调整的影响是灾难性的,因为当越来越多的国家依赖于粮食进口时,部分农民有可能被赶出土地,沦落到贫民窟里。那些沦落到贫民窟的个体生命,自然就成了被物质生产所"排除"的人。当然,随着资本主义全球化的蓬勃发展,霸权主义将得到不断地强化,而物质生产性"排除"也将不断加剧,最终,越来越多的人被"排除"在外。当生产权利遭受剥夺,他们维持生存所需的基本生命福利也将成为奢求。实际上,齐泽克将生命置于全球化思维的审视之下,通过对诱发物质生产性"排除"的自然灾害、生态变化、资本主义霸权等因素的分析,为生命福利的管理指明了方向。

二 物质分配性"排除"

物质分配性"排除"是指在生产成果分配上将一部分人"排除",使其丧失分配主体资格而无法享受成果分配的现象及行为。从物质分配性"排除"中丧失分配主体资格的人,是一些失去了分配机会和分配权利的生命,他们进而沦为古罗马的"神圣人"。在古罗马城邦,"神圣人"是无法享受成果分配的,他们是一群游离于城邦法律的"赤裸生命",因而无法像城邦市民那样享有法典所赋予的物质分配的基本权利。今天,遍布于世界各地的贫民窟中的贫民,生活在中东和非洲难民营中的难民,以及羁押在关塔那摩(Guantanamo)监狱之中的恐怖分子嫌疑人,他们都丧失了物质分配的主体资格,而成为当代的"神圣人"。在齐泽克看来,"今天的

'神圣人'是'人道主义生命政治'所专有的对象",① 他们被剥夺了作为
"人"所具有的资格，被那些以"恩人"自居的人"照料着"。当代"神
圣人"的生命境遇和古罗马"赤裸生命"相比并没有发生多少实质性的改
变。他们由于无法享有物质分配的权利，只好寄生在西方人道主义的救助
之下，其生存所需的各类基本物质福利皆来源于西方的施舍，他们俨然成
了配合西方社会慈善表演的对象。因此，寄生在人道主义救助之下的当代
"神圣人"，由于面临着"救助"随时中断的危险，而长期生活在"物质
匮乏"的恐惧之中。此外，极端组织 ISIS 则宣称，国家权力的主要任务是
宗教生活，即确保一切公共领域都要遵守宗教原则，而绝非致力于人口健
康、免于饥饿、生命发展等福祉。齐泽克认为，这就是极端组织 ISIS 漠视
人道主义危机的原因，他们似乎以为搞好了宗教之后，民众的福利自然就
会降临。在齐泽克看来，极端组织 ISIS 所谓的"权力"不同于且拒斥了福
柯的"生命权力"概念，而它这种大规模实施物质分配性"排除"的恐怖
行径，已践踏了人权的底线，让民众感到无比的恐惧和震惊。

物质分配性"排除"剥夺了生命基本物质福利分配的机会，加剧了生
命的剥削。英国思想家约翰·洛克对生命的生存权利有着"自然主义"的
阐释，他主张人生来就享有生存的权利，"因而可以享用食品和自然提供
的其他生存必需品"。② 联合国《世界人权宣言》对生命应享的基本物质福
利有着更加全面的诠释，即人人有权享受为维持他本人和家属的健康及福
利所需的生活水准，这包括衣服、食品、住房、医疗和必要的社会服务。
齐泽克并非一个朴素的"平等主义者"，但深受以上思想的影响，且对物
质分配性"排除"进行了全球化思考和生命政治学观照，并指出这种"排
除"是对生命基本权利的剥夺。这在他对巴以冲突的观照中得到体现。巴
勒斯坦人没有经济机会，得不到水资源的分配，也不被允许建房，更不能
进行迁徙，等等，因为"巴勒斯坦人和身为以色列正式公民的阿拉伯人，
在水资源分配和房地产交易等活动中被剥夺了基本的权利"。③ 尽管在中东
地区诱发物质分配性"排除"的成因中有着"先天性"的因素，即中东地
区沙漠化严重、土地贫瘠、干旱缺水等自然因素，但"人为性"的因素绝

---

① Slavoj Žižek, *Welcome to the Desert of the Real!*, London·New York：Verso, 2002, p. 91.

② 〔英〕洛克：《政府论》，刘晓根编译，北京出版社，2012，第 84 页。

③ Slavoj Žižek, *Welcome to the Desert of the Real!*, London·New York：Verso, 2002, p. 114.

不容忽视。为此，齐泽克提出，解决中东危机的第一步，是摒弃那种基于现实地理概念的判断思维，因此应当摆脱有关"土地资源贫乏"的干扰。由于他们在分配机会上遭到了剥夺，因此"短缺（即关于某物匮乏'不足以分配到每个人'的念头）并非一个简单事实"，① 而是一种渴望拥有"分配机会"的结构性需求。实际上，物质分配性"排除"是物质福利性"排除"的重要体现，它对分配机会的剥夺，不仅加剧了生命剥削的程度，更严重地摧垮了基本的生命福利保障。

物质分配性"排除"扰乱了物质福利分配的秩序，造成了生命保障的恶化。当代资本主义全球化发展及西方霸权主义的盛行，使物质分配性"排除"沦为广泛使用的剥削工具。物质分配性"排除"在当下的频繁出场，不仅生产了诸多的当代"神圣人"，更埋下了"非理性暴力"不定时爆发的导火索，使生命保障逐步丧失。那些被物质分配性"排除"在外的当代"神圣人"，无论是中东难民营中的难民，还是巴西贫民窟中的贫民，他们并未被赶进类似于德国纳粹主义的"集中营"，也未曾遭受到如犹太人那般严格的生命管制，但他们依然时刻面临着诸如以生存为动机的暴力袭击、疯狂性掠夺、哄抢、骚乱等突发性危险。在齐泽克看来，即便如奥斯威辛集中营那样实施严格的生命管制，"囚犯"之间依然存在着暴力和掠夺，大多数人努力集中在纯粹的活命上，为了活命，他们甚至去做一些在"正常世界"里被标榜为"不道德"的事情。实际上，遭受物质分配性"排除"的当代"神圣人"已经退入"自然主义"的丛林之中，"非理性暴力"的频繁爆发似乎难以避免。为此，齐泽克曾巧妙地借用"过去"来进行隐喻。正如齐泽克所指，过去每一次社会的转化，往往是野性和自发的，因此它常常伴随着暴力和毁灭。当"自然造成"和"人为导致"相互交织之时，物质分配性"排除"将不断加剧。在齐泽克看来，我们不应对这种"暴力和毁灭"进行诘难。他曾以海地骚乱为例，针对全球化发展背景下的海地遭遇，提出了诸如难民可否有暴力反抗的权利、愿否沦为难民、如何摆脱难民身份等一系列追问，值得人们去深思。如今，因物质分配性"排除"而沦为难民的群体，已涌进以文明社会自居的欧洲，难民

---

① 〔斯洛文尼亚〕斯拉沃热·齐泽克：《伊拉克：借来的壶》，涂险峰译，生活·读书·新知三联书店，2008，第26页。

"非理性暴力"的频繁爆发及大型骚乱的间歇性发生，对文明社会中的物质福利分配秩序造成了破坏。一方面是难民基本福利诉求不断增加，另一方面是欧洲民族主义者为了维护福利保障而对难民强烈排斥。二者因生命福利的诉求抑或维护而相互碰撞，从而对西方现有的物质分配秩序提出了挑战。当然，那些因物质分配性"排除"而引发的掠夺，也必将打乱现有的物质分配秩序，进而使"丛林法则"盛行，生命保障也必然走向恶化。

三 医疗供给性"排除"

医疗供给性"排除"是指被社会基本医疗保障体系排斥在外而不能享有社会基本医疗救助的一种现象。那些被"排除"的群体或个体处于社会基本医疗保障范围之外，失去了享受基本医疗救助的机会和权利，也丧失了基本医疗保障的福利，似乎成了退入"蛮荒"的"赤裸生命"。实际上，医疗供给是维持生命健康的基本保障，也是生命政治治理的重要内容。由于生命的"物质载体"，即身体，作为一个生物有机体，常常遭受各种疾病的侵扰，因而身体健康及寿命延长离不开基本医疗做保障。医疗供给性"排除"的成因主要有非理性暴力冲突、制度设计缺陷、医疗供给水平较低等。其中非理性暴力冲突，即武装冲突或战争，是一种比较常见的诱因。它一方面以"例外状态"为借口，集中大量资源去支撑冲突或战争，造成医疗供给中断和水平降低；另一方面，战争失败造成了医疗保障体系的崩溃，民众四处逃亡，并沦为难民，他们自然成了被医疗供给性"排除"在外的人，中东难民及北非难民即是典型。制度设计缺陷是导致医疗供给性"排除"的另一重要原因。在齐泽克看来，极端组织ISIS从制度设计上已经放弃了基本医疗的供给，因此它并未将医疗保障纳入基本福利体系之中，导致大规模医疗供给性"排除"的出现，可谓践踏人权，与现代文明相悖逆。此外，医疗供给水平较低也是滋生医疗供给性"排除"的重要因素。全球医疗供给的不均衡分布及各区域医疗发展的不平衡，导致部分区域的医疗供给不足，如非洲的部分地区、个别原始部落，以及某些国家的贫民窟、难民营等依然未能建立基本的医疗保障体系，自然遭受到医疗供给性"排除"。

医疗供给性"排除"剥夺了生命享受基本医疗福利的权利，造成生命保障的削弱。基本医疗福利是生命健康发展的保障，也是当代人权事业推进的根本体现。联合国《世界人权宣言》明确指出，维持健康所需的医疗是人人应享的权利。尽管各国医疗供给水平不同，但将医疗供给作为政府的一项重要职责却成为广泛的共识。当然，"当代医学技术想做的不仅仅是疾病一旦出现就治愈它们，还要控制身和心的生命进程"。① 因此，当代医学管辖的范围已经扩大到事故、疾病、病害之外，延伸到了控制慢性疾病和死亡、管理生殖，乃至评估和控制"风险"，保持和完善健康的身体。尤其自 20 世纪 70 年代以来，随着基因技术、遗传性诊断、生殖科技等在医学领域的广泛应用，"技术中心主义生命政治"对医学干预的过分强调，使得全球医疗福利发生了明显的分化。发达国家将大量的医疗资源应用于对高端医疗的过度追求，而未能将更多的医疗资源应用到那些被医疗供给"排除"的人。

当然，齐泽克似乎对"技术中心主义生命政治"毫无兴趣，他更关注"9·11"事件后恐怖主义袭击与反恐战争交织之下的医疗供给情况。西方社会曾认为，"阿富汗难民所处的困境是反恐战争最大的'间接伤害'"，②即在食品和医疗供给方面面临的灾难，并以解决这些灾难为借口而进行疯狂的轰炸。显然，西方并非真正地关心阿富汗平民的医疗供给情况，它只是以此为幌子来掩饰其狂轰滥炸所面临的"合法性"质疑。齐泽克对这种以"人道主义救助"为幌子而实施大规模轰炸的行为进行了指责。又如叙利亚难民是当下医疗供给性"排除"的对象，他们成了被剥夺基本医疗福利权利的群体。在齐泽克看来，难民的生命健康需要基本的医疗福利做保障，更需要西方社会及时供给，而实际上欧洲许多国家对难民并非充满热情，它们大多只关心能否从"难民经济"之中获得最佳的收益，而对难民的医疗供给似乎毫无兴致。最终，中东难民成了被"祖国"和欧洲基本医疗福利体系"排除"在外的人，他们已毫无基本医疗福利可言，因而其生命保障遭遇到前所未有的"缺场"。

---

① 〔英〕尼古拉斯·罗斯：《生命本身的政治：21 世纪的生物医学、权力和主体性》，尹晶译，北京大学出版社，2014，第 19 页。

② Slavoj Žižek, *Welcome to the Desert of the Real!*, London·New York：Verso, 2002, p.94.

第二节 制度福利性"排除"

制度福利(又称"制度性福利")是生命福利的重要构体,它是由制度的存在、设计、运行等所带来的收益,因而"制度"如同"物质"一般也成了福利的构成要素。所谓制度福利性"排除",是指被制度排斥在外,不能从制度的存在、设计、运行等过程中受益的一种现象。制度福利性"排除"的对象是难民、移民、贫民、战俘等,而"制度"则沦为"排除"的工具。古罗马"神圣人"是被城邦制度"排除"在外的"赤裸生命",有别于城邦市民因"制度"的运行而受益,他们不但无法从城邦制度的运行之中受益,而且成了"制度"运行的受害者。显然,我们通过"神圣人"的遭遇,能够窥知那些掌握生命权力的统治阶层才是制度福利的获益者,而生命权力奴役下的"赤裸生命"往往是被制度有意"排除"在外的人。在齐泽克看来,当下这样的"神圣人"包括法国的"非法居民"、巴西贫民窟的贫民、美国黑人社区的黑人等。同时,齐泽克还将那些接受人道主义援助的对象视为"神圣人"。

齐泽克有意摆脱西方意识形态的干扰,并对全球资本主义进行了"制度性"反思。在他看来,西方资产阶级是资本主义制度的维护者和制度福利的受益者,而其他游离于资本主义制度之外的群体或个人遭到了严重的"排除",可谓"在最为基本的层面上,我们皆像'神圣人'般被'排斥在外'",[1] 因为我们最基本的身份即"生命政治的对象",而"我们可能的政治权利和公民权利是别人基于生命政治策略的考量后才赋予我们的"。[2] 在资本主义体制下,制度福利性"排除"成了资本主义实施生命统治的帮凶。尽管齐泽克身陷制度囹圄,但他依然将其"排除"的问题聚焦于资本主义制度,并选择从体制、种族制度及人权制度等入手,对制度福利性"排除"对生命发展造成的影响进行了批判分析,揭示了其危害,以便为其克服奠定基础。

---

① Slavoj Žižek, *Welcome to the Desert of the Real!*, London · New York: Verso, 2002, p.95.
② Slavoj Žižek, *Welcome to the Desert of the Real!*, London · New York: Verso, 2002, p.95.

一　体制性"排除"

体制性"排除"又常被人们笼统地称为社会制度性"排除",是指在社会规则和规范的制定及运行过程中存在的一种"排斥"现象。它往往由社会基本制度性"排除"(即社会总的制度层面的"排除")和社会具体的、不同领域的制度性"排除"所构成。前者以资本主义制度性"排除"、封建制度性"排除"、奴隶制度性"排除"等为代表;后者以教育体制性"排除"、科技体制性"排除"、养老体制性"排除"等为典型,它们是在某一特定体制之下的具体行业或某些领域的"排除",并有着特定的话语指涉对象和语义指涉范围。体制性"排除"又因各国基本社会制度选择的不同,可划分为体制间的"排除"(即两种或多种体制之间产生的制度性"排除")和体制内的"排除"。前者是一种发生在国际层面的"排除",如冷战时期发生在美苏两种体制之间的"排除",因两国体制不同,其体制性"排除"也不同,例如两个人分别作为美国合法的公民与苏联合法的公民所遭受的体制性"排除"则有着明显的差别;后者则是在同一种体制下发生的"排除"。本部分主要就后者做简要探讨。

体制性"排除"的"排除"依据主要有信仰、性别、户籍、种姓、财富、阶层、年龄、受教育程度等诸多因素。其中,"信仰"是全球范围内广为使用的"排除"依据,在部分宗教盛行的国家,"至高权力"基于"信仰"对民众进行着身份的划分,无论是宗教信仰者,还是无神论者,最终总有一部分人由于信仰的原因被整个体制"排除"在外,而成为体制的抛弃者,享受不到体制所带来的制度性福利。齐泽克以中东地区为例,他认为,在中东地区,基于信仰选择的不同,一部分人成为体制的庇护者,而享有各种制度性福利,另一部分人则被体制"排除"在外,成为被体制遗忘的"赤裸生命",遭受着生命奴役。"性别"有时也被"至高权力"作为"排除"依据使用。基于性别不同,个别国家仍然存在着制度性福利的差异,甚至在一些国家或地区,女性被排除在"体制"之外,沦为制度的受害者。事实上,性别歧视是一种较为常见的"排除"现象,它在诸多国家社会制度的制定及运行过程中广泛存在。"户籍"作为一种"排除"依据,在城乡二元对立的社会中被惯常使用,人们往往由于户籍所在地的不同而享有不同的制度性福利。一部分群体成为户籍制度的受益者，而另一部分群体则成为户籍制度的受害者。此外，在印度曾经盛行的"种姓制度"① 也是一种典型的体制性"排除"，它往往将"种姓"视为依据，人们因所属种姓的不同而享受不同的制度性福利，尤其是"达利特"，又被称为"不可接受的贱民"，被整个体制"排除"在外，而享受不到制度性福利，最终沦为真正意义上的"神圣人"。当然，"至高权力"往往基于生命统治需要还常将财富多少、阶层高低、年龄大小、受教育程度等作为制度性福利分配的依据，进而导致体制性"排除"的泛滥。

体制性"排除"有着破坏性强、影响力大、涉及面广等特点。首先，体制性"排除"有着较大的破坏性，它不仅造成了生命群体的撕裂及矛盾的激化，更引发了生命平等的破坏及生存环境的恶化。一方面，体制性"排除"使一部分人（即"至高权力"阶层）成为体制庇护的对象，并从体制的运行之中获得各种利益；另一方面，它使绝大多数人沦为"赤裸生命"。民众由于遭受到这样或那样的体制性"排除"而丧失了享有制度性福利的机会和权利，最终沦为阿甘本所言的"神圣人"。实际上，体制性"排除"不同于种族制度性"排除"以"种族"为依据，也有别于人权制度性"排除"以"人权"为标准，它以更为多元的要素为依据，"至高权力"甚至为了生命统治的需要又人为地制造着各种"依据"，进而造成了个体"身份"的异化，加剧了生命的奴役。

其次，体制性"排除"的影响力大，它是一种在日常生活中常见的"排除"，同时也是一种基础性的"排除"，它直接或间接地影响着人们的生产、生活及交往。体制性"排除"不仅在漫长的历史长河中产生过重要的影响，更在现实生命统治中发挥着某种决定性作用。它常常为"至高权力"所使用，影响到日常生活中的每一个人。此外，它还是诱发其他"排除"及各类不平等滋生的原因所在，并对社会发展产生了持久性的影响。

最后，体制性"排除"的涉及面广，它囊括了绝大多数生活在西方社会制度下的生命群体，诸如失业人员、残疾人员、艾滋病患者、犯人、孤

---

① 在印度及其他南亚国家盛行的种姓制度是社会制度性"排除"的典型，种姓制度将人由高到低划分为婆罗门、刹帝利、吠舍、首陀罗等四大种姓，在其之外的人被称为达利特（Dalits）。尽管印度已经从法律上废除了种姓制度，但其影响却依然存在，并在某些层面依然发挥着作用。

儿等一些常见的群体，而全球化背景下"血汗工厂"里的工人、阿拉伯半岛数百万的移民工人及各类普通群体则是其隐性"排除"的对象。实际上，基于体制性"排除"的广泛化发展，大多数普通个体总是遭受到这样或者那样的"排除"，因此在齐泽克看来，当代人的命运更像是一种"赤裸生命"。

体制性"排除"的危害性巨大，它影响着制度性福利的正常生产及分配，进而导致生命不平等的滋生及生命主体间发展的失衡。具体言之，包含如下方面。

一是造成制度福利生产的失调。"至高权力"为了生命统治的需要，常常从制度的设计及生产入手，有意地将少数人纳入制度受益的群体，而将另一部分人列入"遗弃"的对象。当然，那些在制度生产时所庇护的群体是享受特权的生命，而从制度中"排除"的群体则丧失了制度的庇护，并成为制度所"排斥"的人。例如那些严重触犯法律的生命个体，因被剥夺了一切政治权利，而不能享有任何层次的选举权和被选举权，因此他们就成了选举制度"排除"的对象。正如齐泽克所认识到的，"至高权力"对制度的生产并非为了生命的更加自由和更好发展，而主要是出于"统治"的需要。可见，当制度福利的生产依然控制在"至高权力"的手中时，从逻辑的起点及程序的开始便有了"排除"的发生，因此在这种"制度"消亡之前，体制性"排除"恐怕将难以克服。

二是引发制度福利分配的不均。体制性"排除"容易造成制度供给及分配的失衡，进而导致生命发展的失调。"至高权力"是既得利益者，他们能够从社会制度运行之中获得特权，并能够将这种特权变现成各种资源，从而促进生命的优质发展。而"赤裸生命"是遭受体制"排除"的人，他们并不能从社会制度的运行之中获得"特权"，因此不仅没有像"至高权力"那样能够获得资源的"变现"，而且还常常成为"体制"约束的对象，从而影响生命的健康发展。诸如巴西贫民窟里的贫民、美国黑人社区的黑人、客居于欧洲的移民等，他们要么是该国合法的公民，要么已获得该国合法公民的身份，但他们并不能像富人、白人及原居民那样充分地享有体制所带来的制度性福利。制度福利分配不均将会导致一系列恶性的连锁反应，它不仅撕裂了生命主体之间的平等，还引发了生命主体间矛盾的激化。齐泽克曾将生命平等视为人类自启蒙运动以来所建构的基本价值观之一，同时认为它是欧洲宝贵的精神遗产之一。他曾言："你我皆为人类，拥有同样的渴望、恐惧及痛苦，因此人们有权要求享有同等的尊重和尊严。"① 因此，当生命主体之间因社会制度运行而非个体勤奋不够，造成生命发展的机会不等之时，显然这种制度设计及运行乃至体制本身都存在着巨大的问题。此外，体制性"排除"所带来的制度福利分配的不均，还导致主体之间"竞争"的加剧，进而引发了各类暴力，使人类正常的生存环境日益恶化。

二 种族制度性"排除"

种族制度性"排除"是一种基于种族制度运行所导致的"排斥"现象。它以种族为依据，将特定族群置于中心地位，个体因隶属这一特定族群而享有相关的制度性福利，而其他族群则被"排除"在外，无法享有相关的制度性福利。种族制度性"排除"是奉行"种族主义"（racism）造成的恶果，它强化了种族差异，导致制度福利分配上的不平等。一方面，处于中心地位的种族是种族制度的受益者，能够广泛地享有相关的制度性福利；另一方面，被"排除"在外的其他族群是其主要的受害者。种族制度性"排除"是一种常见的生命统治手段，其潜在的风险不在于强化某一族群的优越性或增加其福利，以促进其生命的健康发展，而在于加剧种族之间的矛盾，导致惨烈的种族大清洗运动的爆发。

无论是纳粹德国的种族主义，还是"犹太复国主义"②，其本质都是种族制度性"排除"，它们最终追求的目的都会导致族群人口比例的剧烈变化。纳粹通过"反犹""排犹"将种族制度性"排除"推向了极端。在"排犹运动"中，犹太人因纳粹德国的种族制度而遭受灭顶之灾。对此，齐泽克曾指出，他们并非因为其行动或所为而有罪，仅是因为自己是何种人即有罪。这一制度也为后来的种族大屠杀埋下了祸根。尽管随着1945年德国纳粹的战败，这一"排除"制度在德国宣告"终结"，然而种族制度性"排除"的悲剧却在其他地方一再地上演，例如1994年卢旺达种族大屠杀、20世纪90年代初萨达姆对伊拉克北部地区的库尔德人的狂轰滥炸

---

① Slavoj Žižek, *Violence: Six Sideways Reflections*, New York: Picador, 2008, p. 48.
② "犹太复国主义"也称"犹太圣会主义"，是犹太复国运动的一种政治主张，它意在重建"犹太国"，追求犹太民族的自由，却忽视了其他民族的合法权益。

和施放毒气、1975 年印度尼西亚军队在东帝汶的大屠杀等。种族制度性
"排除"是极端民族主义的疯狂表现，而实际上没有任何一个种族能够从
中长期受益。它所导致的生命福利差异化供给，严重地阻碍了生命的健康
发展。它所导致的生命间不平等，加剧了生命的奴役。

种族制度性"排除"导致制度福利供给的分化，激化了种族矛盾，造
成生存境遇的恶化。种族制度性"排除"在 20 世纪 30 年代的纳粹德国盛
行，纳粹将其作为生命统治的工具，借助于"排犹运动"，对犹太人实施
大清洗。希特勒推行"排犹主义"，并把"排犹主义"当成叙事性解释，
"以之解说普通德国人经历的种种烦恼，包括失业、道德堕落、社会动荡
等"。① 最终，犹太人被希特勒一手打造成"阴谋分子"的罪恶形象，成了
国家的"公敌"。纳粹主义的"非理性"被浓缩在"排犹主义"中，即浓
缩在犹太人善于搞阴谋诡计的信念之中。纳粹通过种族制度对犹太人的
"排除"，掩盖了其霸权主义的真实动机。

"排犹运动"下的犹太人沦为特殊的"族类"，他们如同古罗马的
"神圣人"，被整个法西斯社会"排除"在外。尽管"神圣人"是人，但
他们被排除在人类社会共同体之外，是人人都可以随意处置而不受惩罚的
"人"。职是之故，他们不能被用来献祭，因为他们的身份实在太卑微，不
配成为祭品。显然，犹太人一旦变成"神圣人"，他们就成了不受法律管
辖的"赤裸生命"，随后纳粹将犹太人化约成一种"劳动力"，化约成在技
术上可一次性使用的"材料"，他们可以被无情地使用及残酷地处置。实
际上，纳粹通过对犹太人的"神圣人"化约，将他们从法律制度层面"排
除"出去，导致他们不再受法律制度的庇护，犹太人成了种族制度性"排
除"的对象，不仅无法享受各种制度性福利，而且其原有的生命福利被剥
夺殆尽，造成了基本生命保障的丧失。

在巴以冲突中依然存在种族制度性"排除"的现象。以色列以宗教
的身份认同并合法化自己，而巴勒斯坦则以世俗的公民权作为其诉求的
理据。显然，在以色列看来，巴勒斯坦人是被"排除"的对象，就身份
而论，他们成了"神圣人"，变成了纪律整饬和人道主义帮助的对象，

① 〔斯洛文尼亚〕斯拉沃热·齐泽克：《欢迎来到实在界这个大荒漠》，季广茂译，译林出
版社，2015，第 1 页（中文版前言）。

因而他们并不能像以色列人那样作为一个充分的公民而享有制度福利的保障。以色列人并没有把巴勒斯坦人视为平等的、充分的公民，"而是将其视为严格的犹太教－基督教意义上的邻人"。① 巴以冲突因种族制度性"排除"的泛滥而成为一道无解的难题，最终导致巴勒斯坦人生存境遇的恶化。

在资本主义全球化发展的当下，种族主义有着一定的新发展，因此种族制度性"排除"也发生了新的变化。

第一，新型化。在齐泽克看来，种族制度性"排除"的新型化，体现在突破原有的"种族"框架，将原有"排除"的标准以种族划分为依据，变更为以经济发展水平为参考。发达世界的这种新型种族主义是一种安然自若的"经济利己主义"，即"已经进入经济繁荣地区的人和那些被排除在外的人大相径庭"。② 齐泽克将这种新型种族主义称为"经济利己主义"，而它直接导致了发达地区和不发达地区之间制度性福利的差异。同时，他还指出，"发达世界的这一新种族主义，比以前的形式残忍得多"，③ 因为它隐含着的合法化，既不是自然主义的，也不再是文化主义的，而是毫无廉耻的经济上的自我中心主义。实际上，当经济因素成为种族制度性"排除"的考量标准之时，不仅严重地影响了制度性福利的均衡供给，更导致种族制度性"排除"的扩大化、恶性化发展。

第二，普遍化。种族制度性"排除"在当代的普遍化发展有着"经济利己主义"的成因，同时在政治上又有着霸权主义的诱因。在齐泽克看来，我们正面临着一个普遍化的反犹主义，"即每一个民族的'他性'都被视为一种阴森恐怖的翻版，它威胁着我们的快感"。④ 每个民族都有一个可敌视的"他者"，纳粹曾选择犹太人作为这个"他者"，而当下这个"他者"已不再囿于犹太人，其语义指涉及其对象在不断地扩大。因而"他者"隐喻普遍化最终导致了全球种族主义的弥漫，进而使种族制度性"排除"泛滥。为此，齐泽克曾断言"规范的、非例外的、非反犹的种族

---

① Slavoj Žižek, *Welcome to the Desert of the Real!*, London · New York: Verso, 2002, p. 116.

② Slavoj Žižek, *Welcome to the Desert of the Real!*, London · New York: Verso, 2002, p. 149.

③ 〔斯洛文尼亚〕斯拉沃热·齐泽克：《伊拉克：借来的壶》，涂险峰译，生活·读书·新知三联书店，2008，第 24 页。

④ Slavoj Žižek, *The Metastases of Enjoyment: Six Essays on Woman and Causality*, London · New York: Verso, 1995, p. 79.

主义将不再可能",① 因为大屠杀隐喻的普遍化,超出了它可能的面貌,"并因此建立在事物自身的内在逻辑之上,建立在反施米特主义普遍化之上"。② 实际上,种族制度性"排除"的新型化、普遍化发展,激化了"群体"之间的矛盾,导致制度性福利再次严重分化,也必将影响到生命的健康发展。

三 人权制度性"排除"

人权制度性"排除"是指一部分人被相关人权制度排除在外而不能享受基本人权保护的一种现象。人权保护在当代已成为一种全球性的共识,而当前对其制度性建构不仅有相关的法律法规,更有相关的宣言、公约,诸如发挥区域性效力的《美洲人权公约》《欧洲人权公约》《非洲人权和民族权宪章》等,又如发挥全球性效力的《世界人权宣言》。然而,从文献考察和生命实践的观照出发,不难发现以上人权制度依然存在着"排除"现象,具体体现在"程序性排除"和"实质性排除"两个方面。所谓"程序性排除",是指以上人权制度在形式、设计上有着明显的排除行为,它们大多将人权保护局限于成员国或缔约国的范围,即便是最具广泛性的《世界人权宣言》,依然强调"使这些权利和自由在各会员国本身人民及在其管辖下领土的人民中得到普遍和有效的承认和遵行"。③ 不可否认,当今仍有部分国家未能正式加入联合国,如梵蒂冈与巴勒斯坦是联合国的观察员国,而库克群岛和纽埃则仍未加入联合国,那么《世界人权宣言》在这些国家适用的法理依据、程序、形式、效力保障等,则需要在制度设计上进行相应的完善。所谓"实质性排除",是指在现有人权制度框架内,这些制度的实施并未取得预期的保护效果,出现了对部分群体或个人进行"排除"的现象。较为典型的是西方国家人权保护的"双重标准"及反恐战争中的人权歧视,即便我们现有的"人权"保护资格,也是十分

---

① Slavoj Žižek, *The Metastases of Enjoyment：Six Essays on Woman and Causality*, London · New York：Verso, 1995, p.79.

② Slavoj Žižek, *The Metastases of Enjoyment：Six Essays on Woman and Causality*, London · New York：Verso, 1995, p.79.

③ 《世界人权宣言》, 引自 https://www.un.org/zh/about-us/universal-declaration-of-human-rights。

脆弱的，因为西方社会的一个"紧急状态"就能将我们每个人都"排除"出去。可见，人权制度性"排除"已成为西方霸权主义常用的生命统治手段，其"双重标准"和"紧急状态"的滥用，将生命置于险境。

人权制度性"排除"造成主体的分化，引发了制度福利配给的失衡。一方面，那些被"排除"的生命，不仅失去了人权保护的主体资格，而且丧失了人权制度所承载的各种福利。另一方面，那些未被"排除"的主体，是人权制度的受益者，他们充分地享有人权制度所带来的相关福利。在今天，充当这种"排除"象征的是"一堵墙"。如齐泽克所指，竖立于美墨边界、巴以边界的墙，以及北爱尔兰所谓的"和平墙"，都成了这种"排除"的标志，可谓一堵高墙，将两类人分开，"一类人受到普遍人权的庇护，另一类人则被排除在普遍人权的庇护之外"。[1] 对此，齐泽克认为在这里"将普遍人权说成会逐渐惠及全体人类的未竟之业"，[2] 可谓一种徒劳无益的意识形态妄想。"9·11"事件的发生，已经宣告了克林顿式"快乐90年代"的终结。这是一个大量"围墙"到处耸立的时代，包括约旦河西岸、欧盟外围及美墨边界。这或许便是全球化的真相，即"建立新的围墙，以阻止移民涌入富裕的欧洲"。[3]

象征着人权制度性"排除"的那堵墙，并未让西方国家获得预期般的效果，因为所有这些强制性的、人为的隔离，只会带来与初衷背道而驰的结果。那些被西方社会"排除"在外的生命为了获得基本的人权，在不断地拼搏与"战斗"。众所周知，在部分西方国家元首就职仪式中，宣誓者需要手按《圣经》，以示对上帝的虔诚及以上帝的见证来展现自己的忠诚，同时也体现了"至高权力"对"宗教世界"的尊重。尽管在宗教话语体系中，人人皆是"上帝的子民"，因此人人都有为生存、尊严、自由等而战的权利，但是在我们生活的世俗世界里，"至高权力"早已抛弃《圣经》的教谕，并撕下伪装的面纱，"排除"依然盛行。当那些被普遍人权"排除"在外的人采取一切手段，为生命境遇的好转而战时，西方社会真的有权利谴责他们吗？[4] 此外，那些享受西方人权制度庇护的有产阶级，他们

① Slavoj Žižek, *Welcome to the Desert of the Real!*, London·New York：Verso, 2002, p.150.

② Slavoj Žižek, *Welcome to the Desert of the Real!*, London·New York：Verso, 2002, p.150.

③ Slavoj Žižek, *Violence：Six Sideways Reflections*, New York：Picador, 2008, p.102.

④ Slavoj Žižek, *Welcome to the Desert of the Real!*, London·New York：Verso, 2002, p.150.

也并未从人权制度福利的受益之中获得真正的愉悦。由于人权制度性"排除"对生命的赤裸统治及制度福利配给的失衡，没有人能够从人权制度性"排除"之中长久受益，无论是被"排除"的人，还是享受庇护的人，他们最终都将成为受害者。

人权制度性"排除"因公民权的丧失而加剧，进而导致生命制度性福利的剥夺。不同于人权，即作为人应享有的最基本权利，公民权则是一国公民基于身份资格所享有国家赋予的基本权利。公民权在人权的基础之上，有着强有力的宪法做保障。然而，在齐泽克看来，公民权的丧失也会导致并加剧人权制度性"排除"。当人类社会政治身份即特有的公民权遭受剥夺之时，他就不再被视为法律意义上的"健全人"，不再被当成"人"来对待，可谓"正是当某人在自己的社会现实之中被化约为'一般'的人时"，① 正是在某人不再具有公民权、职业等之时，也就是说，正是在某人实际上成了"普遍人权"的载体时，他则被剥夺了人权。

贫民窟里的贫民因公民权丧失而遭受"排除"即是最好的佐证。"贫民窟贫民的决定性特征是社会政治性的，这还涉及他们能否带着自己现有的（多数）权利融入法定的市民空间的问题。"② 现实表明，贫民窟居民已经遭到当权者在政治上的遗弃，统治者已经放弃了对他们实施控制和规训的权力，且发现让他们生活在如同"魔界"一般的贫民窟里仿佛更为恰当。这样贫民窟里的贫民先是失去了公民权，随后又成了遭受人权制度性"排除"的人，最终沦为"神圣人"，成了全球资本主义规模化生产出来的"活死人"。实际上，遭受当权者从政治空间上遗弃的不只是贫民窟的贫民，那些新型奴隶制统治下的移民工人也有着相同的遭遇。在阿拉伯半岛有数百万移民工人被剥夺了基本的公民权利和自由，这些移民工人由于已经丧失应享有的公民权，最终成了被人权制度所遗弃的人。此外，爆发于2005 年秋的巴黎骚乱，其示威者是"一些感觉自己被排除在法国政治与社会空间之外的社会群体"，③ 在齐泽克看来，他们突然发现自己被法国"主流"社会排斥在"围墙"的另一端，"而正是这道围墙将共和国社会空间

① Slavoj Žižek, *The Parallax View*, Cambridge, MA: MIT Press, 2006, p. 340.
② Slavoj Žižek, *The Parallax View*, Cambridge, MA: MIT Press, 2006, p. 269.
③ Slavoj Žižek, *Violence: Six Sideways Reflections*, New York: Picador, 2008, p. 77.

中可见和不可见的部分分割开来"。① 那些示威者意识到他们作为法国公民这一身份正受到威胁。由于公民权赋予公民一定的政治空间，它的丧失也就意味着政治性认同的危机，进而引发了人权制度性"排除"的出场，生命制度福利随即丧失，生命发展也必然受到严重的影响。

第三节　"共产主义预设"

"排除"的克服不仅是生命解放的内在要求，也是实现生命福利有效管理的重要前提。由于西方现行制度是诱发"排除"的根本成因，因而在资本主义框架内将无法克服"排除"。因此，"以乌托邦方式发明一个新的社会空间，则是唯一'现实'的选择"。② 齐泽克有意跳出资本主义运行的制度框架，站在"体制"之外来寻求克服"排除"的方法。最终，他从列宁身上寻找到当前"行动"③ 的启示，并对列宁所具有的那种完全不受传统束缚的精神和愿意重审局势的做法给予赞许。列宁身上有着勇于突破教条束缚、敢于采取"激进性行动"的精神品格，为齐泽克所崇尚。为此，齐泽克试图通过"激进性行动"来实现对旧体制的决裂及对新社会的开启。他希冀借助一个新社会的建构，即"共产主义"，来实现"排除"的彻底克服和生命福利的有效管理。当然，齐泽克的"共产主义"，不同于乌托邦式的共产主义，它是一种对未来社会的美好"愿景"，同时也意味着它将是一种整体性的改变。可见，在齐泽克的视域下，"共产主义"更多的是一种符号性意义，它是对未来社会的一种"符号性"指认。然而，"齐泽克承认自己相信马克思对资本主义批判的真理和价值，并且相信另一个更好的组织社会之方法的可能性"。④ 因此，齐泽克坚信作为"符号

---

① Slavoj Žižek, *Violence: Six Sideways Reflections*, New York: Picador, 2008, p.77.

② Slavoj Žižek, *The Parallax View*, Cambridge, MA: MIT Press, 2006, p.267.

③ 齐泽克对列宁的"行动"充满着敬意，因为列宁敢于突破马克思主义经典理论框架的束缚，并不囿于有限的革命理论，勇于以实际的"行动"来创造现实，并为"行动"的合法性生产出依据。正如齐泽克所言："我们的行动不但创造着新的现实，并以回溯性的方式改变着其自身的条件。"参见〔斯洛文尼亚〕斯拉沃热·齐泽克《事件》，王师译，上海文艺出版社，2016，第169页。

④ 〔英〕托尼·迈尔斯：《导读齐泽克》，白轻译，重庆大学出版社，2014，第23页。

性"指认的"共产主义"迟早会到来。

一　"排除"的制度性成因

"排除"征兆的阐释为"排除"的克服奠定了基础。然而，齐泽克提醒人们，应当将"行动"从"阐释征兆"[①]转移到穿越幻象上。这意味着齐泽克鼓励人们要积极地突破"阐释"的限制，并穿越"排除"的幻象，因为唯有此才能为"排除"的克服寻找到有效的方法。实际上，西方民众常为各类"排除"现象所干扰，却未能透过"现象"的迷惑而去深思那些诱发"排除"滋生的深层次原因。因此，齐泽克坚持从"排除"制度性成因的分析出发，抓住"排除"滋生的根源，进而为其克服提供指南。

（一）资本主义制度是"排除"滋生的根源

尽管引发"排除"的因素有很多，如种族偏见、地域隔离、强权干涉等，但齐泽克坚持从制度性分析入手，将其根源聚焦于资本主义制度本身。在他看来，资本主义制度是催生"排除"的根源所在。资本主义制度对"排除"[②]的生产，主要体现在两个方面。

其一，自身的"排除"。当前资本主义制度借助于"紧急状态"，将自身"排除"在各种束缚之外，完全成为一头脱了缰的"野兽"。如齐泽克所指，资本的自我循环比我们日常生活的"实在界"更加强大，资本仿佛是一头无法控制的"野兽"。资本主义自身的"排除"是一种内向度的排除，它旨在从现有的各种法律框架中脱离出来，以强化其霸权地位，继而对全球实施生命统治。当然，这种"排除"不同于"种族主义"和

---

① Slavoj Žižek, *The Sublime Object of Ideology*, London · New York: Verso, 2008, pp. 79-80.
② 阿甘本曾对"例外状态"下的"排除"有过深入的探讨，在他看来，当代生命政治语境之中的"排除"是一种纳入性排除，即全球化将所有的国家、民族、居民、事物等卷入资本主义的话语世界之中，并烙上深深的印迹，然后才将其排除出去。可见，阿甘本所言的"排除"首先需要被"纳入"，随后才能实现"排除"（参见 Giorgio Agamben, *Homo Sacer: Sovereign Power and Bare Life*, Stanford: Stanford University Press, 1998）。齐泽克则在阿甘本"排除"理论的基础上进行了新的阐发，他将"排除"分为两种类型：一种是"至高权力"将自身从群体中"排除"出去，以实现特权化；另一种是"至高权力"将"他者"排除出去，使其沦为"赤裸生命"。然而，不管是哪种类型，"排除"的权力始终掌握在"至高权力"的手中。

"人权主义"话语叙述之中的"排除"，它是一种为了"排除"的排除，是一种甄别生命福利供给对象的"排除"。其自身"排除"的结果是资本主义阶层因获得"至高权力"而成为受益群体，并最终成为生命福利保障的对象。

其二，对他者的"排除"。这是一种典型的打击性、排斥性"排除"，是齐泽克所着重批判的对象。资本主义为了强化其霸权地位，生产了大量的他者性"排除"，最终导致生命福利供给及分配的失衡。在齐泽克看来，"占领华尔街"运动之中的示威群众，已经将矛头指向了西方社会对他者的"排除"。如他所说，这次"占领"运动起初只是对以华尔街为代表的金融体制不满，后来却发酵成对体制"排除"的不满，并最终上升为对资本主义体制本身的巨大不满。齐泽克认为，这种指向制度的嘲讽性示威，可谓一种具有划时代意义的破天荒。"占领华尔街"运动这类事件的关键性则在于，它们从另一个方面揭示了问题最终出在资本主义体制上。[①] 为此，齐泽克指出资本主义再次成为问题的本质，而问题的根源正是这种排除他者的"制度"。

齐泽克通过"占领华尔街"运动看到了未来充满希望的迹象。这些抗议不再是简单地为了这样或那样具体的诉求，它开始摆脱西方诸多意识形态的干扰，将问题的根源指向西方社会体系本身，即认为资本主义制度存在着问题，并指出它才是所有现实问题的根源所在。实际上，无论是种族制度性"排除"，还是人权制度性"排除"，乃至由当代资本主义发展所引发的各种新型的"排除"，其"排除"的权力始终被"至高权力"所掌握，并且都是资本主义全球化发展的产物。因此"排除"的克服，应然回到"制度"本身，离不开对其的反思批判。

（二）当代资本主义全球化加剧了"排除"

当前资本主义主导的全球化是一种商品的全球化，即"物"的全球化，而非"人"的全球化。它借助于各种实体的和抽象的壁垒，在全球制造了大量的"排除"。20 世纪 80 年代末的柏林墙倒塌一度让西方世界的人

---

① 哈西卜·艾哈迈德：《占领运动、左翼复兴和今日马克思主义：对话齐泽克》，杜敏、李泉译，《国外理论动态》2013 年第 1 期。

们欢呼雀跃，似乎人类社会正在迈向一个再无城墙阻隔的未来。然而，事实上如齐泽克所指，诸如美墨边境、约旦河西岸、印巴边境等，新的隔离墙正在到处修建，甚至在字面意义上被修建。柏林墙倒塌一度引发了弗朗西斯·福山式的"全球"狂欢，然而在今天看来，柏林墙的倒塌并未取得西方幻想般的效果，也未曾促进世界之大同。实际上，一堵墙倒了，无数堵墙悄悄地竖立起来。由于资本主义全球化是"资本主义世界"的全球化，而不是第三世界、落后地区、贫穷国家、贫民窟里的贫民、流离失所的难民等所有那些被"排除"出去的地区、国家及个人的全球化，因此，资本主义全球化在生命福利供给及分配上有着严重的"排除"。

尽管资本主义全球化削弱了旧的种族制度性"排除"和人权制度性"排除"，但资本主义为了强化其霸权地位又生产出新的"排除"。当然，这种新的"排除"已不再依据种族、肤色、信仰、国度等，而主要基于资本主义全球化发展的需要。如资本主义生产的全球化导致全球生产结构的失衡，引发了全球性的失业。齐泽克认为，当代失业的范畴已经扩大并涵盖绝大多数人，可谓从短暂性失业到长期失业，再到贫民区和贫民窟的居民，最后到整个人口或各国被"排除"在外。资本主义全球化借助于"失业"，最终将大量人口"排除"在资本主义体制之外，进而引发了民众的恐慌。当"排除"成为全球资本主义统治的工具之时，全球化必然加速"排除"的生成。在资本主义全球化的冲击下，传统社会民主主义福利国家的时代早已宣告结束。齐泽克认为，它只有在强大的国家里才可能实现，但今天在全球化的资本流动下，对民族国家来说将不再有能力提供普遍化的福利。固然当"普遍福利"遭遇全球化的各种"排除"之时，其"普遍性"被冲击得荡然无存。"排除"是霸权主义强化的需要，也是当代资本主义全球化畸形发展的必然。

（三）资本主义制度无法克服"排除"

"排除"不仅是西方霸权主义的赤裸行径，更是资本主义全球化所结的恶果。当前"排除"已沦为霸权主义的工具，它有效地维护了资本主义体制的运行。实际上，资本主义通过"排除"捍卫和强化了"至高权力"，同时又剥夺了"他者"的权利，最终在全球范围内生产出大量的"赤裸生命"。作为资本主义体制性产物的"排除"，已经成为资本主义重要的特性，因此难以通过资本主义自身的运行予以克服。当然，尽管针对各种"排除"的抗议和示威接连不断，但将"排除"的克服寄希望于资本主义自身的净化，无异于幻想。

齐泽克对当代资本主义体制性问题的解决充满悲观和失望。正如他所指，从长远来看，自由民主的资本主义并不能彻底地克服"排除"的问题，因为无论是基于全球资源竞争的需要，还是从资本主义本能欲望出发的考量，资本主义框架内的"排除"只会加剧。因此"排除"的克服，应当站在资本主义制度的框架之外，即需要到一个崭新的社会空间里去寻找。这也就意味着当前现实的"行动"绝不应局限于对现有"制度"的反思及批判，而应当更加勇敢一些，并需要借助于一场能够改变"坐标"的"激进性行动"来实现。尽管在齐泽克看来，如果按照全球资本主义的内在趋势走下去，其"末日之灾"或许迟早会降临，但是他并不主张"守株待兔"，也不愿等待资本主义的自行终结和"排除"的自行克服。因而他建议我们应当鼓足勇气，"行动"起来，将我们组织社会生活的方式和组织全球秩序的方式进行一场彻底性的改变，以实现对当代"排除"横生的西方社会的实质性突破。当然，齐泽克主张的"激进性行动"，不仅让人们产生了无限的遐想，同时也给人类生命的未来发展带来了无限的可能和希望。

二　社会的"激进性变革"

当代西方社会的局部性改变并不能抑制"排除"的滋生，更不能实现"排除"的克服。因此，唯有社会的"激进性变革"，才是克服"排除"的有效方法。社会的"激进性变革"不仅意味着社会"坐标"的改变，还指涉对当代西方社会秩序的重构。在齐泽克看来，社会的"激进性变革"需要从推翻"排除"滋生的制度入手，要注重对"激进性变革"主体的挖掘及培育，并致力于对一个"全新社会"的创造。

（一）推翻"排除"滋生的制度

资本主义制度是"排除"滋生的根源，然而由于它无法自行克服"排除"，我们只好将"排除"的克服寄希望于该"制度"的消亡。为此，齐泽克希冀通过"激进性变革"来根除"排除"。在齐泽克看来，当今描绘世界冲突的术语充满着虚假，且不利于人们进行严肃思考。因此我们应当坚守自己的认知，而不应为西方意识形态所迷惑和干扰。当前我们真正的任务绝非从那些所谓"负责人"那里索要补偿，"而是要剥夺掉他们能够负责任的位置"。① 可见，为了彻底地改变现存的社会，"用自由的容忍是不可能达到目的的，它一定要以一种更加毁灭性的经历爆发"。② 当然，意识到真正的变革绝非易事，并将是痛苦的。不容忽视的是，资本主义场域下的"排除"不仅有着破坏性的特点，即赋予绝大多数人"赤裸生命"的身份，同时它还有着一定的激进性和解放性特征。"排除"由资本主义制度滋生，然而"排除"又是推动资本主义走向终结的重要因素之一，正如齐泽克将社会分化与"排除"的爆发性增长看成全球资本主义体系的"天启四骑士"之一。

齐泽克从互联网知识的全球化共享中，为"激进性变革"的降临寻找到了可能。他坚定地认为，当前随着"非物质劳动"的兴起及其主导性的发展，颠覆性革命的发生在客观上具有一定的可能性。可见，齐泽克坚信"激进性变革"迟早会到来。齐泽克对当前诸多虚假的"制度反抗"提出了批评，尽管我们在积极地"反资本主义"，但只是停留在道德层面，并没有深入制度层面。为此，我们应当采取"行动"，但不能以传统马克思主义的方式。同时，我们应当参与所有的斗争，要在这里反对性别歧视，在那里反对种族歧视。此外，我们还要警惕那些假冒的战友，因为他们正在千方百计地稀释抗议行动的激进性，当前他们正有意地将抗议转换成道德姿态，并以虚假的行动来转移我们对深层次矛盾的审视。齐泽克的"激进性变革"从制度的改变入手，对"排除"的克服进行了探索。"激进性变革"的最终目标就在于逐渐地改变社会"排除"之界限，以创造出一个边缘性的空间，进而将权力赋予那些性少数群体、族裔少数群体、难民等所有被"排除"在外的人。事实上，齐泽克的"激进性变革"深受列宁的影响，他在列宁诸多的"激进性行动"中，不仅看到了"激进性变革"打

① 〔斯洛文尼亚〕斯拉沃热·齐泽克、〔英〕格林·戴里：《与齐泽克对话》，孙晓坤译，江苏人民出版社，2005，第141页。

② 〔斯洛文尼亚〕斯拉沃热·齐泽克、〔英〕格林·戴里：《与齐泽克对话》，孙晓坤译，江苏人民出版社，2005，第126~127页。

破旧制度的可能，更看到了"激进性变革"为未来社会的到来所创造的可能性条件。

(二)"激进性变革"的主体

"激进性变革"的主体是那些被"排除"的人。在解放主体的话语叙述上，齐泽克依然回到传统马克思主义的阶级语境。当前能够承担起推动这个社会发生"激进性变革"的主体，将不再是集权主义话语叙述之中的"工人阶级"。尽管齐泽克不再选择那个传统"激进性变革"的"中坚力量"，但"激进性变革"事业的开展依然需要依靠某一阶级或某一团体却是他的心声。基于"排除"拥有"激进"的特性，并为进一步的"激进性变革"生产了大量的、多元的主体，这使我们明白该到何处去寻找今天的无产阶级，即需要到那些居无定所、忙于衣食，却又"被剥夺了一切物质联系的人群的地方"。① 当下的"无产阶级"应当有着新的时代内涵，而我们也应当对其进行新的认识。我们需要重新塑造"解放主体"的概念。同时，齐泽克强调，我们还必须把"排除"在资本主义体系之外的所有国家和"失业者"都纳入其中，因为他们在未来将会成为一种愈加强大的"解放主体"。此外，那些生活在贫民窟里的贫民被主流社会"排除"在外，他们享受不到基本的生命福利保障，他们也会成为解放的主体。基于以上这些"排除"的情况，齐泽克认为，"新的阶级斗争将更多地发生在这些战线上，依靠所有这些不同的无产阶级立场"。② 尽管这看上去充满了乌托邦色彩，但齐泽克却认为这些问题是真实的。为此，当下我们应当寻找的是"证明社会意识新形式必将从贫民窟的集合体中涌现的标志"，③ 而这些标志将是未来解放的种子。如今我们所看到的诸如阶级的、种族的、同性恋的、生态的、女权主义的、宗教的等各种各样新的政治主体的繁荣发展，它们实质上是公开的、完全偶然的霸权斗争的结果。

当传统革命主体遭受异化之时，齐泽克为"激进性变革"寻找到新的力量。那些长期失业的人，那些工作不稳定的工人，那些生活在西方世界

---

① Slavoj Žižek, *Did Somebody Say Totalitarianism?*, London·New York：Verso, 2001, p.140.

② 齐泽克、鲁索、海裔、汪晖：《共产主义假设与二十一世纪》，载汪晖、王中忱主编《区域：亚洲研究论丛》第2辑《重新思考二十世纪》，清华大学出版社，2012。

③ Slavoj Žižek, *The Parallax View*, Cambridge, MA：MIT Press, 2006, p.269.

之外的人,他们皆有可能成为新的解放主体。如齐泽克所指,那些无依无靠的人、被边缘化的人是我们值得信赖和联合的主体,而当前我们的任务是用某种方式将非法移民工人、不稳定的被雇佣者及生活在生态威胁之下的人拉入解放主体的阵营之中,并使其成为革命的中坚力量。同时,齐泽克主张要对新的激进主体进行改造。他认为,"革命者"应首先消除长期专制统治腐化的影响,并从中提取一个崭新的"崇高身体"。进而,革命者要把人民从旧制度的枷锁之中解救出来,以使人民能够摆脱腐化的身体,创造出一个全新的自己。齐泽克还提出,当前的任务是努力创造出一个让那些遭受"排除"的激进主体能够大胆说出真实状况的环境。齐泽克曾借"蓝红墨水"故事①中的"黑话"写道,当前的任务就是要给抗议者输送"红墨水",以便"抗议者"能够及时地揭穿西方社会"排除"的真相。

(三) 创造新的社会

"激进性变革"的重要目标,是为生命创造一个全新的生存空间。齐泽克希望通过"激进性变革"来实现"旧制度"的更新和"排除"的克服,以促进基本生命福利的保障和均衡化发展。当然,齐泽克的这种激进性创造,不仅沿袭了传统马克思主义的革命思想,且更具有解放性。由于我们对"激进性变革"的后果无法掌握,因此我们应当行动起来,并保持思想的开放性。齐泽克的"激进性变革"有着鲜明的特点。

首先,开展一场话语革命。新的社会空间需要一套全新的话语体系作为支撑,因而需要摒弃传统的符号系统,以促进新的话语的生产。当然,传统话语的替代急需一套全新话语的建构,而齐泽克则力图在话语革命上进行大胆的尝试。他认为,"我们不接受这种与敌人对话的辩证法,那还为时尚早",② 假如有一天与"敌人"的对话真正地来临,我们则需要时间

---

① 齐泽克在著作中多次提及"蓝红墨水"故事:为了躲避苏联审查官的审查,在西伯利亚工作的一名德国劳工与朋友约定,在书信中以蓝色、红色墨水为密码,蓝色代表是真话,红色代表是谎言。某天,其朋友收到了一封他用蓝色墨水写的信,只不过信尾写着"红墨水缺货"。"红墨水缺货"起到了揭穿真相的作用。参见 Slavoj Žižek, *Welcome to the Desert of the Real!*, London·New York: Verso, 2002, p.1.

② 哈西卜·艾哈迈德:《占领运动、左翼复兴和今日马克思主义:对话齐泽克》,杜敏、李泉译,《国外理论动态》2013年第1期。

来建构、规划一套属于我们自己的全新话语。这套话语是我们将来应用于"对话"的语言，而非使用属于"敌人"的语言。可见，齐泽克希望建构一套迥异于现行资本主义话语体系的全新话语系统，以将生命从现有的"符号性暴力"之中解放出来，可谓是一种大胆的预设。

其次，重构社会运行机制。当下资本主义社会的运行机制，让人们充满失望，它加剧了"排除"的滋生，并导致人类生态环境的恶化。因而，齐泽克建议人们要进行彻底性改变，并重新设计一套适用于未来社会秩序的治理方式。在齐泽克看来，如果我们不能主动地去扭转当代全球资本主义发展的方向，那么它就有可能会在一个大灾难前吞没整个资本主义世界。为此，我们需要从长远出发对当前资本主义工业文明进行彻底重塑。同时，我们必须对国家主权性进行重新定义，并重新设计一套应用于全球合作与决策的新方法。齐泽克正是借助于以上的重构，为"新社会"设计了粗糙的运行架构。

最后，对"有益经验"的借鉴。齐泽克所言的"激进性变革"，并非一种失去理性的"狂热行动"，它不仅需要发挥创造性作用以生产出新的社会空间及新的事物，更需要辩证地对待旧的事物。因此齐泽克在强调创造性的同时，还不忘保留曾经的那些好的"东西"，即有益的经验及做法。正如他所指，我们不仅要在"新社会"里再次创造出新的东西，还要保留、借鉴过去那些在教育、医疗、基础设施服务等领域有益的经验和做法。实际上，齐泽克希望保留的大多是历史传承下来的有利于生命福利管理的一些经验做法，其目的是促进生命的健康发展。总之，齐泽克将"排除"的解决置于"激进性变革"的进程之中，不仅实现了对旧制度的颠覆，更创造了新的生命空间，从而为"排除"的克服和生命福利的有效管理创造了可能。

三 "共产主义"设想

"共产主义"不仅标志着"排除"的克服，更意味着一种整体性改变的发生。"共产主义"是齐泽克对未来新的社会的一种符号性指认，而"整体性改变"是指一种全方位的"变革"，它不仅意指社会制度的更新，更指涉整个社会空间的变换。因此，齐泽克的"共产主义"有别于传统马克思话语叙述之中的共产主义，也有异于 20 世纪斯大林式的共产主义，它处于现存的东西方体系之外，是对一种新制度的预设。实际上，传统马克思主义所言的共产主义社会，是指那个处于资本框架之外，并注重"释放生产力"的社会。它是资本主义制度所固有的幻象之物，是在理论层面对资本主义的内在僭越，是继续抨击资本主义生产力的意识形态幻象。齐泽克对这种迥异于现存体系，并通过"激进性变革"而开辟的新的社会空间，从符号上进行了"共产主义"指认。在齐泽克看来，他所指认的"共产主义"有着多重意义，它不仅意味着对既有体系的激进性变革，也是对未来社会的一种美好的"愿景"。齐泽克强调对当前西方体系的反抗，并建议我们要拥有一个更为宽广的"革命"视野，而不应将行动的激情囿于过去那种单纯的反抗或斗争。我们应当更为大胆和激进一些，要进行"共产主义的预设"，即要致力于一个崭新社会空间的设计与建构。而这里的"共产主义"则意味着对现存资本主义社会的反抗和对既有"系统"的"激进性变革"。

在 20 世纪 90 年代弗朗西斯·福山"历史终结"话语出场之时，齐泽克即重新启用了"共产主义"概念，其用意主要是强调对当代全球资本主义的批判。实际上，他并非为了诉求局部性、间歇性的改变，而是为了实施整体性、彻底性、革命性的改变，这就意味着它将是一种具有创伤性和疼痛性的改变。可见，齐泽克的"共产主义"指涉对既有体系的"激进性变革"，而这种改变须是整体性的，涉及整个社会体系。齐泽克所预设的"共产主义"，不仅要摒弃传统的市场主义，也要摒弃传统的国家主义。因此，"共产主义"是一种在以上两种"主义"之外的全新实践形式，"它要求我们在市场与国家之外创造全新的社会生活之组织形式，去真正地保障我们的'共通之物'"。① 为此，齐泽克提醒我们要突破既有的世界格局，要从当前"自由市场"和"国家干预"的二元逻辑之中跳出来，并在"市场"与"国家"之外，建构一个能够切实保障人与人"共同福祉"的全新模式，而这一全新模式即齐泽克所预设的"共产主义"，它是彻底克服"排除"的符号性标志，它提醒着人们需要对"当下"进行一场整体性的改变。

---

① 吴冠军：《谁来拯救自由主义？齐泽克?》，《东方早报》2015 年 11 月 2 日。

"共产主义"能够激发创造的热情。在齐泽克看来，"共产主义"不应沦为一句空洞的口号，也不应作为一种遥不可及的理想，它应是一种能够激发主体创造热情的预设。他不喜欢只是把"共产主义"视作一种理想，而一味地高喊我们希望它如何。因此，当前我们需要突破"理想"的限制，不应仅仅满足于拥有一个忠实的共产主义理想，而应置身于历史现实的对抗之中，通过具体的"行动"将共产主义理想转变成具体的现实。为此，他认为，"共产主义"不仅是对旧体制的群众性抗议，还是新的组织、新的纪律、新一轮的埋头苦干。"共产主义"不仅意味着对旧体制的"激进性变革"，也昭示着对新社会的全面创造。正是由于"共产主义"作为一项伟大的事业能够吸引和凝聚更多的人前赴后继地加入，它才使"创造性热情"的激发成为一种可能。

　　实际上，齐泽克话语叙述之中的"共产主义"，是一种位于当代政治体系之外的"乌托邦"。在他看来，该"乌托邦"的特征是"构筑一个无空间的空间，一个位于现存范围之外的社会空间"。[①] 由于资本主义具有强大的生命力，它在未来很长一段时间内恐怕仍将持续，因此在通往"共产主义"的道路上，齐泽克建议人们应当将"革命"铭刻于日常生活的秩序之中，要鼓足力量去实践"乌托邦"。齐泽克将"革命"植入日常生活，意在通过生命政治的日常实践去抵达"共产主义"社会。因而我们应该再次学习马克思在《关于费尔巴哈的提纲》中的最后一句经典论述："哲学家们只是用不同的方式解释世界，问题在于改变世界。"[②] 当然，齐泽克注重创造的精神，已渗透到多个方面，他所主张的"日常实践"的革命道路，即是一种典型。同时他还提出需要建立一些大型的官方机构，还应该认真地去想象、试验一些有别于当前的、另类的社会组织形式。实际上，齐泽克的"共产主义"激发了创造的热情，而由"创造"所生产的新的社会空间，又进一步为生命福利的有效管理创造了可能。

　　总之，齐泽克将各类"排除"问题的解决，寄希望于社会的"激进性变革"，而"共产主义"是对由"激进性变革"所建构的新社会的符号性指认，也是彻底克服"排除"的符号性标志。齐泽克似乎对未来实现的

────────────

① 〔斯洛文尼亚〕斯拉沃热·齐泽克：《伊拉克：借来的壶》，涂险峰译，生活·读书·新知三联书店，2008，第114页。

② 《马克思恩格斯选集》第1卷，人民出版社，1995，第57页。

"共产主义"社会将比以往任何一种社会都要好没有丝毫怀疑。为此，他试图通过"共产主义预设"来激发民众的创造热情，并鼓动大家投身于对当代资本主义制度进行"激进性变革"的浪潮之中，从而不仅为生命福利的有效管理创造了可能，更为生命解放的实现提供了幻想的空间。当然，齐泽克的相关探讨及主张有着生命遭受"排除"的出场语境，它契合了时代的诉求，并具有一定的积极意义。然而，我们沿着齐泽克的学术理路，不难发现他的有关探讨依然存在一些值得进一步思考及探究之处。

首先，"生命福利"的语义指涉。生命福利有着丰富的语义内涵，它不仅意指物质福利、制度福利，还指涉精神福利、文化福利等。齐泽克从生命现实境遇的观照出发，着重围绕物质福利和制度福利进行了有益探讨，但遗憾的是针对其他形式福利的探讨少之又少。实际上，精神福利与文化福利同样是生命自由发展所不可或缺的福利保障。精神福利是一种心理上的慰藉和鼓励，而当前在西方精神福利性"排除"依然盛行，从而导致了难民、移民、贫民等精神的恐惧及心理羞辱。文化福利是一种知识性福利，而"至高权力"通过意识形态的操纵，造成了文化认同上的"排除"，最终使民众陷入"认同"的危机之中，继而引发了生命平等、生命安全、生命自由等方面的危机。例如欧洲中心主义者对"何谓人"的定义有着狭隘的认同，并借助于这种定义，"把所有欧洲之外的人视为'不充分的人'，并将其悄然地排除在外"。① 可见，"后齐泽克生命政治"有待于从生命福利语义的多元化理解出发，就生命福利的具体形式及其相互关系做进一步的探讨。

其次，关于"理想"与"现实"。"理想"与"现实"之间的辩证统一，启示着我们一方面需坚定理想信念。齐泽克所指认的"共产主义"社会，独立于现实的社会空间之外，它承载着人们对未来社会的理想设计及对美好生活的向往。另一方面，我们要着眼于当下的"现实"。正如齐泽克所指，当下的"现实"是"排除"在西方加剧，其显性的"排除"在不断地涌现。为此，齐泽克主张通过社会的"激进性变革"，并寄希望于"共产主义预设"来克服"排除"。虽然齐泽克建议人们应以实际"行动"来促进"共产主义预设"的实现，但是他并没有就革命战略、方法、纲领

---

① Slavoj Žižek, *The Parallax View*, Cambridge, MA: MIT Press, 2006, p.111.

等给出周详的规划及方案。实际上，在"理想"与"现实"之间还存着诸多无法回避的诘问，如信仰如何坚定、"现实"的行动怎样才能取得成效、从"现实"到"理想"如何跨越等。由此，"后齐泽克生命政治"可以围绕以上命题进行深入的探讨，以夯实人们的信仰，进而为人类生命建构一个具有可能性的希望。

最后，关于"目的"与"手段"。齐泽克将"排除"的克服视为生命解放过程中的必经环节，并将其作为一个阶段性的目的，他意在将生命从"排除"之中解放出来，以实现生命福利的有效管理，进而推动生命的自由发展。因此，为了克服"排除"，齐泽克以社会的"激进性变革"为手段进行"共产主义预设"。实际上，在"目的"与"手段"辩证关系的处理上，齐泽克的相关主张存在着一些值得商榷之处。例如，社会的"激进性变革"能否彻底克服"排除"？毋庸置疑，"激进性变革"是改变现有社会"坐标"的一种有效方法及手段，但是这种"激进性"的推动往往带有暴力性的色彩，并且也难以妥善地处理好原来的那些"至高权力"阶层，不可避免地将原有的权力阶层"排除"在外。最终，在"排除"克服的过程中又生产出新的"排除"。因此，齐泽克所主张的"激进性变革"在没有处理好这个难题之前，其"克服"的彻底性遭受质疑。此外，诸如"排除"的克服是否还有其他手段及有哪些手段、"共产主义"空间是否还有"排除"等都是一些值得探讨的话题，而遗憾的是齐泽克并未就其进行探讨。因此，"后齐泽克生命政治"有待于围绕以上追问，并从资源竞争、欲望、人类文明演进等层面出发，就"排除"的克服及生命福利的管理进行进一步分析与探讨。

第四章 生命自由:"控制"及其解除

　　人类自诞生以来对自由的追求从未有过中断,时至今日追求自由依然是一项未竟之业,人类生命的遭遇依然如卢梭所言,"却无往不在枷锁之中"。①自由是生命所拥有的基本权利,也是马克思对"现实人"基本特征的理论概括。马克思曾强调"现实人"的全面自由发展,并将"自由人"的"联合体"② 视为对"旧社会"的替代之物。当然,马克思对生命自由的诠释,建构在对现实束缚批判的基础之上,并从对生命控制的观照出发,将问题聚焦于阶级、资本、权力等各种现实的"枷锁"。这对齐泽克产生了巨大的影响,并促使他去观照当下生命控制的现实。为此,齐泽克选择从现实的"枷锁"出发,着重对"数字化""意识形态""体制""债务"等层面的"生命控制"进行批判分析,并试图将生命从"数字化"控制、"意识形态"控制、"体制"管制、"债务"控制等之中解放出来,以促进其自由发展。

---

① 〔法〕卢梭:《社会契约论》,何兆武译,商务印书馆,1980,第 8 页。
② 马克思、恩格斯曾多次提到"联合体",并对"联合体"有着深刻的认识。在《共产党宣言》中,他们对所预见的未来社会的"联合体"进行了阐释,在他们看来,"代替那存在着阶级和阶级对立的资产阶级旧社会的,将是这样一个联合体,在那里,每个人的自由发展是一切人的自由发展的条件"(《马克思恩格斯选集》第 1 卷,人民出版社,1995,第 294 页)。在《资本论》第 1 卷中马克思提到,"让我们换一个方面,设想有一个自由人联合体,他们用公共的生产资料进行劳动,并且自觉地把他们许多个人劳动力当做一个社会劳动力来使用"(《马克思恩格斯选集》第 2 卷,人民出版社,2012,第 126 页)。恩格斯在《共产主义原理》中提到,"由社会全体成员组成的共同联合体来共同地和有计划地利用生产力"(《马克思恩格斯选集》第 1 卷,人民出版社,1995,第 243 页)。

第一节 "数字化"对生命的控制

迈入 21 世纪以来，随着"数字化技术"①的飞速发展及广泛应用，人类的生活世界发生了深刻的变化。数字化建构的虚拟世界，已经成为人类生命活动的重要空间，而闭路监控、卫星 GPS 定位、网络 IP 追踪、纳米医疗、人工智能等大量数字化技术的开发及运用，不仅极大地提高了生产效率，增添了生活的乐趣，更提升了生命的安全感，改善了生存环境。然而，基于以上数字化技术及产品所建构的生命控制体系，却使人类生命自由遭遇前所未有的挑战。西方统治阶级利用"数字化"建构了一张严密的监视网，并通过电子显示屏对民众进行实时的跟踪和监控，因此生命早已沦为"数字化"控制下的一个代码。这里的"数字化"控制主要是指西方"至高权力"利用先进的数字化技术及产品对生命实施的一种影响、干预及控制，它是生命治理的工具，也是技术异化的典型体现。尤其是近年来先后爆发的阿桑奇、曼宁、斯诺登等人信息揭秘事件，使得"数字化"控制成为理论界关注的焦点。斯拉沃热·齐泽克有意将"数字化"控制置于生命政治学批判的视野之下，并就其征兆、危害及其解除等进行探讨，以期为当代生命解放的开展提供行动指南，为生命自由的实现寻找一条现实性的道路。

一 寻迹"征兆"

"数字化"控制往往以数字化技术的研发为支撑，并随技术的升级而迭代。不同于那些由意识形态、体制机制、系统性结构等所产生的能够为诸众直观感知的控制，"数字化"控制的深层次认知需要依赖专业技术人

---

① 所谓"数字化技术"，是指所有媒体元素的表示、存贮和传输都建立在二进制的"数位"基础之上，也就是说，任何媒体，无论是文本、图像还是声音，都以唯一的形式编码，直至最终产生一个二进制位串序列，因而各种类型的信息都能以同样的方式由同一类型的设备处理、存储和传输。参见李新成主编《信息技术教育应用教程》，西北大学出版社，2007，第 71 页。

员的解密及分析，这由美国"棱镜门"事件的爆发得以佐证。斯诺登揭开的美国"监控计划"令人瞠目结舌，恰如齐泽克所言，尽管我们每一个人都知道有可能被监控，但是至于什么时候被监控、监控到了什么、如何被监控等却一无所知。阿桑奇、曼宁、斯诺登等人因揭秘而成为"我们数字化控制时代的新伦理之典范"，① 而他们揭开的只不过是"数字化"控制的冰山一角，因此对"数字化"控制的深刻把握还需要从其特征的分析入手。

隐秘性。"数字化"控制并非一种或隐或显的生命治理手段，无论人们察觉与否，它都始终在那，只不过常常是一种隐匿性的存在。"数字化"控制的出场不仅有应用于反恐防暴的日常监视，更有着超出想象的数字化监控系统及大量黑科技的应用。前者能够为人们直观地感知，而后者往往处于隐匿之中。尤其是随着数字化技术的不断升级，"数字化"控制越发扑朔迷离。当前"数字化"控制的隐秘性主要体现在数字化技术的隐秘性与民众不自知两个方面。数字化技术的隐秘性主要是由数字化技术的垄断所导致，而这种垄断不仅体现在技术研发的专业性、技术掌握的艰难性，亦体现在技术归属的专有性、技术认知的小众性。数字化技术是认知"数字化"控制的第一道屏障，而对其的掌握则需要大量学习专业性知识，这自然形成了一定的门槛。21世纪以来，数字化科技突飞猛进，而其研发过程及成果的保密，进一步加剧了技术的隐秘性。民众不自知主要体现在民众"不知"和"不愿知"两个层面。长期以来人们对"数字化"控制充满猜疑并视而不见，"最恐怖的是也许他们对此还不自知"。② 其中，"不知"一方面是由数字化技术的认知门槛所导致，另一方面是由统治阶级的牢固控制所造成。"不愿知"主要体现于民众对"数字化"控制的漠不关心与无视。实际上，西方社会的民众常常沉浸于"实在界"的激情之中而无法自拔，享乐的欲望驱使着他们去追逐数字化产品带来的狂欢，而无视遭受其控制的现实。

严密性。"数字化"控制是一种系统性控制，它是西方统治阶级基于

---

① Slavoj Žižek，"Edward Snowden，Chelsea Manning and Julian Assange：Our New Heroes，" *The Guardian*，3 September 2013.

② Slavoj Žižek，"Edward Snowden，Chelsea Manning and Julian Assange：Our New Heroes，" *The Guardian*，3 September 2013.

生命治理需要而建构的一种结构性控制。近年来，阿桑奇、曼宁、斯诺登等人的揭秘，不仅确证了"数字化"控制的现实，更揭露了"数字化"控制的严密现状，而这种"严密"既彰显了控制技术的成熟和控制效果的良好，更凸显在控制过程的严密上。"数字化"控制具有如下特点。其一，全方位。"数字化"控制是一种全方位的控制，在技术上它实现了监视监听的无死角，因而它是一种矩阵式、复合性的控制。尤其是纳米技术和基因技术的不断发展，无论是对个体生命的控制，还是对群体生命的控制，都将变得轻而易举。其二，全天候。"数字化"控制是一种全时段的控制，它依赖于技术的支撑，伴随自动化技术的不断发展，更有着迈向自动化控制的趋势。这种全天候的特点使得"数字化"控制摆脱了传统控制的种种局限，成为一种可随时介入和使用的工具。其三，系统性。"数字化"控制不仅有着多种学科、多类型技术的支持，更有着多部门、多领域的协作，已经形成具有稳定性结构和成熟化运行机制的体系。"数字化"控制的系统性还体现在技术研发、设施维护、行为实施、信息收集、舆情研判等相互配合，卫星监测、声呐探听、红外线观察、雷达扫描、热力图感应、DNA 比对、网络监控等一体化上。"数字化"控制的严密性使得个体生命无处可藏，而生命治理也变得越发严厉。

霸权性。"数字化"控制并非一种可有可无的意识形态议程，它作为一种暴力性"设置"，具有鲜明的霸权性特征。而这种霸权性建构在技术自信的基础之上，它是西方统治阶级强权意志的体现。"数字化"控制的霸权性体现在以下方面。首先，介入的强制性。"数字化"控制是统治阶级强力实施的结果，而广大民众并没有自由选择的可能，也不具备逃脱其外的能力。显然，"数字化"控制的实施并没有征求民众的意愿，也没有民众意志的体现。无论民众愿意与否，它都悬置在那，并常常随统治意志而强行介入。恰如置身于云计算时代的我们，表面上有着更多数字化产品选择，而实际上"这种选择岂不是由供应商最初的选择维持的吗？有鉴于此，我们的选择岂不是越来越少了？"① 其次，控制的强力性。数字化技术的垄断性直接决定了"数字化"控制的强力性，这体现在控制过程的强制

① 〔斯洛文尼亚〕斯拉沃热·齐泽克：《突破可能性的极限》，季广茂译，福建教育出版社，2017，第 67 页。

性、控制行为的暴力性及控制结果的强力性上，因而"数字化"控制如同强制性国家机器一般具有典型的暴力性特征，且是一种全方位、全天候、系统性的控制。最后，反"抵抗"的暴力性。西方"数字化"控制的肆意横行并没有因阿桑奇、曼宁、斯诺登等人的揭秘而有所收敛，相反西方不断以技术升级、更为暴力的方式来应对当前种种"揭秘"。"数字化"控制在民众抵抗声中更为亢奋，它以赤裸裸的暴力对"抵抗"进行了强力回应，这在阿桑奇、曼宁、斯诺登等人遭受通缉和抓捕的遭际中得以佐证。显然，"数字化"控制正发挥技术专长，"凝视"（gaze）着民众的"抵抗"，并以技术性干预消解着民众的反抗，这本身即是一种具有暴力性特征的霸权行为。

二 "危害"的凝视

"数字化"控制不仅意在生命治理，更旨在维护西方统治秩序和夺取"至高权力"。显然，治安管理动机下的日常监控，并不完全属于"数字化"控制的范畴，因为这类监控处于秩序管理及安全维护的动机之下，有着一定的合理性和必要性。然而，它一旦背离初衷，造成监控权力的泛滥，则必然走向"数字化"控制的歧途。斯诺登揭秘的美国"棱镜计划"，对生命自由有着重大的威胁及危害，并让人们惶恐于"数字化"控制所带来的惊人般的控制效果。"数字化"控制对生命的隐私、日常交流、"现实生活"等都产生了重大的影响，并最终导致生命控制的加剧。

（一）"隐私的终结"

"数字化"控制的最大威胁无异于"隐私的终结"。[①] 数字化建构的虚拟世界和现实世界一样，已经成为生命栖身的重要场所。尤其是随着互联网技术的迅猛发展，网络世界已经成为生命活动的重要空间。在齐泽克看来，我们生活的数字化对生命自由构成的最大威胁则是"隐私的终结"，因为奥威尔"老大哥"（Big Brother）般的"凝视"已经渗透到日常生活的各个角落，人们已经无处可躲。生命"隐私的终结"主要体现在现实世

---

① Slavoj Žižek, *Did Somebody Say Totalitarianism?*, London · New York：Verso，2001，p. 299.

界"隐私的终结"和虚拟世界"隐私的终结"两个层面。

现实世界"隐私的终结"。数字化技术在现实世界的广泛应用，已经建构了日臻完善的"监控体系"。当前随着卫星通信技术、红外线监测技术、热感监测技术等的不断升级，奥威尔"老大哥"般的"凝视"可谓无处不在、无时不在，问题已经由能不能揭穿生命的隐私变为掌控数字化技术的"至高权力"愿不愿意揭穿生命的隐私。当剥掉伦理脆弱的外衣，逾越法治的底线，数字化技术已经成为"凝视"的"帮凶"，而这种"凝视"已经超越传统意义上的国家疆界，正如斯诺登揭秘的那样，美国、俄罗斯、日本、法国等发达国家已经将这种"凝视"辐射到其他国家，尤其是美国的"棱镜"监听项目对全球大量的个体及群体进行着全方位、全时段的跟踪监听。"9·11"事件后，西方国家更是以"反恐"为借口扩大了监听的范围，加大了监听的力度。当然，数字化"凝视"作为一种工具，已经成为生命控制的重要方法，而无处不在地"凝视"，对生命的窥视，乃至透视，已经对现实世界生命的隐私进行了"终结"，生命从此变得毫无隐私可言。

虚拟世界"隐私的终结"。尽管数字化建构的虚拟世界表面上是一些数据和编程的堆积，但它却为生命提供了虚拟体验的空间。在齐泽克看来，虚拟世界的主体，更能表现出真实的"自我"。我们都知道网络世界是一种充满虚假的游戏，"我才能在那里展现出我在主体相互交往之中永远都无法承认的东西"。[1] 网络世界给主体提供了展示"真实"自我的机会和空间，它所表现出来的比"现实更真实"，比在现实交往中所扮演的角色更接近于主体个性的"真实本质"。实际上，不同于现实世界各种场域的种种限制，主体在虚拟世界里有着更为广阔的活动空间和更大的行动自由，并有着巨大的"生产性"。在虚拟世界里，网络扯掉了现实中大多数人所戴的虚假面具，它不仅使主体发现了"自我"的一些新形象，还能够使主体体验到多种身份变换带来的乐趣，"从而得以体验产生自我的思想机制，以及在其产生或建构过程中内在的暴力和武断"。[2] 沉溺于虚拟世界的主体，将真实的"自我"进行了赤裸的展示。然而，在这些数字代码堆

① Slavoj Žižek, *Did Somebody Say Totalitarianism?*, London · New York：Verso, 2001, p. 198.

② Slavoj Žižek, *Did Somebody Say Totalitarianism?*, London · New York：Verso, 2001, p. 202.

砌的虚拟世界的幕后，仍然有无数双眼睛凝视着我们，生命的隐私早已不存在。"数字化"控制对生命"隐私的终结"的威胁远非传统控制手段所能比拟。当代"数字化"控制的泛滥，已经从"现实"和"虚拟"两个维度终结了生命的隐私，生命自由也面临着遭受剥夺的威胁。

"隐私的终结"导致生命控制的加剧。"数字化"控制对现实世界与虚拟世界"隐私的终结"，直接导致了生命及其体验的透明，进而引发生命控制的进一步加剧。云计算时代的当下，我们不再需要一个专门服务于个人的巨型计算机，用户可以随时从提供软件和信息服务的浏览器中下载索取，而提供下载功能的浏览器就像"母体"，它由海量的代码编程堆积而成，提供各类软件支撑和信息服务。当然，这一浏览器是面向所有用户公开的，因而用户的信息及其体验也变得相对透明。如同智能手机一样，越是智能化，越是私人化，越便于使用，在其运作过程中越发透明，整套配置也越依赖在"他处"进行的工作，即依赖一个专门用于调节用户体验的巨型智能电路作为支撑。数字化的发展已经让我们的体验变得公开，而用户对"母体"的越发依赖，也必然导致生命自由的逐渐丧失。正如齐泽克所指，若我们的体验未被异化，越是自发和透明，它就越容易被国家机构及跟随这些秘密机构的大型公司控制的无形网络所管控。

"数字化"控制导致"隐私"掌控的分化。实际上，在数字化横行的当代，国家和个体在"隐私"掌控上已经呈现明显的分化。一方面，国家利用数字化技术对"隐私"进行加密，造成了"隐私"控制的加剧，使其越来越不为个体所知。国家对个体而言，似乎变得越来越神秘。另一方面，个体在"隐私"控制上变得越发脆弱，直至走向"终结"。个体对国家而言，似乎变得越来越公开透明。数字化技术的突破性发展已经使得对个体"隐私"的破解十分简单，再加上个体在数字化产品使用过程中须实名登记，最终使得个体毫无"隐私"可言。显然，对个体而言，国家的"隐私"成为秘密，国家对个人"隐私"的破解也成为秘密。对国家而言，个人的"隐私"已不再是秘密，国家对个人"隐私"的破解也不再是秘密。国家与个体基于数字化的运用，造成了"隐私"掌握上的不对称。在齐泽克看来，当前国家领域已经变得"私下"，即越发隐私化，而个体则变得越来越透明，即越发公开化，最终导致了国家的越发自由化和对个体生命控制的越发收紧化。因而康德视界中"理性的公开使用"的空间，正在世界范围内逐渐地缩小，国家领域的“隐私化”和个体生命的“公开化”被互联网严重地撕裂。事实上，置身于“云时代”的个体，不仅时时遭受数字化的监控，变得毫无隐私可言，个体的生命体验也处处遭受“凝视”，变得公开透明。

（二）日常交流的“凝视”

“凝视”是一种视觉上的监视，被福柯带入权力维度后，它不仅成为生命控制的方法，更意指一种处于操纵及“控制”之中的状态。数字化对日常交流的影响，并非来自技术本身所固有的性质。言外之意，数字化对日常交流的影响并非工具理性膨胀所导致的结果，而是因为“现实”生活中出现了能够容许“虚拟空间”填充的裂隙。“虚拟之所以可能发生就是因为真实界在现实当中打开了一条裂缝，然后虚拟就填在其中了。”① 当“虚拟空间”从“现实”中分化出来，日常交流也分化为虚拟空间的交流和现实世界的交流（即现实交流）。以上两种交流，都难逃“凝视”的噩梦。西方国家对虚拟和现实两种空间交流的监视、监听已经持续多年，且覆盖范围广泛，涉及人群众多，科技水平高超。齐泽克认为，阿桑奇、曼宁、斯诺登等人的揭秘，为我们受到多大程度的监视、谁在监视、什么情况下遭受控制等追问，提供了可用于确证的依据。

现实交流的“凝视”给生命自由带来潜在的威胁。“数字化”对现实交流的控制在技术上已经不是难题，尽管这一控制行为常常遭受伦理上的质疑和法律上的诘难，但西方国家的兴趣却丝毫不减。随着数字化技术的不断升级换代，控制现实交流的方式和方法也在不断地变换。在齐泽克看来，国家对我们交流的控制变得危险，这莫过于把无辜的局外之人列为潜在的“恐怖分子”。因为数据过于庞杂，即便是拥有检测全部可疑信息的复杂程序和能够记录数十亿数据的计算机，依然还是无法正确地解释和评估它们，并时不时地犯下错误。当“恐怖主义”沦为政治打击的标签时，数字化技术犯下的“错误”已经使其成为伤害无辜的“帮凶”。个体的恐惧和危险莫过于未曾从事非法之事，却因数字化技术的误判而毫无缘由地

---

① 〔斯洛文尼亚〕斯拉沃热·齐泽克、〔英〕格林·戴里：《与齐泽克对话》，孙晓坤译，江苏人民出版社，2005，第99页。

上了潜在"恐怖分子"的名单,从而成为"恐怖分子嫌疑人"。针对权力机构借助数字化对现实交流进行控制的现象,齐泽克对交流隐私的揭秘充满了担忧,因为我们不仅害怕我们毫无秘密,害怕秘密的权力机构知晓了这一切,更害怕他们做不到这一点。实际上,齐泽克担心权力机构并不知道我们已经没有什么秘密可言。问题的关键不是它们知道得太少,而是它们知道得太多。数字化不仅使现实交流变得透明,更通过技术手段及各种"标签"对现实交流进行干预和操纵,使生命控制得以实现,从而对生命自由造成了诸多隐性的破坏。

虚拟空间交流的"凝视"使生命自由遭受创伤。虚拟空间的交流是现实交流的延伸,它是主体借助于数字化的虚拟网络实施的情感交往和信息沟通,而由互联网技术建构的网络空间即是其典型。数字化对虚拟空间交流的控制往往以数字化技术为支撑,以交流信息的获取为目的。当然,其控制手段既有物理性的控制,如切断网络、切断信号、电子干扰等,又有纯技术性(非物理性)的控制,如木马设置、病毒传播等。网络空间不仅是一种逃避创伤的方式,也是一种形成创伤的方式。网络空间为主体交流提供了一个虚拟的场所,在这个空间中主体可以忘掉现实而逃避创伤。同时,网络空间的交流又生产着创伤,让主体伤痕累累,最后不得不逃回现实。齐泽克将网络空间视为交流的中介,而它带给主体最大的恐惧和焦虑则是恋物癖、病态的喜好,是对某个性行为或社会行为的极度厌恶或者迷恋,以及让人无法忍受的和他者的相似。因此,网络空间有可能把主体带得太远,为了避免和想象的内在属性——那些实在界的标志、创伤性的过度相遭遇,我们往往再次逃回现实世界。网络空间有着一定的模糊性,它既可以当作对实在界的排斥,也可以充当接近实在界的空间。实际上,主体通过网络空间逃避创伤抑或形成创伤,其本身都未曾逃脱网络空间背后的众多"凝视","数字化"控制早已通过技术手段渗透到它的幕后,监视着主体交流的内容,甚至有意通过技术干扰对主体的认知进行误导和破坏。

(三)"现实生活"的破坏

随着数字化技术的突破性发展及社会化应用,人们所栖身的生活世界也发生了深刻的改变。数字化产品因先进、便捷、高效等特点而为民众所喜爱，它已经成为人们现实生活中的要素，"当下，我们的生活变得越发数字化"。① 然而，数字化时代的来临并未给人们的现实生活增添多少自由的气息，人类生命的现实遭际依然如卢梭所言，"却无往不在枷锁之中"。② 显然，"数字化"控制已经渗透到现实生活的各个层面，并以各种方式影响操纵着人们所寄居的生活世界，最终造成了"现实生活"的破坏。

生活的"序列化"。尽管数字化技术的运用丰富了人们的日常生活，并给人们带来新奇而多彩的生活体验，但是"数字化"控制下的现实生活却变得越发序列化。当前互联网上发生的一切即是残酷的现实，我们不仅看着同一部影片，还看着同一条新闻，我们不仅与少数的传媒寡头有着关联，还共同受制于他们的选择。信息的获取是如此，日常生活的方方面面也是如此，我们用着同样功能的手机，开同一款汽车，行驶在同一条路上，进同一家超市，买同样的商品，回到同样结构的居室……"数字化"并没有给人们创造出更多自由生活的机会和空间，当下眼花缭乱的"选择"往往是一种充满欺骗的诱惑，因为即便"选择"也离不开"数字化"的控制。显然，数字化时代的现实生活，并非如人们想象的那般狂欢，而"我们开始日甚一日地使自己的生活序列化"。③ 当现实生活的一切都变得按部就班之时，标准化应运而生，趋同化也越发加速，而"原初"生活的多彩和激情正逐步地冷却和消失。为此，齐泽克建议人们应鼓足勇气，摆脱掉这个单调而序列化的"现实生活"，以便回到前数字化时代，并努力让充满激情、多元化的生活再次回归。

生活的虚拟化。"数字化"对"现实生活"的巨大破坏无异于在"现实"之外建构了一个虚拟的空间，而这个虚拟化的空间诱惑着人们栖身于此，并使人们沉浸在虚拟化的生活之中。"我们的日常生活已经虚拟化，我们日甚一日地置身于人工建构起来的世界。"④ 虚拟化的发展必然导致生活"非物质化"的泛滥，这意味着"真实生活"被有意地剔除了"物质"的重要属性，开始不再依赖于传统的物质性载体，而变得如同幽灵一般存

① Slavoj Žižek, *Did Somebody Say Totalitarianism?*, London·New York：Verso, 2001, p.136.
② 〔法〕卢梭：《社会契约论》，何兆武译，商务印书馆，1980，第8页。
③ 〔斯洛文尼亚〕斯拉沃热·齐泽克：《突破可能性的极限》，季广茂译，福建教育出版社，2017，第7页。
④ 〔斯洛文尼亚〕斯拉沃热·齐泽克：《欢迎来到实在界这个大荒漠》，季广茂译，译林出版社，2015，第18页。

在。看看今天"数字化"控制的世界，数字化货币、电子账单、VR体验等已经影响了我们栖居的"现实生活"，它改变了我们传统生活的结构及方式，而"现实"也逐步被一大堆"数字"或代码所替代。随着极端虚拟化的发展，"整个现实都有可能很快被'数码化'，转录、复制到电脑空间的'大他者'中这一事实"，[①] 将必然造成"荧屏外的享乐者总是被荧屏内的影像所吸引，欲罢不能，直至损害自己的健康甚至死亡"。[②] 生活的虚拟化在一定程度上加速了"去主体化"，从而使主体失去了主体的属性，沦为统治阶级治理的对象。同时，"现实生活"不仅丧失了"现实"，更失去了生活的意义。

生活干预的过度化。数字化技术使随时随地的生活干预成为一种可能，更使"现实生活"的管控与操纵变得越发容易。今天，日常生活中的自来水、电力、天然气等供应，乃至疫苗注射、电子账户管理、旅程提醒等，无不受控于数字化的管理及干预。在齐泽克看来，"数字化"控制对"现实生活"的干预并非为了维护生活秩序，而意在生命治理的实现。"维基解密者的活动一直致力于表明，国家情报机构如何监测和管理我们的生活。"[③]"现实生活"是人类的栖身之地，而"数字化"的过度干预，不仅造成了生活的乏味，更导致了"现实感"的丧失，这主要体现在对生活欲望、生活体验、生活场域等的管理及调适上。"数字化"控制通过技术迭代及产品的更新，助长了人们生活欲望的膨胀，并推动主体投身于"欲望"的追逐之中，使主体从享受生活转变为臣服于生活，且最终使主体沦为"欲望"的奴隶。"数字化"控制还通过虚拟化的操纵，使现实与虚拟之间的界限变得模糊，生活的"现实感"逐步丧失，生活体验也变得越发虚无，并最终为"至高权力"所左右。此外，"数字化"控制通过各种技术的运用，对现实的生活场景进行着改变或重置，从而起到干预生活场域的作用。"数字化"控制对生活的过度干预破坏了生活原有的气息，并使生活旨趣发生异化，最终"现实生活"沦为欲望横行、极度虚无、随意装

---

① 〔斯洛文尼亚〕斯拉沃热·齐泽克：《幻想的瘟疫》，胡雨谭、叶肖译，江苏人民出版社，2006，第208页。

② 〔斯洛文尼亚〕斯拉沃热·齐泽克：《自由的深渊》，王俊译，上海译文出版社，2013，第10页。

③ 〔斯洛文尼亚〕斯拉沃热·齐泽克：《突破可能性的极限》，季广茂译，福建教育出版社，2017，第31页。

扮的空间，从而导致主体纷纷逃离。

三　“社会化”：“数字化”控制的解除

随着数字化技术的飞速发展，“数字化”控制的力度及影响也与日俱增，如齐泽克所言：“它已经是完全控制着我们的日常生活——如用水供应这样最普通的方面——的网络。”① “数字化”控制不仅使生命治理越发巩固，并使生命奴役越发加剧，民众的生命自由也逐步丧失。面对如何解除“数字化”控制的追问，齐泽克主要从产权的共有化、应用的普遍化及“反控制”力量的社会化和“组织化”等方面进行了积极探索。

产权的共有化。“共有”是数字化技术与生俱来的特性，因而它是人人的“数字化”，而非某个人或某个公司的“数字化”。尽管数字化技术的攻克及研发常常由某个人或某个集团来组织和推动，但绝不意味着取得的成果与产权就一定为私有。因为只有当数字化技术为全社会所有时，它才能够快速地推广及大规模地应用，才能够更为广泛地为民众所接受，从而具有持久而旺盛的生命力。齐泽克曾以微软为例来加以说明，美国微软公司开发了 Word 软件，但它并未据为己有，而是将其推向社会，供大家免费使用。既然我们使用的计算机语言不应属于个人的“私产”，那么对其的处置，“最明显的解决方式不就是把它的使用给社会化吗？”② 当然，类似于 Word 软件的“知识产权”，实际上也面临着两难的处境，要么如同网络技术进行社会化的免费使用，要么就会出现“技术寡头”竭力地控制我们思考方式的疯狂景观。因此，“真正令人担忧的，是全球空间的大规模的重新私有化”。③ “至高权力”对数字化技术私有化的鼓吹与致力，意在通过“技术”的占有及垄断，实现对权力和财富的攫取，进而推动生命治理的实现。因此，在齐泽克看来，“数字化”控制解除的突破口即在于推动产权的共有，唯有此才能够打破数字化技术的私人垄断，才能够为“反

---

① 〔斯洛文尼亚〕斯拉沃热·齐泽克：《有人说过集权主义吗？》，宋文伟、侯萍译，江苏人民出版社，2005，第 198 页。

② 〔斯洛文尼亚〕斯拉沃热·齐泽克、〔英〕格林·戴里：《与齐泽克对话》，孙晓坤译，江苏人民出版社，2005，第 162 页。

③ 〔斯洛文尼亚〕斯拉沃热·齐泽克：《突破可能性的极限》，季广茂译，福建教育出版社，2017，第 66 页。

控制"的介入提供合法性的借口。

应用的普遍化。产权的共有化必然带动应用的普遍化，而应用普遍化的推进打破了长期以来统治阶级对"数字化"的垄断，进而使"数字化"控制的消除成为可能。"数字化"应用的垄断是"数字化"控制得以实现的重要基础，而在齐泽克看来，这种垄断违背了技术发展的规律，并和应用社会化的发展趋势相悖，因而必然遭到民众的反抗和抵制。齐泽克强调，"解决这种威胁的恰当方法不是倒退到个人隐私的空间之中"，① 而应是更加强有力地推动应用的社会化及普遍化。显然，当前数字化技术应用的范围还是太小，应该向着更大的范围推广，而我们应该以某种形式将其更加普遍化。针对西方资产阶级在数字化技术应用上的垄断，我们应该揭露其私有化、垄断化的实质，并批判那些私有性和特殊性的鼓吹，以强调数字化技术的共有性及其应用的普遍性，从而打破"至高权力"对"普遍化"的限制。为此，在解除"数字化"控制的道路上，我们应该要求"技术应用"更加普遍化，而不是去限制它的普遍化。当下人们应当鼓起想象的勇气，"从我们今天所（误）认为的'集权主义'威胁之中看到网络世界所具有的解放思想的潜力"。② 而所谓的"潜力"主要是指在应用社会化上的推进。在齐泽克的意识中，应用的社会化必将推动普遍性的到来，从而使得"数字化"成为大众的数字化。届时"数字化"将成为普遍而"透明"的东西，"数字化"也由控制生命转变成为生命所用。

"反控制"力量的社会化发展是摆脱"数字化"控制的重要推力。传统马克思主义断言，事物总是从其内部生产出反对其自身的力量，这在"数字化"控制与"反控制"力量的角逐中得以展现。"反控制"力量即诞生于"数字化"控制的内部，是"数字化"发展的结果。由于"数字化"建基于工具理性之上，存在着一定的技术性门槛。对大众而言，人们除了掌握简单的应用之外，对数字化技术的了解甚少。从技术层面讲，由于技术上的限制，大众对"数字化"控制的"反抗"大多停留在社会层面，其不可能成为技术层面的"反控制"力量。因此，"反控制"力量大多是那些掌握数字化技能，曾经推动数字化发展的专业技术人员。如阿桑

---

① Slavoj Žižek, *Did Somebody Say Totalitarianism?*, London · New York：Verso，2001，p. 256.
② Slavoj Žižek, *Did Somebody Say Totalitarianism?*, London · New York：Verso，2001，p. 256.

奇、斯诺登等人，他们曾从事"数字化"控制的工作，后因各种原因，最终站在"数字化"控制的对立面，成为揭露其真相的"指证人"，变成了"反控制"的力量。透过斯诺登揭秘事件，齐泽克不仅看到了斯诺登一个人就能将美国搅得狼狈不堪，也看到了阿桑奇、曼宁、斯诺登等人所拥有的巨大解放性潜能。

"反控制"力量的"组织化"有利于"数字化"控制的早日解除。在齐泽克看来，斯诺登试图利用俄罗斯来对抗美国，这是远远不够的，当下需要立即采取的行动是成立一个新的国际组织，即一个专门用于保护泄密者并帮助其传播信息的国际网络。因为泄密者的行动已经证明，如果统治阶级对民众实施控制，民众则可以用同样的方式进行还击，让其感到恐慌。"反控制"力量国际组织的建立，一方面可以对西方"数字化"控制实施"监控"，以了解其运行情况；另一方面可以对西方"数字化"控制进行攻击，以便对其进行"反控制"。此外，由于黑客是游离于常规"建制"之外的技能高手，他们反对传统的权威主义，反对"中心主义"，他们天生具有解放性的潜能。正如齐泽克所说："我们需赋予'黑客'这一名词所有破坏性、颠覆性、边缘性、反建制性的内涵，黑客意图干扰大型官僚机构的顺畅运作。"[①] 显然，基于"黑客"的"反建制"特性及高超的"反控制"技能，齐泽克意图将其纳入"反控制"力量的队伍之中。随着斯诺登式人物的不断涌现，以及黑客在世界各个角落的涌动，当前"反控制"力量已经呈现出社会化发展的趋势。"反控制"力量的组织化及广大民众的不断觉醒，最终使得"数字化"控制走向末途。

由以上可见，"数字化"控制是西方资本主义发展过程中的一种"剩余"，如同"恐怖主义"和全球金融危机，它是西方资产阶级难以克服和剔除的"增补之物"。"数字化"控制建构的"幻象"一度让西方统治阶级痴迷，而现实的征兆是"至高权力"自身也逐步遭受其"控制"，因而在数字化技术被合乎伦理地使用之前，"控制"与"反控制"的角力恐怕仍将继续。"数字化"控制下的生命显得十分脆弱，无论是"一无所知"的民众，还是像阿桑奇、曼宁、斯诺登等泄密者，都难逃"凝视"的梦魇。显然，"数字化"控制的批判已不仅是一个伦理性话题，更是一个生

① Slavoj Žižek, *Violence：Six Sideways Reflections*, New York：Picador, 2008, p.17.

命政治学论题。齐泽克的生命政治学批判，不仅揭露了其生命统治的实质，更为当代生命解放事业的开展奠定了基础。尽管在"数字化"控制解除的探讨上，齐泽克提供的方案略显粗糙，也难以付诸实践，但是他所开启的这种讨论极具意义，因而也必将吸引更多的人关注和探究。

第二节 "意识形态"对生命的控制

齐泽克对"意识形态"① 的精神分析，给人们留下了深刻的印象。在他看来，"意识形态，依照定义，永远是'意识形态的意识形态'"，② 而意识形态之所以为意识形态，就在于人"并不知道他们实际上正在做什么"。③ 此外，他还强调，"意识形态，可以指称任何事物"，④ 常常在人们试图丢弃它的时候突然冒了出来，而在认定其会存在的地方反倒不会出现。值得注意的是，齐泽克的这种认识，不仅使他摆脱了精神分析的刻板印象，更为其他批判视角的介入提供了合理性。实际上，法国马克思主义学者路易·皮埃尔·阿尔都塞将意识形态视为一种对个体生命实施规训和控制的国家机器，对齐泽克产生了重要影响，并启示他将研究的视角聚焦在"意识形态"对生命的控制上。齐泽克视界中的"意识形态"控制，有着特定的话语指涉，主要是指西方"至高权力"利用意识形态对个体生命实施的干预、影响及操纵。它是西方国家以及极端组织（如恐怖主义组织等）基于生命治理的需要，借助报刊、广播、电视等宣传工具对民众实施

---

① "意识形态"在传统认识论视域下经历了漫长的发展，从德斯图·德·特拉西将它定义为科学的知识体系，到马克思在《资本论》中的"Sie wissen das nicht, aber sie tun es"，即"他们不知道它，但是他们做它"（参见〔斯洛文尼亚〕斯拉沃热·齐泽克等《图绘意识形态》，方杰译，南京大学出版社，2006，第296页），再到阿尔都塞式的"意识形态国家机器"（ISA），以及威廉斯的"三种意识形态"（意识形态可以指一定阶级或集团所特有的信仰体系，也可以指由错误观念或错误意识构成的幻觉性的信仰体系，还可以指社会生活中一般的意义和观念的生产过程），意识形态的内涵越发丰富。齐泽克从精神分析出发，而不是从认识论出发，对意识形态进行了新的诠释。

② 〔斯洛文尼亚〕斯拉沃热·齐泽克等：《图绘意识形态》，方杰译，南京大学出版社，2006，第18页。

③ Slavoj Žižek, *The Sublime Object of Ideology*, London·New York：Verso, 2008, p.27.

④ 〔斯洛文尼亚〕斯拉沃热·齐泽克等：《图绘意识形态》，方杰译，南京大学出版社，2006，第3页。

的价值误导、认知钳制及身体规训。“意识形态”并非一种可有可无的“剩余”，它是资本主义发展过程中难以剔除的“过度”，而恰恰是这种“过度”支撑了资本主义生命统治的幻象，尤其是“9·11”事件爆发后，整个西方都沉浸在“再意识形态化”的激情之中，“至高权力”意图借助“再意识形态化”来巩固其霸权，并为当代生命治理的强化创造合法性的借口。齐泽克主要从价值误导与生命规训两个方面，就“意识形态”控制及其解除进行了深入探讨，以期为解放意识的觉醒提供启蒙，为生命自由的实现提供指南。

一 价值误导

价值导向是对人生追求和生命意义的一种指引，也是对“我要到哪里去”这个古老哲学命题的建议性回答。由于价值导向能够指引生命发展的方向，并能够影响到“行为”的选择及生命意识的树立，因此，针对生命价值导向的抢夺及控制，不仅是各时期意识形态斗争的焦点，也是各时期统治阶级所窥觊的对象。显然，一个时期价值导向的确立及选择往往是意识形态斗争的结果，而在“至高权力”和“神圣人”的争夺之下，最终产生了鲜明的分野。一方面是正确的生命价值导向，即价值引导，建构在启蒙运动以来人类所追求的普遍价值的基础之上，强调“理性”的回归，并致力于“善”的追寻，因而它是广大民众的人生指南和行为准则；另一方面是歪曲的生命价值导向，即价值误导，是对生命为何追求“意义”、怎样才有“意义”、具有多大“意义”等命题回答上的刻意歪曲。实际上，价值导向的控制权往往为“至高权力”所攫取，进而使得“价值误导”的出场成为一种常态。毋庸置疑，“价值误导”是“意识形态”控制的一种典型手段，也是统治阶级进行生命治理的需要。齐泽克通过对“生存主义”的价值误导、“恐怖主义”的价值误导等的批判分析，提出了自己的价值追求，进而为“生命崇高”的追寻及实现指明了方向。

（一）“生存主义”的价值误导

“生存主义”又称“活命主义”，它视“生存”为第一位，可谓为了生存而甘愿抛弃诸如尊严、荣誉、自由、人格等所有人之为人的象征属性。"生存主义"高度重视生命的生物属性，紧要时则无视生命的象征属性。因此，它往往以象征属性作为牺牲而力求活命。自启蒙运动以来，生命理性得以高扬，人类生命已不仅仅是一种纯粹的生物性生命，更是一种富有意义的象征性生命。因此，那些赋予生命以尊严、荣誉、自由等的抽象法则，早已成为生命品格的重要构成。在现实生活中，由于人们深受启蒙运动思想的影响，往往将生命的抽象法则视为生命的第一要义，甚至为了捍卫生命的自由、尊严、荣誉等而不惜牺牲自己的性命。当然，"生存主义"并不重视以上生命的抽象法则和象征属性，更不接受以上的做法。对其来说，"生存"才是人类第一等的大事，而生命的旨趣则在于生存的延续及享乐的追寻。

古希腊的"神圣人"已经具备"生存主义"的雏形，而尼采的"末人"及阿甘本笔下的"赤裸生命"则是"生存主义"的典型。尼采"末人"的观点过度强调"活命"，并认为人类生活的世界根本不存在任何值得为之牺牲的伟大使命，生命的最高价值即"生命本身的延续"。① 在齐泽克看来，尼采的"末人"是一种高扬生命激情、视享乐为首要追求的人。他们奉行及时行乐的原则，认为生命的追求即在于感官上的快乐。此外，阿甘本话语叙述之中的"赤裸生命"是一群生活在集中营中的犹太人的缩影，他们为了生存，甚至为了生命生物属性的保存，而不得不丧失掉所有生命的象征属性和抽象法则，最终沦为可被随意处置的"牲人"。因此无论是"末人"，还是"赤裸生命"，他们的价值选择都是"活命"，而放弃了那些由孟德斯鸠、卢梭、伏尔泰等启蒙先驱赋予生命的理性追求和抽象法则。因此，齐泽克将"生存主义"的这种价值指引视为一种误导，并明确地表示他并不接受"活命主义"的观点。

(二)"恐怖主义"的价值误导

近年来，恐怖主义在全球范围内制造了多起暴力袭击事件，尤其是中东地区极端组织 ISIS 的兴起，使恐怖主义成为当代政治话语叙述之中的高频词语。恐怖主义近年来的频繁出场，以及吸引并控制着诸多个体生命实

---

① 〔斯洛文尼亚〕斯拉沃热·齐泽克、〔英〕格林·戴里：《与齐泽克对话》，孙晓坤译，江苏人民出版社，2005，第 109 页。

施自杀式爆炸，在其背后隐藏着令人恐惧的生命价值误导。

　　恐怖主义将生命价值的导向引向"自杀式报复"，即所谓的"殉道"，并意图通过俗世肉身的毁灭，换来精神上的崇高和天堂里的享乐。恐怖主义的这种生命价值鼓吹极具危害，它诱惑着中东地区的贫苦民众，并吸引着大批西方世界的狂热青年。在齐泽克看来，恐怖主义的这种"文化"是一种充满病态的文化，"它展现了这样一种人生态度，要在暴力性死亡中获得最大的生命满足"。① 因此，它是一种极具变态的行为，并使"人"成为暴力袭击的工具。恐怖主义袭击的终极旨趣，并非一种或隐或显的意识形态议程，而是搅乱西方世界长期以来"安宁"的生活。对恐怖分子而言，他们的俗世追求就是不顾一切地制造爆炸性"景观"。因此在大量无辜民众伤亡面前，他们不但毫无愧疚感和羞耻感，而且还为他们的恐怖行为感到无上的"光荣"。由此，齐泽克认为，这就是恐怖分子的问题所在，即他们总是在想尽一切办法来伤害和毁灭这个人类生命所栖身的唯一之地。齐泽克将这种能够鼓吹人们甘愿以性命相搏的"事业"，纳入丧失理智而狂热的领域。尽管恐怖主义组织或许能够从恐怖分子的自杀式爆炸中获取各种物质及非物质的收益，并攫取了一定的生命权力，但它并未在个体生命接踵而至的自杀式爆炸中现身。显然，"恐怖主义"的价值误导，造成了数以万计生命的伤亡，挑战了人类文明的底线，可谓自绝于人类。

二 生命规训

　　规训是"意识形态"的重要功能之一，也是统治阶级实施生命治理的典型手段。它有别于传统教化对生命的良性引导，它的出发点是为了生命控制和政权统治。真正将规训带入生命政治语境之中的是米歇尔·福柯，在他看来，"在任何一个社会里，人体都受到极其严厉的权力的控制"。② "规训"是一种驾驭、使用及塑造生命的手段，而教会、学校、医院、监狱等常常扮演着规训的角色，其中"纪律"是其进行约束的有效方法。透过福柯的考察，不难发现"规训"常常为统治阶级所使用，它影响着每一

---

　　① Slavoj Žižek, *Welcome to the Desert of the Real!*, London · New York：Verso, 2002, p.141.

　　② 〔法〕米歇尔·福柯：《规训与惩罚——监狱的诞生》，刘北成、杨远婴译，生活·读书·新知三联书店，2003，第155页。

个生命的自由和发展。在齐泽克看来,生命规训体现在"认知的钳制"和身体的规训上,因此他主要就这两个方面进行了深入探讨。

(一)"认知的钳制"

福柯曾对17~18世纪的生命治理进行过观照,发现统治阶级为了实现对民众的规训,在"认知"上进行了一系列的钳制。这得到了齐泽克的认同,在他看来,西方统治阶级对生命认知的钳制主要体现在对认知的控制和垄断上,具体表现在以下三个方面。

其一,能否认知。西方统治阶级对信息的垄断,并未因互联网时代的到来而弱化。尽管统治阶级与大众之间的信息不对称由来已久,但在事关个体生命生存的问题上,人们常常被剥夺"认知"的基本权利。因此时至今日依然存在着"能否认知"的追问,正如2001年在美国爆发的炭疽恐慌,"我们这些普通市民要想了解正在发生的一切,唯有依赖权威部门之一途"。[①] 作为普通民众的我们,什么也看不到,什么也听不到,即便所知道的一切,也全来自媒体的公开报道。尤其是在高科技广泛应用的当下,西方统治阶级利用各类先进的技术强化了"认知的钳制",而大众的认知往往依赖于斯诺登式泄密者的揭秘。尽管阿桑奇、曼宁、斯诺登等泄密者的出现,让大众对一些领域建立了认知,但基于信息控制越发严密,"能否认知"的问题显然逐步变成了统治阶级愿不愿意让人们认知。当然,随着信息化时代的来临,这种认知的控制和垄断将越发严密。

其二,怎样认知。在认知途径及载体上,统治阶级依然有着控制与垄断。在齐泽克看来,"至高权力"曾经将生命认知的钳制寄托于学校、教会、家庭等传统的规训机器,可谓将意识形态国家机器利用到极致。而当下,各类媒介成了认知钳制的常用工具。媒体总是通过符号生产实现对"象征性层面"的操控。为此,"9·11"事件后,好莱坞受到美国政府的委托,也在行使着意识形态国家机器的功能。它试图将"正确"的意识形态信息植入"美国大片"、广告、娱乐新闻等之中,不仅要在美国人之中传播,更要传播到全世界所有好莱坞观众那里,为西方反恐战争推波助

---

① 〔斯洛文尼亚〕斯拉沃热·齐泽克:《欢迎来到实在界这个大荒漠》,季广茂译,译林出版社,2015,第41页。

澜。这不仅是好莱坞在当代面临的巨大挑战，也是其承担着意识形态国家机器功能的最佳佐证。实际上，互联网、影视剧、新媒体等各类媒介早已成为当代认知的重要来源，而这些媒介也大多被统治阶级控制。显然，民众在信息获取及认知方法的选择上并非真正的自由，而是有着诸多的"控制"与"钳制"隐藏在其后。

其三，认知什么。尽管言论、出版自由是西方所鼓吹的人类宝贵的价值遗产之一，但是在当下的西方，符号的生产及信息的公开传播依然有着繁杂的"审批"程序，尤其是在一些国家有着极其严格的"意识形态"审查，而人们所能够看到的新闻、信息、通讯等早已经历了层层的过滤。当前个体生命所能够认知到的，往往是那些统治阶级愿意让人们所认知的东西。"至高权力"对信息内容的垄断由来已久，他们通过媒介为大众建构了认知的图绘，例如对恐怖分子丑恶形象的塑造，对热心于慈善的西方金融家的赞美，对西方自由民主社会场景的虚构，等等，从而建构了充满夸张的虚假意象。此外，统治阶级还利用对媒介的控制，垄断了信息的诠释。他们一方面充分利用具有轰动效应的事件进行意识形态的宣传，另一方面对那些"出位"的媒体实施打压。齐泽克曾指出，当"9·11"事件的悲惨景象被西方媒体巨细无遗地报道时，"半岛电视台却因播放美国轰炸费卢杰惨况的镜头而遭受谴责，并被指控为恐怖分子的共谋"。① 通过以上可见，统治阶级对生命的认知进行着系统性的控制，使能否认知、怎样认知、认知什么等成为当下不得不面对的追问，而齐泽克通过对认知钳制的批判，揭露了"至高权力"对思想进行规训及对生命进行控制的事实。

（二）身体的规训

在福柯的生命政治视界中，身体规训是"至高权力"的意志体现，也是生命控制的重要手段。身体规训的工具不仅有发挥"软作用"的意识形态，更有着像监狱、疯人院、法院等发挥强制性作用的国家机器。齐泽克主要关注统治阶级利用意识形态国家机器对身体实施的规训。当然，在齐泽克那里，充当意识形态国家机器的是那些能够对身体起到约束性作用的规则、纪律、信念等，尽管它们具有非强制性，但"规训"的影响却不容

---

① Slavoj Žižek, *Violence: Six Sideways Reflections*, New York: Picador, 2008, p.45.

小觑。

身体的规训主要源于两个层面的推动,即"自为的规训"和"施加的规训"。"自为的规训"主要是指主体自身对身体进行的约束及规训;"施加的规训"主要是指外来因素对身体施加的规训,而意识形态国家机器则在其中发挥着重要的作用。当然,"施加的规训"常常又影响着主体"自为的规训"。在齐泽克看来,置身于"治理主义生命政治"盛行的世界中,身体并不是自由的,可谓"在'被控世界'中,对主观自由的体验仅仅是一种表象,其实质是屈从于规训机制"。① 而究其成因,"'被控世界'这一'极权主义'概念是有关个人自主和自由的'官方'公共意识形态(与实践)的,充斥着可憎的、幻想的黑暗面"。② 可见,"被控世界"必定伴随着自主与自由,并对其进行有效的补充,且成为它可憎的、阴影般的"孪生子"。

统治阶级利用意识形态对身体进行规训,不仅驯服了身体,让主体进入"自为的规训"阶段,更为意识形态寻找到一种物质性载体。如齐泽克所说,"意识形态国家机器把'身体'赋予了意识形态的'灵魂'",③ 进而为一种意识形态教义提供了一个物质性的实体。因此,对身体的规训成了统治阶级进行生命控制的有效手段,最终生命笼罩在意识形态所渲染的规训氛围之中,其自由也丧失殆尽。

三 "暴力干预":"意识形态"控制的解除

"意识形态"绝非像监狱、警察、法庭等国家机器那样对"现实的人"进行显性的、刚性的约束,而是对生命进行着隐性的、柔性的限制。它具有较强的渗透性和潜伏性,往往于无形中影响并控制着广大民众。在齐泽克看来,"意识形态"控制的解除,必须阐释"控制"的三重征兆,不能依赖于对原有意识形态的修补,需要借助于一种"暴力"的介入,以打破原有"意识形态"控制的格局,并需要在"暴力"的干预下重塑一种新的"意识形态"。可见,齐泽克并没有打算彻底地抛弃"意识形态"的运行法

---

① Slavoj Žižek, *Welcome to the Desert of the Real!*, London · New York: Verso, 2002, p. 96.

② Slavoj Žižek, *Welcome to the Desert of the Real!*, London · New York: Verso, 2002, p. 96.

③ 〔英〕托尼·迈尔斯:《导读齐泽克》,白轻译,重庆大学出版社,2014,第 93 页。

则，只不过是用一种新的意识形态来代替旧的意识形态，以解除其对生命的控制。当然，这个新的意识形态已经摒弃了"生命控制"的功能属性，它是一种能够促进生命自由发展的意识形态，也是一种能够适应未来社会需要的意识形态。

（一）"意识形态"控制的三重征兆

在西方社会，意识形态的领导权、管理权及话语权总是为"至高权力"所攫取和霸占，而广大民众无法掌握意识形态的主导权。实际上，"意识形态"是当代资本主义的一个隐秘性征兆，为资本主义社会编织了一个虚假的幻象，诱惑着统治阶级沉浸于"控制"的狂欢之中，而无暇顾及"幻象"已经被穿越的现实。"意识形态"控制是生命治理的重要手段，也是西方"至高权力"统治意志的体现。它的隐匿性、暴力性及系统性的特点有待人们去阐释和把握。

隐匿性。"意识形态"控制有别于其他形式控制的鲜明特点，即它是一种隐匿性的控制，而这种隐匿性主要由意识形态的特性和"至高权力"的刻意遮蔽所导致。意识形态具有幽灵般的特性①，常常在人们试图丢弃它的时候突然冒出来，而在认定其会存在的地方反倒不会出现。在齐泽克看来，人们生活在由意识形态所建构的社会现实之中，往往在人们认为最不易为意识形态所控制的地方，恰恰有可能是意识形态存在最为绝妙之地。他曾以伦敦交易所里的免费小册子为例，指出它的存在意图向人们解释股票市场操心的绝非某种神秘的曲线，"而是真实的人及其产品"，② 它的存在和功能的发挥都似幽灵一般，可谓是最纯粹意义上的意识形态。"意识形态"控制往往隐藏在西方话语符号的幕后，难以为人所直观地感知或察觉。正如齐泽克所言："大多数时候公众目光是看不见它的，也正是这个原因它才是更加不可避免的——在其中，资本的真实域发挥其

---

① 这种幽灵般的特性，主要体现在"存在的幽灵性"和"功能发挥的幽灵性"两个层面。"意识形态"如同幽灵一般，似乎无处不在而又无时不在，意识形态的幽灵是一种诡异般的存在。参见〔斯洛文尼亚〕斯拉沃热·齐泽克等：《图绘意识形态》，方杰译，南京大学出版社，2006，第4~5页。

② 〔斯洛文尼亚〕斯拉沃热·齐泽克：《易碎的绝对——基督教遗产为何值得奋斗？》，蒋桂琴、胡大平译，江苏人民出版社，2004，第13页。

统治。"① 然而,"意识形态"控制并非神秘到一无所踪,人们依然可以从意识形态的物质性载体中去发现它的踪迹。无论是报刊,还是影视,乃至一则标语,在其话语叙述的背后都隐藏一种"说服"的力量,并服务于某个秘而不宣的利益机构。此外,西方"至高权力"基于意识形态斗争及生命治理的需要,往往有意地去遮蔽"意识形态"控制,并常常利用某个崇高理想或普遍价值的抽象法则来对其进行掩饰,这在一定程度上增强了"意识形态"控制的隐匿性。

暴力性。"意识形态"控制的过程常常充满暴力,只不过这种暴力往往以隐秘的方式存在,并非如非理性暴力那般易为人们所感知。"意识形态"控制的暴力性主要体现在意识形态的斗争、灌输等过程之中。意识形态的斗争是意识形态之间竞争的结果,也是"至高权力"将某种意识形态强制施加于民众的必然。"至高权力"常常为民众建构虚假的意识形态幻象,并驱使民众沉迷在其中。尽管意识形态幻象"具有结构现实的力量",② 能够填补"能指秩序"的裂隙,消弭社会的对抗,但民众期待的穿越幻象的时刻已经降临。在"幻象"的建构与"穿越"之间存在着斗争,而这种斗争充满着暴力。意识形态的灌输也是一个充满暴力的过程,"至高权力"强制性地将一种理念、信仰、思想、文化等灌输给民众,并在思想上有意地引导,在行为上刻意地"规训"。而这种"引导"及"规训"并未契合民众的意愿,也未给民众以自由选择的空间,其过程往往伴随着暴力。此外,"意识形态"控制有着鲜明的排他性,绝不会容忍其他意识形态对自身的削弱及威胁,因而在"排他"的背后必然是一种赤裸裸的暴力性对抗。实际上,"意识形态"控制的暴力性由资本主义的霸权性所决定,且常常以符号性暴力的方式干扰信息的传播,掩盖现实的真相,钳制民众的认知。

系统性。"意识形态"控制是一种系统性控制,主要体现在控制结构的体系化、控制过程的结构化及被"结构"上。首先,"意识形态"控制结构的体系化。"意识形态"控制是资产阶级创造的一种结构性产物,其自身是一个"有机体",并由媒介、主体、对象、话语体系等要素构造而

---

① 〔斯洛文尼亚〕斯拉沃热·齐泽克:《易碎的绝对——基督教遗产为何值得奋斗?》,蒋桂琴、胡大平译,江苏人民出版社,2004,第55页。

② Slavoj Žižek, *The Sublime Object of Ideology*, London・New York:Verso, 2008, p.30.

成。其次，"意识形态"控制过程的结构化。"意识形态"控制是一个由意识形态塑造、意识形态领导、意识形态管理、意识形态传播、意识形态渗透等环节相互配合、相互协作的过程，因此其控制过程是系统化和结构化的。此外，"意识形态"控制有干预、介入、规训、引导、操纵等方法，并且其方法的运用也是复合化、系统性的。最后，"意识形态"控制被西方生命控制体系所"结构"。"意识形态"控制是西方生命控制体系之中的一个子系统，作为西方生命治理的重要手段之一，其功能的发挥离不开其他形式控制的介入和支撑。在西方生命治理的实践中，"意识形态"控制不仅常常和数字化控制、体制性控制等其他形式的控制相互协作、共同作用，更离不开法庭、警察、监狱等暴力性国家机器的强力支撑。显然，"意识形态"控制的系统性，加剧了西方生命的奴役，因此为民众所批判和抗争。

（二）"暴力干预"的介入

传统的意识形态斗争已经失灵。在齐泽克看来，只要涉及诸如权力、剥削、阶级等社会控制的某种关系，且以一种固有、非透明的方式起作用时，我们就处于意识形态的影响之中，"使得控制关系合法化的逻辑真正要行之有效，就必须保持在隐藏状态"。[1] 当然，齐泽克曾对这种实施生命控制的"意识形态"进行分析，指出它往往在我们所有意识诞生之前，就产生了一种对特定体系的信仰，并创造了对其公正性的坚定信念。它往往不知不觉地预先占有了我们的信仰，并让我们习以为常。关于意识形态如幽灵般"存在"，齐泽克将其归因于"公开的意识形态文本或实践被一系列未演奏出来的淫秽超我补充物所维系"。[2] 基于意识形态如幽灵般存在，对其解除必然充满着挑战与困难。有时我们认为已经通过传统的思想斗争彻底摆脱了它的控制或对其进行了深刻的批判，或许我们常常认为自己在嘲弄处于统治地位的意识形态，而实际上这样做只不过是强化了它对我们的控制。因此传统的意识形态斗争，在解除"意识形态"控制的征程中早

① 〔斯洛文尼亚〕斯拉沃热·齐泽克等：《图绘意识形态》，方杰译，南京大学出版社，2006，第7页。
② 〔斯洛文尼亚〕斯拉沃热·齐泽克：《暴力：六个侧面的反思》，唐健、张嘉荣译，中国法制出版社，2012，第150页。

已不再发挥作用，进而使人们对新的解除方法的到来充满了期待。

"暴力干预"是解除"意识形态"控制的有效方法。在后意识形态的时代里，意识形态如幽灵般存在，使得人们对它产生了抗拒。因此今日意识形态仿佛也是这般运作的，"我们履行自己的符号性委任，但又不接纳它们，也不'认真看待这些符号性委任'"。① 在齐泽克看来，意识形态斗争的关键恰恰是"缝合点"，即哪一个能指会赢得缝合意识形态领域的权利。他常常使用"蓝红墨水"的故事来语指"意识形态"对生命的深层操纵，并鼓励人们用语言来诉说生命的不自由。因此要多为人们提供一些"红墨水"，以便人们能够书写有关"意识形态"控制的抗议。处在西方消费主义社会之中的广大民众似乎对政治漠不关心，因而通过传统思想政治教育的方式来强化其自我意识，已不足以把他们唤醒。要促使他们摆脱意识形态的麻木状态和浑噩的消费主义状态，"就必须进行暴力干预"。② 可见，齐泽克将"意识形态"控制的解除寄希望于一个能够改变原有冲突"坐标"的"激进性行动"，最终"暴力干预"成为他的理想选择。

"暴力干预"中的"暴力"，主要意指一种用来反对我们自身的暴力，这是当前人们所需要的一种"暴力"。同时，它意味着为了能够从意识形态的困境之中挣脱出来，我们需要某种激烈的爆发，即一种"毁灭性"的爆发。当然，这种暴力不是身体上的暴力，就是极端象征性的暴力，而齐泽克建议人们应欣然接受它。在他看来，"意识形态"控制的解除，绝不能一味地使用自由的容忍，而需要一种更具毁灭性的"激进性行动"的爆发。"9·11"事件的爆发给齐泽克以启迪，他认为西方恐怖主义"非理性暴力"的频繁出场，为人们提供了审视自身遭受"意识形态"控制的机会，并"已彻底惊醒沉睡的西方人"。③ 它不仅使人们走出了浑噩麻木的状态，更促使人们不再沉迷于日常的意识形态世界。齐泽克以暴力干预的方式打破原有意识形态的控制，为人们走出如幽灵般意识形态的纠缠提供了有益的借鉴。

---

① Slavoj Žižek, *Welcome to the Desert of the Real!*, London · New York：Verso, 2002, p.70.

② Slavoj Žižek, *Welcome to the Desert of the Real!*, London · New York：Verso, 2002, p.9.

③ 刘刚：《论反恐战争的"系统性暴力"——齐泽克生命政治的视角》，《海南大学学报》（人文社会科学版）2016 年第 6 期，第 73 页。

（三）"意识形态"的重塑

"意识形态"重塑不仅使"暴力干预"获得实质性的意义，更使"意识形态"控制的解除最终成为一种可能。尽管"暴力干预"的介入打破了原有"意识形态"控制的局面，但是它并没有提供一个新的意识形态来对其进行置换，因此"意识形态"控制恐怕依然存在，旧的意识形态的影响也并未被彻底地清除。职是之故，我们与其致力于对世界的细微性改变，不如通过投身于新型的主体实践来重塑自己和重塑我们所处的世界。这也就意味着，齐泽克意图在打破原有"意识形态"控制的基础之上，为人们重新塑造一个能够适应新世界的意识形态。正如他所指："同一种结构，产生威胁的东西其自身即为解药，这在今天的意识形态景观中则随处可见。"① 显然，用新的意识形态去代替旧的意识形态，似乎是解除"意识形态"控制的理想方法。意识形态的角逐不仅在论辩层面，也波及形象层面，即哪一个形象将主宰一个领域，也常常成为"意识形态"争夺的焦点。无论是在美伊战争之前，西方媒介建构的"萨达姆"，还是已经成为"战争面孔"的杰西卡·林奇（Jessica Lynch），人们通过媒介所看到的"形象"，都是意识形态斗争的结果。因此，"如若不能改变外在的意识形态法则，那你可以尝试改变它隐含的、可憎的、不成文的法则"。② 显然，齐泽克并没有激进到通过废除意识形态运行法则来解除"控制"的境地，而他最终只是选择以重塑的方式生产出一个新的意识形态，以替换原有的意识形态。

价值导向的重塑。为了纠正当下西方各种"主义"的误导，促进生命价值导向作用的正常发挥，齐泽克对生命价值导向进行了重塑。人类的生命永远都不只是一种生物性存在，它总是被一种生命的"过度"所维持。然而，能够充当这种"过度"的往往是自由、荣誉、尊严、自主等所有那些构成生命高贵品格的要素，也正是它们建构了人类"意义世界"的抽象法则和生命的象征属性。齐泽克认为，正是由于人们拥有了这些生命的"过度"，平淡的一生才真正值得度过，平凡的一生才切实富有意义，这也

---

① Slavoj Žižek, *Violence：Six Sideways Reflections*, New York：Picador, 2008, p.21.

② Slavoj Žižek, *Welcome to the Desert of the Real!*, London·New York：Verso, 2002, p.32.

正是人们甘愿冒生命危险去获取它的原因。齐泽克将自由、荣誉、尊严、自主等视为生命价值的终极追求，切实将生命引向了由启蒙运动先驱们所确立的"理性"之路，从而赋予生命光辉。同时，他建议应当让敢于担当、勇于冒险、艰苦奋斗等精神再次回归，以便让西方普通的民众度过光辉的一生，并完成对生命"崇高"的追寻。

生命规训的反思及批判。在齐泽克看来，认知钳制的解除，不仅需要依赖更多的像斯诺登、曼宁、阿桑奇等这样的泄密者，更需要利用今天的互联网技术将信息广泛地社会化，并将"技术"快速地普及化，从而打破统治阶级对信息的控制和垄断。面对身体规训，人们应该抵制那些将其视为"原法西斯主义"式的观念。同时，应对青年人"自为的规训"给予宽容，因为年轻人除了对自己的身体进行规训之外，其他则一无所有。齐泽克通过意识形态的重塑，尤其是对生命价值导向的重塑和生命规训的批判，试图将生命从"意识形态"的控制之中解放出来，进而为生命自由的实现指明方向。

"意识形态"似一种"剩余"，尽管它展现了"至高权力"对实在界的激情而备受斥责，但它依然是社会秩序和道德生活的必要保障，因而激进的齐泽克也只是主张"意识形态"的置换，并未激进到彻底"去意识形态化"。"意识形态"控制是西方社会的一种统治术，其旨趣在于统治秩序的维护和"至高权力"的攫取，其控制成本相较于强制性的国家机器少了许多，尤其是价值误导与生命规训的使用更是"成本"低廉。在西方生命治理实践中，"意识形态"作为一种控制手段，其效力的发挥往往有着暴力性国家机器的支撑。显然，齐泽克的论域还有待进一步扩展。值得肯定的是，齐泽克从生命政治出发对"意识形态"控制的批判，不仅为人们提供了崭新的分析视角，更揭露了西方生命统治的残酷现实，进而为解放意识的觉醒提供了启蒙。

第三节 "体制"对生命的管制

"体制"是"至高权力"基于治理需要所建构的有关组织形式的制度。尽管"体制"的缔造者是统治阶级，但是它一旦生成则具有强大的自反性，反过来又限制着统治者。在传统组织行为学话语体系之中的"体制"，往往指涉组织结构的设置、管理权限及其之间的相应关系。然而，齐泽克有意从治理维度出发，关注"体制"建成后，由其运行所产生的"系统性"的约束和管制，并赋予它"系统性"之内涵。可见，体制性管制是一种由结构运行所导致的控制，因此它又被称为"结构性控制"。在当代西方政治场域下，"体制"对生命的管制主要体现在显性和隐性两个方面。其中，显性的"体制"管制是指由成建制的组织机构及其运行所产生的约束，而隐性的"体制"管制则是指由规则、制度、条文等滋生的约束。由于"至高权力"将"体制"管制工具化，二者相互交织、相互作用，并对当代生命产生着重要的影响。在齐泽克看来，欲望驱使下的人们终究会进入一种体制，而其中的绝大多数人将是痛苦的。因此齐泽克着重从国家体制和全球化两个层面出发，对"体制"管制及其"解除"进行反思和批判，以期将生命从"体制"管制之中解救出来，促进生命的自由发展。

一　国家体制对生命的管制

"管制网络"对生命的控制。统治阶级往往利用"体制"的运行，建构覆盖整个国家的管制网络，而这些"网络"已经成为生命管制的一种工具。"管制网络"往往由管制机构通过管制性措施建构，它意在对生命实施严密的约束和控制。在齐泽克看来，希特勒的法西斯主义是 20 世纪"管制网络"盛行的典型。法西斯曾利用一系列紧急法案及专门机构，建构了一个对广大民众进行严密监视的"网络系统"。尤其是针对犹太人、斯拉夫人、吉卜赛人等那些少数族裔，法西斯有计划地将他们中的一部分驱逐出境，另一部分则逐步地赶进集中营，进而对其进行惨无人道的、程序化的"管制"。希特勒将集中营视为犹太人的生命归宿，并利用"体制"的操纵，一步步地对犹太人进行种族大清洗。尽管希特勒试图从国家"体制"运行之中为"排犹运动"找寻到所谓的"合理性"依据，但其操纵法西斯体制和利用体制所犯下的罪行罄竹难书。因此在齐泽克看来，"官僚'极权主义'，它在不同的伪装下被概念化，成为技术、工具理性、生命政治的统治，成为'被管控的世界'"。① 尽管希特勒时代早已远去，但国家"管制网络"在个别区域依然盛行。巴以冲突之下的约旦河西岸，并未被视为一个正常而祥和的国家，在齐泽克看来，他们只是一群受到"系统性管制"的"赤裸生命"。因为巴以冲突使巴勒斯坦人沦为"神圣人"，并使他们接受成文或不成文的"管制网络"，也正是这样的"管制网络"，剥夺了他们作为政治共同体成员的自治权。

"9·11"恐怖袭击事件的爆发，为西方国家管制网络的建构提供了借口。西方国家纷纷以"反恐"为由，建构了渗透到整个国家机体的管制网络，美国 TIPS② 的酝酿即是最好的佐证。该计划将出租车司机、白领、清洁工、快递员、花匠乃至流浪汉、乞讨者等都纳入整个体系之中，他们可通过电话、邮件、信件等各种方式对一切恐怖主义嫌疑人员进行举报。TIPS 将整个社会的所有人员动员起来，编织了一张密不透风的"管制网络"，它将生命控制推向了极端。因为那些生活在底层的民众原本就是"至高权力"所控制的"赤裸生命"，只不过当代西方统治阶级以打击"恐怖主义"为幌子，不仅将这种密不透风的监控行为公开化及合法化，更将民众"动员"起来进行相互监视和相互告发。最终，民众不仅成为"至高权力"的利用之物，更成为整个"管制网络"的受害者。当前，甚嚣尘上的自由主义"去管制化"，早已被"反恐战争"的狂欢声覆盖。齐泽克认为随着自由主义"去管制化"的逐步形成，国家并未呈现出萎缩的局面，反而被反恐战争进一步强化。当前那些镇压性的、意识形态性的全部国家机器，正在进行着前所未有的社会动员，"这不正是我们所耳闻目睹的现实吗?"③ 时至今日，反恐战争仍在持续，而国家管制网络依然大行其道，国家体制对生命的控制也丝毫未有松懈，且随着恐怖主义活动的猖獗而不断地加剧。

此外，"体制"失调常常导致生命管制的加剧。"体制"是经济发展的产物，在其运行过程中存在着诸多协调性的矛盾，它的"失调"将造成原

① 〔斯洛文尼亚〕斯拉沃热·齐泽克:《伊拉克:借来的壶》，涂险峰译，生活·读书·新知三联书店，2008，第151页。

② TIPS 是恐怖主义情报及其防御系统的英文缩写，它是一个用来报告可疑活动以及与恐怖主义潜在相关活动的国家系统。参见〔斯洛文尼亚〕斯拉沃热·齐泽克《伊拉克:借来的壶》，涂险峰译，生活·读书·新知三联书店，2008，第45~46页。

③ Slavoj Žižek, *Welcome to the Desert of the Real!*, London·New York: Verso, 2002, p.148.

有治理秩序的混乱，进而引发社会管制的多重叠加，并最终导致生命管制
的加剧。

首先，体制运行滋生了不可化约的矛盾。尽管"体制"的诞生对社会运
行及国家治理而言具有一定的必要性，但不可否认它的僵化将导致诸多矛盾
的滋生和积累。"体制"是一个复杂的结构系统，它并不能随经济发展的变
化而及时地做出相应的调整，因此它具有严重的封闭性与滞后性。尤其是
"体制"在长期运行过程中，生产了大量不可化约的结构性矛盾，其负面作
用更为凸显，加剧了生命管制，进而引发了民众的抗议和唾骂。

其次，"至高权力"对"体制"的破坏，导致生命管制进一步恶化。
"体制"是"至高权力"基于生命统治需要而建构的，并被应用于国家治
理的制度。它有着一定的能动性，又常常反作用于权力主体。建构"体
制"的统治阶级未曾打算服从于"体制"的约束，因此他们又成了"体
制"的破坏者。他们基于个人意志和统治需要，往往对"体制"进行无休
止的冲撞或破坏，造成"显性体制"的弱化，并导致"隐性体制"横行。
"正如米勒自己的描述所表明的那样，个人生活继续由匿名的、不透明的
制度所支配"，① 这不仅造成了"体制"内部的严重分化，催生了"体制"
破坏者与"体制"捍卫者之间的对立，更激化了"体制"内部的矛盾，使
得生命管制进入无序状态，导致生命管制进一步恶化。

最后，"体制"异化成"打击"工具。尽管"体制"因"治理"需要
而生，但这种"治理"不仅仅面向广大民众，甚至连统治阶级也受其限
制。然而，"体制"异化导致了其"约束"功能的选择性发挥，进而使
"体制"沦为一种政治上的"打击"工具，这不仅造成了"体制"的严重
失调，更导致了传统生命管制的持续恶化。

二 全球化对生命的管制

齐泽克对当代全球化的语义指涉进行了全新的诠释，并认为它是一种
全球性的宏观体制。当代全球化实际上是一种由西方国家所主导的全球

---

① 〔斯洛文尼亚〕斯拉沃热·齐泽克：《视差之见》，季广茂译，浙江大学出版社，2014，第
421 页。

化，而不是属于"第三世界"广大民众的全球化，也不是属于那些被"至高权力"排除在资本主义世界之外当代"赤裸生命"的全球化。因此在齐泽克看来，当代全球化不仅阻碍了"人"的流动的自由，而且还生产了大量的"过度之物"，从而造成了生命管制的进一步加剧。

（一）全球化对"人"流动的控制

当代西方话语叙述之中的全球化，主要是指资本主义的全球化，它是资本主义体制发展的必然。资本主义全球化的巨大影响曾引起马克思的关注，在他看来资本主义全球化发展已经深刻地改变了世界的格局。当然，今天全球化的语义指涉，已不再限于对社会发展的一种"趋势性"理解，也不仅仅囿于经济维度上的理解，它已经成为一种蕴含着政治、经济、文化等多重内涵的宏观"体制"。随着WTO（世界贸易组织）、欧盟等国际组织的活跃，全球化已经成为一种影响世界发展的重要宏观"体制"。齐泽克通过对当代全球化的考察，发现它已经建造了分裂的"围墙"，即先将一部分人围在"墙内"，而后又将另一部分人隔在"墙外"。他从欧洲对中东难民和北非移民的态度之中看到了当代全球化的真相，即"建立新的壁垒，保卫繁荣的欧洲，以阻止移民洪水般地涌入"。[①] 自由流动是当代全球化所宣扬的基本精神，然而欧盟酝酿建立一支全欧边界警察部队，以确保欧盟领土与外界的隔离，并以此阻止移民涌入。这使齐泽克找寻到"自由流动"的实质，它是"物"（即商品）在自由地流通，而"人"的流动则越来越受到控制。当"自由流动"仅是指"物"的自由流通而非"人"的自由流动之时，所谓的"自由"也已荡然无存。

当代全球化所造成的这种流动格局，不仅是强大"体制"管制的结果，也是资本主义全球化对"赤裸生命"进行奴役的体现。全球化对"人"流动的控制，是资本主义国家机器作用发挥的体现，同时也揭示了资本主义全球化的"物化"实质，其导致了"围墙"内外人的生存境遇的鲜明分化。在齐泽克看来，当前这种分化正进一步走向恶化，"围墙"已经成为贫富两个社会之间的分水岭。一端是数以亿计贫困不堪的人，在想尽一切办法冲破"围墙"对"流动"的限制；另一端是以民主自诩的西方

---

① Slavoj Žižek, *Welcome to the Desert of the Real!*, London · New York: Verso, 2002, p. 149.

社会，正在到处建造各种"围墙"，以强化对"流动"的控制。当代全球化对"人"流动的控制还造成了新的地域隔阂，致使宗教极端主义、极端民族主义、左翼激进主义等各类"主义"滋生，激化了地区之间的矛盾，最终导致生命管制进一步恶化。

（二）全球化造成资本主义的"超我过度"

资本主义的生产具有异己性，是"双重生产"的辩证统一。它不仅生产塑造着自身，还生产着抵抗自身的力量，正如马克思和恩格斯在《共产党宣言》中所言，"它首先生产的是它自身的掘墓人"。[①] 显然，全球化不仅推动了资本主义的蓬勃发展，也生产了自身的"过度"（或者剩余），而这种"过度"是其自身结构所固有的产物，失业、恐怖主义、贫富差距等都是它的"过度"。齐泽克将当代所有斗争的原因归咎于资本主义制度。如他所说，资本主义的"普世性"不仅是自在的，它还是自为的，"作为那股巨大而真实的侵蚀性力量，它逐渐损害了所有特殊的生活世界、文化、传统，它撕裂它们，并将其卷入自己的旋涡之中"。[②] 齐泽克将贫民窟里的贫民、边缘化的劳动者、多余的公务员等视为"发展""现代化""世界市场"之类口号的真正"征兆"，且认为他们是全球资本主义内在逻辑的必然产物。

此外，齐泽克还将法西斯主义、恐怖主义及各类极端主义的诞生，归咎于资本主义全球化对其"过度"的激活。第一次世界大战结束以后，西方资本主义世界为了实现对新生苏联红色政权的"剿灭"，进行了世界性的联合，并甘愿冒险，试图利用法西斯主义来对抗苏联。正如齐泽克所指，西方世界"以法西斯主义为掩护，激活了自身可憎的过度"。[③] 然而，这种"过度"变得如此强大，以至于威胁到资本主义自身，从而迫使资本主义与苏联进行合作，联合起来共同对抗法西斯主义。在齐泽克看来，塔利班原本是资本主义用来打击苏联"共产主义"的产物，只不过后来变成了反对自身的敌人，成了资本主义的一种"超我过度"，以致后来美国需要发动阿富汗战争来消灭这种"过剩"。巴拿马的曼努埃尔·安东尼奥·

① 《马克思恩格斯选集》第 1 卷，人民出版社，1995，第 284 页。
② Slavoj Žižek, *Violence: Six Sideways Reflections*, New York: Picador, 2008, pp. 155-156.
③ Slavoj Žižek, *Welcome to the Desert of the Real!*, London · New York: Verso, 2002, p. 54.

诺列加也曾是这样一种"过度",他曾是美国中情局（CIA）的特工，为美国提供情报服务，但后来又成为美国不惜用武力去消灭和打击的"眼中钉"。可见，当代资本主义各种"过度"的膨胀，促使全球资本主义体系正在接近一个"天启的零点"。只不过，近年来的全球化发展，使得对这些"过度""消灭性的运动"也上升为一种全球性"斗争"，进而全面地激活了资本主义的全球化体系，并引发了反恐战争，最终导致生命管制在全球范围内的进一步加剧。

三 "改革社会"："体制"管制的解除

"体制"管制是由西方社会结构运行所导致的结果，因而其消除的关键在于"改革社会"。在齐泽克看来，所谓"改革社会"是一个对社会结构重新生产的过程，且具有哥白尼式革命的特征。这也就意味着齐泽克所言的"改革社会"并非一个对原有社会进行细枝末节修补的过程，而是一种对原有社会进行"激进性改变"的运动。因此，"改革社会"必然需要推动当前社会"坐标"的改变，并需要对西方主导的全球化进行重塑，以使其变得更加"全球化"。

（一）社会"坐标"的改变

我们正处在社会发生激烈变化的前夜，"因为生产领域正在发生着史无前例的变化，而政治领域却依然僵持不前"。① 显然，新的生产力格局和新的生产关系正在形成，而旧的"体制"也开始走向瓦解。在齐泽克看来，西方资本主义体制恶贯满盈，是无法"同化"的外来之物。

西方资本主义体制具有强大的生命力，它能够通过不断地自我革命来再生产自身。一方面，它能够将"限制"变为"挑战"。齐泽克曾以当前的生态危机为例，由于资本主义能够把每一个限制它发展的外在因素转变成新资本主义者投资的一个挑战，因此资本主义巧妙地将生态本身变成一个新的市场竞争领域，开发生产出更多的环保产品。另一方面，它通过慈善来延迟"体制"的消亡。慈善确实是一种延缓"体制"崩溃、化解社会

---

① Slavoj Žižek, *Did Somebody Say Totalitarianism?*, London·New York：Verso，2001，p.137.

危机的有效方法，它使受助者不再因生存而"抗争"，进而将"体制"矛盾转移到底层人民的目力之外。今天的资本主义已无法独立地再生产出自身，它需要借助一些非营利性的、经济之外的慈善来维持社会再生产的循环。

同时，资本主义社会还通过各类"过度"的生产来维持"体制"的顺畅运行。"恐怖主义"即是其典型的"过度"之物。近年来资本主义体制将"恐怖主义"及"反恐战争"进行了标签化，以利用它们来实施生命管制，这在"占领华尔街"运动中得到体现。这一运动背后对体制中某些元话语的否定，让美国国家机器深感猜疑和惧怕。美国特工机构和"反恐"部门也纷纷卷入对这些示威者的秘密监控之中，他们担心示威者会追随"华尔街抄写员"[①] 的行动，即以极端自我戕害的方式来表达对体制的不满，因为那才是资本主义体制最为惧怕的"恐怖主义者"。

生命管制的解除，单纯地依赖"体制"自身的净化是行不通的。正如齐泽克所认为的，在当前社会里对体制的抵抗，无法通过切实可行的"选择"来表现，也无法付诸意味深长的"乌托邦方案"来表达，这可谓一个无比悲哀的事实。因此，齐泽克提出"改革社会，使人们不因绝望而逃离自己的世界"。[②] 当然，齐泽克所言"改革社会"并不是一种针对原有"体制"的修补，而是一种另起炉灶式的激进性社会变革，它意味着社会"坐标"的真正改变。正如他对《现代启示录》的批评中所声称的，正是由于"体制"生产了自身的"超我过度"，因此我们不得不将其摧毁。齐泽克将"体制"管制的解除付诸社会的"激进性变革"，最终为生命自由的实现建构了一个可能性的空间。

（二）更加"全球化"

当代资本主义主导的全球化是一个充满了"过度"的宏观"体制"，诸如生态危机、粮食短缺、恐怖主义等"过度"的滋生，引发了齐泽克对其的批判。在发达的西方，"疯狂的社会行动遮蔽了全球资本主义的一成不变，

---

① "华尔街抄写员"是 19 世纪美国作家赫尔曼·梅尔维尔创作的短篇小说《抄写员巴特尔比》中的法律抄写员巴特尔比，他以绝对的消极抵抗即绝食来向华尔街说"我宁愿不"，他被誉为反抗华尔街的"孤胆英雄"。

② Slavoj Žižek, *Violence: Six Sideways Reflections*, New York: Picador, 2008, p. 104.

隐藏了'事件'的匮乏"。① 其言外之意,尽管西方社会近年来爆发了各种抗议、运动、骚乱,乃至"反恐战争",但是这丝毫没有触动"体制",更未能促使当代全球化改观。为此,齐泽克认为,现实的出路必须比资本主义更加"全球化"。当然,这个被齐泽克视为"出路"的"全球化",不同于资本主义主导的全球化,它是一个能够冲破现有全球化体制、适应于未来新的社会形态的"全球化",它意味着对现有全球化的激进性改变。

齐泽克将中东个别国家以宗教激进主义抵抗全球化,视为当代全球化进程中所存在的一种不可避免的现象。因为这种"地方的抵抗文化",并没有触及西方制度的根本,只不过是完满地契合了全球资本主义,帮助当地民众更好地适应全球资本主义。② 可见,将当代全球化的打破寄希望于宗教激进主义的抵抗无异于一种幻想。实际上,齐泽克对打破现有的全球化有着深入的思考。

首先,要以全球性的僵局为背景。齐泽克认为,要阐明和践行持久的、具体的政治方案,唯一的出路就是承认存在着一个全球性的、先验的僵局,因为"只有以那个不可化约的全球性僵局为背景,我们才能切实地解决那些具体的问题"。③ 齐泽克言外之意即要正视当前资本主义全球化已陷入僵局这个事实,并从这一"僵局"出发来寻找对策,否则,任何逃避或否认这一"僵局"事实的应对之策,都不能从根本上抓住全球化的问题之所在,最终难免陷入"行动"的盲目之中而徒劳无功。

其次,要抓住当代全球化的资本主义本质。在齐泽克看来,若只是关注发生在"第一世界"的资本主义异化、商品化、生态危机、新种族主义等话题是不够的,而只关注"第三世界"的贫困、饥饿、暴力等问题,也是虚假不实的。因为西方社会对生态危机、新种族主义、享乐主义、"第三世界"等话题的关注,转移了民众对社会基本矛盾的辩证审视,从而使民众批判的眼光聚焦于那些并非根本的问题之上。当然,齐泽克并非对生态危机、新种族主义、享乐主义、"第三世界"等话题毫无兴趣,只是当前在解除全球化管制的问题上,人们应当将视线聚焦在"制度"的根源之

①　Slavoj Žižek, *Welcome to the Desert of the Real!*, London · New York: Verso, 2002, p.7.

②　〔斯洛文尼亚〕齐泽克:《福山不再是福山主义者》,赵超译,转引自 https://www.sohu.com/a/241287614_732916。

③　Slavoj Žižek, *The Parallax View*, Cambridge, MA: MIT Press, 2006, p.265.

上。因此我们应当采用整体性辩证法，对当代全球化进行整体观照，要避免"体制"自身对"抵抗"的转移，以抓住当代全球化的资本主义实质。

最后，将抵抗转化为全球性的计划。齐泽克指出，除了组织反对资本主义的众多阵地，我们还需要做得更多，我们需要把这种抵抗转化成一个更具全球性的计划，"否则我们就只是在创造常规性的步骤，只能控制资本主义最坏的剩余"。① 齐泽克建议人们应当将抵抗行动组织更加普遍化及全球化，因为资本主义全球化是一种世界范围内的全球化，因此抵抗它的力量也应当率先成为一种全球性的行动，否则局部力量的抵抗不但难以撼动当代全球化的根本，而且还会被全球化化约。最终，齐泽克呼吁一场全球性力量的组织及联合，使人们能够彻底地打破现有的资本主义全球化，建设一个真正属于广大民众的、全新的"全球化"。

综上所述，齐泽克不仅为当代全球化的打破创造了可能，而且为新的"全球化"奠定了基础。尽管齐泽克未曾对新的"全球化"做出更多的解释，但他有关建构一个隶属所有人且能够让"人"自由流动的全球化之主张，已实现了对当代资本主义全球化的体制性突破，进而为生命管制的解除创造了实践上的可能。

第四节　"债务"对生命的控制

在当代西方社会，资产阶级鼓吹每一个工人都能够成为"自我资本家"，② 即在投资决策上拥有自由意志的人，但是工人除了被冠以这一荒诞的称呼之外，他们的经济状况没有得到实质性的改变，他们在教育、住房、健康等方面"投资"的实现，"唯一途径就是举债"。③ 吊诡的是，当债务临期，以银行家为代表的资产阶级并不关心债务能否收回，而是一味地诱导工人通过持续地贷款来维系当下的"投资"与消费。工人不再顾虑

① 〔斯洛文尼亚〕斯拉沃热·齐泽克、〔英〕格林·戴里：《与齐泽克对话》，孙晓坤译，江苏人民出版社，2005，第157页。
② Slavoj Žižek, *Event: A Philosophical Journey Through a Concept*, London: Melville House, 2014, p. 161.
③ Slavoj Žižek, *Event: A Philosophical Journey Through a Concept*, London: Melville House, 2014, p. 161.

偿还能力，而是通过不断地举债来维系眼下的享乐与狂欢。最终，"债务"成了永远收不完且无法得到清算的"债务"。这种由资产阶级诱导所产生的、陷入了恶性循环并充斥着荒谬的"债务"，[①] 已经不属于正常的借贷行为，而是被资产阶级赋予了生命政治意义。齐泽克通过对这种"债务"的观察，揭示了"债务"的实质和危害，并探析了"债务"的清除，为当代资本主义批判和生命自由的实现提供了行动指南。

一 造就"永久性的依赖和从属"

在当代资本主义社会，资产阶级对"债务"的热忱，绝不仅仅是为了"钱生钱"，利息赚取只是他们的显性追求，隐藏在"债务"背后的是其险恶用心，即旨在发挥"债务"的生命政治功能。也就是说，资产阶级意在通过"债务"实现对"自我资本家"的牢牢控制。在齐泽克看来，"债务"如同"控制与支配的手段"，实质上已经成了"控制和管理借贷者的工具"。[②]

"债务"掠夺工人的"未来"。西方资本主义鼓吹的"债务"，尽管展现出显性的剥削，即约定贷款人需要支付的利息，但是它依然遵循了西方的契约精神，并以工人的"信用"为基础。当然，这种信用以工人"未来"的收入为前提，即工人需要将未来一段劳动时间的工资作为支付保障。这从经济剥削上升到对工人"未来"一段劳动时间的掠夺与控制。"自我资本家"的"消费"快感，很快就被"债务"带来的压力所驱散。工人表面上获得了面向自我"投资"的自由，但是他们依然生活在战战兢兢之中。资本主义代表与工人十分清楚，当下工人并不具备超额消费的支付能力，甚至也不具备借贷的偿还能力。那么，工人能够拿来作为"质押物"的只能是自己的"未来"，即"自我资本家"在未来的劳动所得，最

---

① 同样的"游戏"，在国与国之间，尤其是西方国家与落后国家之间不断上演。西方国家引诱"第三世界"国家不断举债，吊诡的是，西方明明知道这些巨额债务已经大大超出了"第三世界"国家的偿还能力，还是鼓动着落后国家超额举债，显然这些债务已陷入恶性循环。需要说明的是，这里所言的"债务"，绝非人们在日常经济活动中，以及各国经贸交往中的正常借贷行为，而是一种被注入了资本主义政治意识、充满荒谬、恶性的"债务"。它不仅逾越了纯粹的经济学范畴，而且在其背后隐藏着资本主义险恶的政治用心。

② Slavoj Žižek, *Event: A Philosophical Journey Through a Concept*, London: Melville House, 2014, pp. 162-163.

终资本主义与工人达成了延期偿还的契约。作为债权人的资本主义获得了控制"自我资本家"未来经济的权力，进而实现对工人未来的控制。而作为债务人的工人，获得了一时疯狂消费的资金与机会，只不过狂欢过后，他们很快陷入忐忑不安之中，不仅无法理性地面对当下，而且还赌上了自己的未来。在齐泽克看来，"自我资本家"的忐忑，"因为那施加在他（她）身上的虚假的选择自由，恰恰构成了其被奴役的形式"。① 资本主义意在未来收回债务，并获得巨额利息，更旨在通过债务维系生命统治的权力。他们在乎"债务"，更在乎掠夺工人"未来"的权力，这恰是当代资本主义所设计的债务模式的真实意图所在。随之而来的问题是，"债务"能否在未来被偿还或者被清除。显然，在资本主义"债务"体系的设计中，未曾计划过清账的时刻，因为清账之时，整个体系将随之崩溃，所以"欠下的债务/借贷永不能被清除"。② 对工人而言，他们不仅当下没有偿还的能力，即便未来也不确定是否具备偿还能力，他们不仅当下遭受"资本"的盘剥，而且还搭上了"未来"。所谓的"自我资本家"只是资本主义精心谋划的一种欺骗，工人从来都没有属于自己的"资本"，何以真正成为"自我资本家"？

"债务"造成难以摆脱的"恶性循环"。"债务"的经济学逻辑体现在资本主义对"本金"与"利息"如期收回的关切，以及工人对"贷款"早日偿还的欲求，而在"关切"与"欲求"的背后隐藏着经济利益掠夺，以及生命控制的实质。一旦借债人信用崩塌，资本考虑的将是如何尽可能地止损，而"自我资本家"关注的则是如何通过破产尽可能地减轻债务。以上逻辑从政治经济学进行分析，"就在于给出一个能够走出当前债务与罪恶的恶性循环的策略"。③ 而现实充满了戏谑，资本主义与其所构想的"自我资本家"早已陷入无法自拔的怪圈，二者都难以摆脱"债务"的"恶性循环"。一方面，资本主义丧失了投资的理性，不顾借债人无力偿还的现实，疯狂地借债出去，尤其是当债务到期之时，资本主义并不是在考虑如何尽可能快地止损，而是考虑着怎样通过延期来吸引债务人继续举

①　〔斯洛文尼亚〕斯拉沃热·齐泽克：《事件》，王师译，上海文艺出版社，2016，第214页。

②　Slavoj Žižek, *Tarrying with the Negative*: *Kant*, *Hegel*, *and the Critique of Ideology*, Durham: Duke University Press, 1993, p. 78.

③　〔斯洛文尼亚〕斯拉沃热·齐泽克：《事件》，王师译，上海文艺出版社，2016，第214页。

债；另一方面，"自我资本家"在消费主义与享乐主义的鼓动下丧失了消费的理性，他们通过疯狂举债来支撑短暂的享乐和消费。一旦债务临期，他们考虑的不是如何偿还，而是如何继续举债，以满足享乐的需求。显然，无论是资本主义还是"自我资本家"都陷入吊诡之境。他们的"非理性"体现出一个残酷的现实：资本主义对债务人生命控制的关注远大于对"资本"回收的关切，而"自我资本家"追求"享乐"的背后，隐藏着难以摆脱的痛楚，"大他者（剥削我们的系统）征用我们（前者的对象）的享乐，我们服务并供养'系统的享乐'（这种剥削的意味完全来自弗洛伊德-拉康视角）"。① "自我资本家"短暂"享乐"的代价是失去了"未来"，也失去了"自由"，而资本主义却在疯狂地消费这种"享乐"，最终"自我资本家"越是没有偿还债务的能力，资本主义越是热情地借贷给他。随着"债务"的无限延期，资本主义不再能够收回债务，"自我资本家"更无法获得生命自由，形成了一种难以摆脱的"恶性循环"。当然，难以摆脱的还有资本主义控制的欲望，以及永远无法清除的"债务"。

"债务"导致永久性的依赖和从属。既然"债务"是无法被偿还也无法被清除的，那么资本主义为什么还在持续地放贷？显然，其真正的目的已不再是攫取利息。在齐泽克看来，"它的目标在于造就一种无限持续的债务，从而使负债者陷入永久性的依赖和从属地位"。② 当资本主义与"自我资本家"陷入难以摆脱的恶性循环时，持续地放贷与"债务"的无限延期是维系当前政治局面不被打破的唯一之举。"债务"变成了"无限持续"的债务，而这种"无限持续"是保持政治局面不变的唯一选择，也是资本主义不得不追求的，因为正是这种"无限持续"的债务实现了对"自我资本家"长期的控制，从而产生了一种奇怪的景观，即当债务人提出提前偿还债务时，作为债权人的西方资本主义表现出无比的震惊和慌乱。资本主义的恐慌绝不是因为债务的提前偿还造成了利息的减少，而是一旦债务得到了清除，不仅将失去对工人的控制，而且还将丧失对工人"未来"的掠夺。所以，资本主义持续地放贷，助长了"无限持续"的债务的增加，使"自我资本家"陷入无节制娱乐和消费主义的狂欢之中，变得麻木不仁。

---

① Slavoj Žižek, "The Libidinal Economy of Singularity," https://thephilosophicalsalon.com/the-libidinal-economy-of-singularity/.

② 〔斯洛文尼亚〕斯拉沃热·齐泽克：《事件》，王师译，上海文艺出版社，2016，第216页。

"无限持续"的债务桎梏了作为借债人的工人，尤其是资本主义那种不计偿还的持续性放贷，助长了他们举债的欲望。当"自我资本家"通过持续地举债而能够满足长期的享乐之时，那么马克思所言的"劳动是一切财富和一切文化的源泉"，[①] 将不再对他们发挥积极性的思想引导作用。举债成了债务人的日常，也成为他们无法丢弃的欲望，最终使他们沉迷于"债务"而无法自拔。"自我资本家"对"债务"的过分依赖与从属，遮蔽了其劳动者的真实身份，并最终陷入资本主义精心营造的意识形态骗局之中。尽管"债务"是无限持续的，但是构成它的"实体"丝毫没有改变，也就是说，"债务"将一直存在，即便它一直没有得到偿还与清除，而建构在"债务"之上的消费与享乐并不能够长久与持续，"自我资本家"的麻木不仁助长了资本主义对其的长期盘剥及控制。在一定意义上，资本主义与"自我资本家"都陷入永久性的依赖和从属，即资本主义依赖"放贷"，"自我资本家"则依赖"债务"，而隐藏在依赖和从属背后的是一种十分隐匿的生命控制。当然，这是当代资本主义所追求的，也是"自我资本家"所刻意淡忘的。

二　阻止"真正事件"的创生

在欲望的驱使下，资本主义与"自我资本家"任由"债务"持续增长。这些"债务"构筑了一道隐性的壁垒，引诱着"自我资本家"沉溺于过度的狂欢，并抑制了他们"改变世界"的激情，正如齐泽克所说，"这种看不见的壁垒似乎一次又一次地阻止着新事物的崛起与真正事件的创生"。[②] 这里所谓的"事件"，"总是某种以出人意料的方式发生的新东西，它的出现会破坏任何既有的稳定架构"。[③] 齐泽克将"事件"视为"一个激进的转捩点"，[④] 而转捩点降临之际，也是"新世界"创造之时。显然，

---

① 《马克思恩格斯选集》第 3 卷，人民出版社，2012，第 358 页。
② Slavoj Žižek, *Event：A Philosophical Journey Through a Concept*, London：Melville House, 2014, p. 161.
③ Slavoj Žižek, *Event：A Philosophical Journey Through a Concept*, London：Melville House, 2014, p. 7.
④ Slavoj Žižek, *Event：A Philosophical Journey Through a Concept*, London：Melville House, 2014, p. 159.

阻止"真正事件"的创生才是"债务"的实质性危害所在。资产阶级利用精心营造的"债务",扑灭了无产阶级革命的烈火,不仅使"旧秩序"无法被摧毁,而且使"新世界"无法被创造。

"债务"禁锢了人们"改变世界"的激情。作为债务人的"自我资本家",随着"债务"的不断递增而走上了一条浑浑噩噩的道路。在弗洛伊德的精神分析看来,"主体"越是顺从其要求,越是感到内疚。这似乎表明,债务人越偿还不了债务,"负罪感"越加深重。但"自我资本家"已经挣脱了"超我"的束缚,他们承认"债务",但是没有丝毫的愧疚感,他们摆脱了"超我"的压力,陷入浑浑噩噩与麻木不仁的状态之中。当然,这里的"超我"并不是真正意义上的道德判断,而是一种"负罪感"。"自我资本家"的愧疚感源自无力偿还"债务",源自对借贷契约的违背,尽管这一借贷自始至终充满着剥削。这样看来,资本主义的持续放贷,助长了"自我资本家"债务的不断增长,前者越是爽快,后者越有"负罪感"。事实上,"自我资本家"已经走出了"超我"的悖论,他们越来越享受"债务"所支撑的各种疯狂的消费性投资,越来越沉溺于"享乐",从而蒙蔽了自己的双眼,渐渐地忘却了马克思和恩格斯赋予其的"改造者"角色。当然,资本主义的肆意放贷,加速了"自我资本家"的沉沦,这是资本主义所欲求的,也是"自我资本家"所未曾抑或不愿感知的。尽管"自我资本家"摆脱了"超我"的束缚,不再屈服于"债务"的压力,但是他们很快为"欲望"所俘虏,而这种"欲望"恰是资本主义意识形态精心编织的。因此,"自我资本家"为"欲望"所奴役,而"欲望"又为"自我资本家"所控制,所以"工人是资本的一个附件",① 并始终为"资本"所控制。"自我资本家"摆脱了"超我"的压力,而陷入"本我"的泥淖,放纵了自己的"欲望",结果丢失了"自我"。在齐泽克看来,这恰是一个"去主体化"的过程,意味着"自我资本家"逐渐丧失"主体"的角色,而变成了"欲望"的奴隶,沦为了"债务"的奴仆。"自我资本家"看起来是自由的,遵循了"本我",而这种自由恰恰掩盖了"资本"对其的隐性控制,因而"自由"的表象遮蔽了"不自由"的真相。"自我

---

① Slavoj Žižek, "The Libidinal Economy of Singularity," https://thephilosophicalsalon.com/the-libidinal-economy-of-singularity/.

资本家"的沉沦，导致了其主体性与创造性的丧失，他们沉迷于虚假的自由与疯狂的享乐，不再拥有"改变"的激情与冲动。

"债务"使资本主义"享受主体失败带来的快感"。① 在"债务"的恶性循环中，作为债权人的资本主义，扮演了一种施虐者的角色。其不再单纯地追求利息，而是热衷于看到"自我资本家"因无法偿还债务而产生的挫败感，也就是说他们沉迷于"享受主体失败带来的快感"。当然，隐匿于"快感"幕后的是资本主义无耻的贪婪。资本主义以放贷助长了"自我资本家"的沉沦，推动了其从"自我"滑向"本我"，任由其放纵"欲望"。与"自我资本家"的快感源自过度的狂欢和消费不同，资本主义的快感恰恰源自"自我资本家"的沉沦与负罪感。显然，资本主义是变态的，它丝毫没有担忧"债务"无法按期收回，而是从"主体"失败后的创伤中获得快感；资本主义是疯狂的，它以持续放贷与"债务"的无限延期为手段，牢牢地控制着整个社会局面。这种变态与疯狂阐释了当代资本主义一个鲜为人知的征兆，那就是资本主义统治的范式发生了改变。过去，资本主义常常以内在化的法律或禁令去遮掩一切针对工人的强制性行动或规训，而现在"它采用了一种催眠机制的形式来强制推行'屈服于诱惑'的态度"。② 在齐泽克看来，"它的命令归结为一个要求：'尽情地享乐'"。③ 在娱乐至死的资本主义社会，消费主义与享乐主义思潮的泛滥，导致"尽情地享乐"盛行，而沉溺其中的"自我资本家"已经迷失了方向，成为这种意识形态的傀儡。因而贪婪的资本主义并没有急于做出改变，它们不仅已经从无限延期的债务中，从"自我资本家"的挫败中获得了快感，而且还从"尽情地享乐"的意识形态编织中获得了对"自我资本家"的生命控制权。

资本主义的"改变"是为了社会的不变。为了摆脱"债务"的恶性循环，资本主义做出了继续放贷和延期"债务"的"改变"，这些举措看起来似乎改变了"债务"到期面临的糟糕局面，但实质上并没有改变"债

---

① 〔斯洛文尼亚〕斯拉沃热·齐泽克：《事件》，王师译，上海文艺出版社，2016，第215页。

② 〔斯洛文尼亚〕斯拉沃热·齐泽克：《快感大转移——妇女和因果性六论》，胡大平、余宁平、蒋桂琴译，江苏人民出版社，2004，第15页。

③ 〔斯洛文尼亚〕斯拉沃热·齐泽克：《快感大转移——妇女和因果性六论》，胡大平、余宁平、蒋桂琴译，江苏人民出版社，2004，第15页。

务"与日俱增的现实，也没有触及变革社会秩序与社会结构这个根本。因而，齐泽克指出，"在资本主义内部，事物的不断变化正是为了使一切保持不变"。① 不难理解，资本主义作为"至高权力"，无论是延期"债务"，还是继续放贷，都是为了维系社会结构与社会秩序的稳定，继而巩固现有的生命统治。它十分清楚"债务"控制范式的改变将导致社会结构的崩塌，并诱发社会变革的狂潮，因而它发起的所有行动乃至"改变"，都意图打压任何真正改变的发生。所以，资本主义不计利息回报，不顾"自我资本家"无力偿还，阻止银行破产，恐惧债务人提前还款，可谓"负债的过剩已经公然达到了荒谬的程度"，② 以致"许多债务在丝毫不考虑借债者偿还能力的情况下被发放出去"，③ 资本主义将"债务"推向万劫不复的深渊，并担心"转捩点"的降临，畏惧"事件"的爆发。可见，资本主义以"改变"维系了"债务"的循环，哪怕是一种恶性的循环，意图牢牢控制"债务"，从而阻止"真正事件"的创生。那么，资本主义是否具备长期控制恶化了的"债务"的能力？"自我资本家"是否一直沉溺于浑浑噩噩与麻木不仁的状态而不再觉醒？显然，"债务"不可能被无限地延期下去，"自我资本家"也不可能昏睡不醒，因而尽管资本主义在不断地做出虚假的"改变"，但是真正的改变迟早会因"债务"危机的爆发而到来。正如马克思和恩格斯在《共产党宣言》中所断言的那样，"资产阶级的灭亡和无产阶级的胜利是同样不可避免的"。④

三 "回溯性地撤销"："债务"控制的解除

尽管"债务"被资本主义赋予生命控制的功能，但是"债务"的实体并没有被剥夺，"债务"的经济形式也没有发生变化，"债务"仍然是债务，即便它已经陷入难以挽回的恶性循环。当然，这种恶性循环不可能无限期地持续下去。一方面，资本主义的内部斗争与改变从未有过止息，它的逐利本性决定了不可能持续地放贷下去，而不顾偿还与利息；另一方

① 〔斯洛文尼亚〕斯拉沃热·齐泽克：《事件》，王师译，上海文艺出版社，2016，第212页。
② 〔斯洛文尼亚〕斯拉沃热·齐泽克：《事件》，王师译，上海文艺出版社，2016，第215页。
③ 〔斯洛文尼亚〕斯拉沃热·齐泽克：《事件》，王师译，上海文艺出版社，2016，第215页。
④ 《马克思恩格斯文集》第2卷，人民出版社，2009，第43页。

面，处于浑浑噩噩状态之中的"自我资本家"，在残酷的生命统治面前，有着省思生命处境的自觉，他们不可能永远沉溺于消费主义的狂欢之中。正如齐泽克所言："我们确实必须'清账'，必须偿还债务，并将体系拨回到其恰当、'自然'的根基上的时刻或早或晚终会来临。"① "债务"恶性循环被刺破之际，也是生命自由降临之时。那么怎样才能够刺破"债务"的恶性循环，进而解除"债务"的控制？在齐泽克看来，那就是"回溯性地撤销某件事，就像它从未发生"。② 所谓"回溯性地撤销"，并不止于回到"债务"发生之初去撤销"债务"，还要回到反思债务之所以诞生的体系性成因，进而撤销这一制度。因而，"回溯性地撤销"是一种革命性的活动，也是彻底清除"债务"的无奈选择。如何打破"债务"的恶性循环，从而将"自我资本家"从"债务"的桎梏中解救出来？概述如下。

第一，摒弃"伟大觉醒"的神话。在齐泽克看来，"我们应当首先摒弃那个'伟大觉醒'的神话"，③ 因为那种认为在某个时刻无产阶级会集聚起足够力量给资产阶级致命一击的传统革命观念，已经难以适应当代工人解放运动的发展，也难以发挥鼓舞人心的意识形态作用。时代在不断地发展，资本主义也发生了巨大的变化，资本主义生命统治的手段与方式也发生了改变。过去那种赤裸裸的暴力性统治及规训自20世纪下半叶开始悄然退居幕后，而如债务性控制等隐匿性的手段纷纷出场。显然，资本主义世界的生命控制变得越来越隐蔽，到了不为人所察觉的地步。"债务"不仅淡化了资本主义的剥削、压迫及统治，也大大降低了爆发"阶级对抗"的可能。在"债务"的隐匿性控制面前，作为"自我资本家"的工人或贫民要么浑然不知，要么"无力"反抗。这种浑然不知，确证了"债务"控制的隐秘性，也揭示了当代资本主义生命统治范式的悄然改变，同时也说明了资本主义意识形态的"胜利"，以至于"自我资本家"沉溺于它所营造的消费主义狂欢和虚假的享乐之中而不自知。而所谓的"无力"反抗，展现了"自我资本家"的无助，以及影响力的弱小。这不仅是因为资本主义统治系统的强大，而且还因为革命主体发生了变化。在齐泽克看来，尽管

---

① Slavoj Žižek, *Tarrying with the Negative*: *Kant, Hegel, and the Critique of Ideology*, Durham: Duke University Press, 1993, p.78.
② 〔斯洛文尼亚〕斯拉沃热·齐泽克：《事件》，王师译，上海文艺出版社，2016，第192页。
③ 〔斯洛文尼亚〕斯拉沃热·齐泽克：《事件》，王师译，上海文艺出版社，2016，第217页。

工人的数量自 20 世纪 70 年代以来得到了快速增长，但是"工人阶级不再是一个阶级"，① 他们再也构成不了一个政治阶级，并不再作为一个整体性的力量存在，"工人仅拥有一种社会性和经济性存在——不再有一个无产阶级，而只有负债的诸个体，只对债务负责"。② 因此，那种认为从被剥削工人向债务个人的转变将引发阶级意识的观点，即"把受剥削的工人转变为意识到革命性角色的无产者"，③ 毫无实现的可能性。"债务"已经将工人个体化，工人被赋予债务人的属性，可谓"意识形态询唤主体，使后者变为（负债）个体"。④ 这些债务个体不再具有改变世界的激情，而是忙于偿还债务。由于召唤机制的短缺，他们难以像过去那样凝聚成一股团结的力量，从而给资产阶级致命一击。因此，我们需要摒弃过去的"觉醒"神话，重构"询唤"机制，以将"自我资本家"从麻木不仁的狂欢中叫醒，从而实现革命角色的转变，并担负起时代赋予的解放重任。

第二，询唤"全新的普遍性"。既然当代资本主义将工人变成了一个个负债的个体，那么有必要从黑格尔的"普遍性"（concrete universality）那里汲取教益，重构一种新的询唤"意识"，以叫醒沉溺于享乐主义狂欢之中的工人，使其重拾《共产党宣言》提出的"全世界无产者，联合起来!"⑤ 的教诲，凝聚成一个共同体。"普遍性"并非可有可无，例如"自由和进步作为某种普遍的倾向，是无法否认的"。⑥ 因此，齐泽克曾以反抗运动为例，随着运动的开展，人们越来越发现最初伸张正义的诉求是远远不够的，"在这些时刻，普遍维度自身被重新建构，一种全新的普遍性也呼之欲出"。⑦ 当然，被询唤的"全新的普遍性"不仅包含着人权、平等、民主，还蕴含着自由、幸福，乃至人之为人的一切"过度"之物。毋庸置

---

① Slavoj Žižek，"The Libidinal Economy of Singularity，" https://thephilosophicalsalon.com/the-libidinal-economy-of-singularity/.

② Slavoj Žižek，"The Libidinal Economy of Singularity，" https://thephilosophicalsalon.com/the-libidinal-economy-of-singularity/.

③ Slavoj Žižek，"The Libidinal Economy of Singularity，" https://thephilosophicalsalon.com/the-libidinal-economy-of-singularity/.

④ Slavoj Žižek，"The Libidinal Economy of Singularity，" https://thephilosophicalsalon.com/the-libidinal-economy-of-singularity/.

⑤ 《马克思恩格斯文集》第 2 卷，人民出版社，2009，第 66 页。

⑥ 〔斯洛文尼亚〕斯拉沃热·齐泽克：《突破可能性的极限》，季广茂译，福建教育出版社，2017，第 117 页。

⑦ 〔斯洛文尼亚〕斯拉沃热·齐泽克：《事件》，王师译，上海文艺出版社，2016，第 217 页。

疑，处于"债务"恶性循环之中的"自我资本家"，由于沉溺于西方意识形态的欺骗之中，错把西方营造的"享乐"当成自由，误把"债务"当成福利。因而，当下最为紧迫的任务是揭露西方消费主义的谎言，揭示当代享乐主义的陷阱，进而将这些长期以来处于浑浑噩噩状态之中的工人叫醒，使其认识到隐藏于"债务"背后的生命控制真相。当下，需要重新评估马克思主义提出的传统革命道路，并根据资本主义生命统治的现实，将一个个负债的个体转变成一种新的革命主体，尽管他们有着多元化的身份，但是在"债务"清除的目标上却达成了共识。当然，"这种全新的普遍性既非无所不包的容器，也不是各种力量妥协的结果"，①它是一种新的询唤机制，一种将一个个负债的个体改造成新的革命主体的意识形态。可见，齐泽克并没有彻底否定"伟大觉醒"，而是意图建构一种新的"启蒙"机制，引导"债务人"走上"觉醒"，从而续写一场彻底清除"债务"的革命传奇。

第三，改变"衡量指标"。任何打破"债务"恶性循环的行动，都将带来激烈的对抗。"债务"清除，无疑是一场激进性的革命。所谓的"激进"主要体现在将要彻底打破催生债务的资本主义制度，以及全新地改造"自我资本家"。而"革命"指涉阶级对抗，即革命性活动与资本主义强力镇压之间的激烈冲突，以及"自我资本家"的自我斗争与革命。诚然，在"回溯性地撤销"活动面前，资本主义不可能坐视不管，更不可能坐以待毙，它必然会动用各种国家机器进行疯狂的镇压与反抗。同样，那些长期以来沉溺于消费主义狂欢之中的"自我资本家"不会轻易地走出西方享乐主义的陷阱，而是需要遭受自我斗争的阵痛，历经解放的启蒙，才能完成革命角色的转变。实际上，"债务"清除是齐泽克所言的一个能够开启重塑社会进程的"事件"，"在事件中，改变的不仅是事物，还包括所有那些用于衡量改变这个事实的指标本身。换言之，转捩点改变了事实所呈现的整个场域面貌"。②"债务"清除不仅针对"债务"自身，而且还针对资本主义社会的整个场域，包含经济基础，也包括上层建筑，乃至作为革命主体的工人自身。不难理解，离开了这种激进性的"清除"，将无法改变资

---

① 〔斯洛文尼亚〕斯拉沃热·齐泽克：《事件》，王师译，上海文艺出版社，2016，第217页。
② 〔斯洛文尼亚〕斯拉沃热·齐泽克：《事件》，王师译，上海文艺出版社，2016，第211页。

本主义制度的根本，一切"回溯性地撤销"都将是空谈。在齐泽克看来，"真正的事件将会转变这个关于变化的原则本身"，①"债务"清除只是无产阶级革命性活动的一个导火索，一旦爆发，将会引起多米诺骨牌效应，从而点燃资本主义社会的革命烈火。因而，"债务"清除是一个改变"衡量指标"的过程，而"衡量指标"则是建构社会规则的要素。"衡量指标"的改变，意味着整个社会的革命，不仅指涉资本主义秩序的摧毁，也意味着新的社会秩序的确立。当然，这一新的社会，在齐泽克看来将是无产阶级追求的共产主义社会，也是一个不会有"债务"，更不会有债务性控制的社会。

可见，"债务"在当代资本主义社会走向了生命政治化。"债务"僭越了经济的边界，沦为生命控制的工具，也成为齐泽克视界中"革命"的导火索。无论是造就"永久性的依赖和从属"，还是阻止"真正事件"的创生，"债务"都因其隐匿性，掩盖了传统的阶级对抗。在齐泽克看来，人们需要付诸激进性的行动，去打破"债务"的恶性循环，进而摧毁资本主义原有的社会秩序。当然，"我们的行动不但创造着新的现实，更以回溯性的方式改变着其自身的条件"。②"债务"生命政治化的祛除，不仅打破了资本主义生命统治的范式，为新社会的到来创造了条件，而且为即将到来的革命活动生产了新的主体、新的询唤意识。齐泽克将"债务"的清除视为一种"回溯性地撤销"，意在对滋生"债务"的整个资本主义体系进行"格式化"。显然，这不仅在消除"债务"，而且还要摧毁支撑"债务"的整体社会体系。因此，齐泽克不仅要消除"债务"的生命控制，而且还要清除整个资本主义体系，继而构建一个没有"债务"且不再有各种各样"抽象性"控制的新社会，为生命自由的实现奠定社会基础。

以上，齐泽克从现实的"枷锁"出发，对"生命控制"较为典型的四种形式，即"数字化"控制、"意识形态"控制、"体制"管制、"债务"控制进行了深刻批判，为生命自由的当代诠释及认知提供了借鉴。齐泽克对资本主义社会"数字化""意识形态""体制""债务"的深邃认识和从"生命控制"视角进行的深刻解读值得赞许。然而，齐泽克的探讨依然存

_____

① 〔斯洛文尼亚〕斯拉沃热·齐泽克：《事件》，王师译，上海文艺出版社，2016，第212页。
② 〔斯洛文尼亚〕斯拉沃热·齐泽克：《事件》，王师译，上海文艺出版社，2016，第169页。

在着一些值得商榷和可进一步探究之处。

首先,内在的"枷锁"。齐泽克对现实"枷锁"的关注,主要体现在将问题聚焦在"数字化""意识形态""体制""债务"等层面,可谓皆是由外力施加于生命的束缚,而有关生命内在的"枷锁",即生命自我的控制,他却很少探讨。实际上,生命自我的控制主要是指生命的自我调节及规训,涉及心理的调适、情绪的控制、身体规训等多个方面。其中,身体规训是一种常见的自我控制的形式,它是由"自我"施加给肉体的一种约束,如为了身体的健康及美感而进行过度的体能锻炼。此外,欲望则是一种难以克服的心理活动,正如齐泽克所言,"欲望要求的往往要多于主体所需要的"。[1] 因此,如何摆脱欲望的控制是生命走向自由所必须克服的一大难题,法国思想家西蒙娜·薇依的有关主张给人们提供了借鉴。在她看来,只有当每一个个体自主地限制他或她的欲望时,人类之间的敌对才能被克服。此外,在生活实践中,生命还时常遭受到愤怒、悲伤、喜悦等各种心理情绪的扰乱及控制,因此生命自由的实现,还需要摆脱情绪的控制。然而,由于齐泽克关注视角的局限,他并未就以上话题进行深入的探讨,从而为"后齐泽克生命政治"的进一步研究提供了空间。

其次,生命自由的限制。齐泽克将生命自由的探讨置于"控制"的视域之下,他所言的"自由",并非一种毫无限制的自由,而恰恰有着一定的话语指涉。他主要意指将生命从外在的束缚之中解救出来,以摆脱外在的"过度"干预及控制。值得肯定的是,齐泽克对生命自由的理解依然建构在西方启蒙运动以来人类文明理性的基础之上,并对"自由"加以限制及规范,可谓它依然受到道德律令和法律意志的约束。可见,齐泽克的"自由"关注的是一种"限制"的"过度",而非抛弃"约束",进而给自由限制的追问提供了契机。既然齐泽克的生命自由有着一定的限制,那么在何种情况下限制、何种程度上限制、如何限制等命题应运而生。遗憾的是,齐泽克并未就其进行详尽的探讨及回答,从而为"后齐泽克生命政治"的探讨提供了空间。同时,齐泽克对生命自由的探讨主要建基于"现实"的生命场域之下,他对"自由"的理解及阐释必然受到时代的限制。因此,站在"现实"之外,即齐泽克所预设的"共产主义"空间,或其他

① Slavoj Žižek, *Violence: Six Sideways Reflections*, New York: Picador, 2008, p. 63.

社会空间，再来谈论生命自由，或许对"自由"有着更为多元的认识及理解。实际上，齐泽克对生命自由基于"控制"的探讨，为生命自由的当代诠释提供了典型的视角，同时我们也期待"后齐泽克生命政治"能够有更多元化的视角介入。

最后，生命自由的实现。齐泽克将生命自由的实现寄希望于"控制"的解除，不失为一种有益的探索。然而，当生命摆脱"控制"之后是否就拥有了自由，确实是一个值得进一步探讨的话题，这也是针对生命自由如何实现的追问。显然，齐泽克在生命自由实现道路的选择上对"激进性行动"有着偏爱，即便他主张的"数字社会化"，也是一种对原有社会化模式进行颠覆的"社会化"。实际上，齐泽克的"激进性"主张和传统马克思主义的思想一脉相承，马克思和恩格斯也曾对"现实人"的"自由"进行探索，并主张阶级革命及提高生产，且断言只有到了共产主义社会，生命的自由发展才能够真正地实现。然而，当我们跳出齐泽克的视界，不难发现生命自由的实现绝不只是摆脱现实的"枷锁"这般简单，也绝不只是付诸"激进性行动"就可实现。现实的辩难是，"激进性行动"的开展需要个体失去一部分自由，并服从于革命意志的安排，因此"激进性行动"本身即是一个"控制"施加的过程，可谓当主体刚刚摆脱了一种"枷锁"，而又陷入另外一种"控制"之中。在"激进性行动"降临之后，生命自由能否彻底实现？这也是一个充满着不确定性的命题。生命自由的实现应然有着多样化的路径及方式，因此齐泽克所主张的"激进性行动"并不是唯一的路径，它有待于人们在广泛的生命解放实践中去寻找和发现。可见，"后齐泽克生命政治"对生命自由的理解有着多种可能，因此在批判继承齐泽克思想的基础之上，其对生命自由实现的探索也充满无限的可能。

第五章　生命政治的生活实践

　　马克思主义哲学是一种生活的哲学，它的基本原理来源于生活，而又应用于生活。齐泽克秉承了马克思主义重视生活实践的精神，他试图通过日常生活中的行动来推动生命解放的实现，进而开启了生命政治走向生活实践的序幕。尽管齐泽克曾对"狂热革命"有过幻想，例如他拒绝"托勒密化"的修补而坚持"哥白尼式"的革命，但是在日常"行动"的选择上，他却立足于"现实人"的现实生活，并希望通过生活实践将生命解放的宏图大业化约成每日每夜的行动。因此，他建议"要鼓足力量将崇高的（乌托邦）想象转换成每天每日的身体力行"。[①]可见，生命解放的实现绝非一劳永逸，它需要以生活实践为路径，通过付诸日常行动来完成。当前，生命政治的生活实践建构在复杂的场域之下，难以避免面临着有关其实质、当前的"行动"、现实意义等学理追问，本章主要就以上问题做简要探讨，以裨益于当下。

第一节　生命解放的"增量式"实现

　　齐泽克生命政治生活实践的实质，是生命解放的"增量式"实现。生

[①]　〔斯洛文尼亚〕斯拉沃热·齐泽克：《伊拉克：借来的壶》，涂险峰译，生活·读书·新知三联书店，2008，第171页。

命解放是一个历史过程,它需要生活实践的"增量式"推进,而不是通过付诸一场乃至几场狂热的革命即可完成。正如齐泽克所言,"我喜欢日常生活中的改变,我不喜欢发生某个狂欢",① 因为在"狂欢"之后,我们往往又要回到那个腐败不堪的秩序之中。实际上,生活实践的"增量式"推进,注重"日常生活中的改变",强调通过"激进性行动"来取得阶段性的突破,以促进"断裂式革命"的发生。其中,"日常生活中的改变"的实质是一种"量变"的积累,而阶段性突破是指对传统社会结构的打破及超越。"断裂式革命"则意味着对原有"坐标"的改变,可谓一种"质变",而不再是"量"的积累。因此,生活实践"增量式"推进之"增量",是一种建构在阶段性突破基础之上的积累,而不是在原有状态之上"量"的叠加,它是一种"质"的积累,并以"断裂式革命"的发生为目标,旨在推动生命解放的最终完成。当然,齐泽克从生命现实境遇的观照出发,以生活实践为路径来推动生命解放的"增量式"实现,不仅为生命政治的开展奠定了基础,更为当前行动指明了方向。

一 "日常生活中的改变"

齐泽克所言的"日常生活中的改变"是指生活实践中的一种量变,它注重生命解放过程的渐进及平稳,并以"量"的积累为"激进性行动"的阶段性突破奠定基础。事实上,"日常生活中的改变"是生命政治生活实践与生俱来的特征,它强调通过"温和"的方式来推动生命解放事业的开展。当然,这种"温和"的方式,并非一种妥协,也绝非一种不彻底的"革命",这是齐泽克从列宁晚年笔记的反思中得到的启示。列宁早年对狂热革命充满着偏爱,并寄希望于通过激进性暴力来推动人类解放事业的完成。然而到了晚年,他对激进性的暴力革命进行了反思,在其生前的最后几篇文章中,"他开始探讨一种温和而务实的布尔什维克方针"。② 尽管列宁式的"温和"更多的是出于对"革命效果"和"解放进程"的反思,但也为"后列宁时代"生命解放的进一步探索提供了借鉴。

---

① 〔斯洛文尼亚〕齐泽克:《福山不再是福山主义者》,赵超译,转引自 https://www.sohu.com/a/241287614_732916。

② Slavoj Žižek, "Barbarism with a Human Face," *London Review of Books* 9 (2014).

　　齐泽克对"日常生活中的改变"的选择，主要是基于现实生命境遇的考量。当前统治阶级十分强大，不仅控制着国家机器，而且还垄断着生活资源的分配。齐泽克选择以"日常生活中的改变"的方式来推动生命解放的渐进性开展，应当被看作一种理性的战略选择和务实的政治"行动"。实际上，福柯以来的"治理主义生命政治"揭示了生命长期以来遭受奴役的现实，生命权力早已为统治阶级所攫取。"规训"与"惩罚"是统治阶级惯常使用的伎俩，而"集中营"一度扮演着"死亡"推手的角色。"治理主义生命政治"对生命境遇的批判分析，在齐泽克那里得到了回应，最终他吹响了生命解放的号角。在齐泽克的观照中，资本主义的全球化发展，使得"暴力"、"排除"及"控制"不断加剧，传统的生命安全遭遇到前所未有的挑战。然而，当前人类生命并未因时代的发展而变得自由。恰恰相反，外来施加的枷锁却源源不断。因此，生命遭受奴役的现实境遇为生命政治的生活实践提供了可能，也使"日常生活中的改变"成为现实。

　　"日常生活中的改变"对生命解放有着"渐进性"的推动。马克思曾指出："'解放'是一种历史活动，不是思想活动，'解放'是由历史的关系，是由工业状况、商业状况、农业状况、交往状况促成的。"① 可见，生命解放的完成是一个漫长的过程，它需要一个由阶段性解放到彻底解放、由局部解放到全部解放的历程，而"日常生活中的改变"则为其"渐进性"的开展奠定了基础，同时也为"激进性行动"的降临创造了可能。这主要体现在以下三个方面。

　　第一，唤醒民众的反思及认知。生活实践为民众的觉醒提供了空间，并促使人们对生命境遇进行反思，唤醒了长期以来沉浸于西方消费主义"乐园"之中的人们，使其认识到生命遭受的奴役。实际上，人们对生命奴役的认知也需要一个渐进的过程，这在阿桑奇、曼宁、斯诺登等人的"泄密事件"中得到佐证。长期以来统治阶级不仅控制了信息的传播，更垄断了信息的生产，乃至利用各类意识形态工具干扰了人们的认知。尤其是在科技发达的当下，生命统治也变得越发隐蔽，而正是斯诺登式泄密者的涌现，使得生命奴役的秘密遭到揭发，从而为民众所"认知"。因此，生活实践不仅给民众的"认知"创造了各种便利的条件，也为"认知"的

---

① 《马克思恩格斯选集》第 1 卷，人民出版社，1995，第 74~75 页。

矫正及深化建构了空间，进而促使民众开始自觉地加入生命解放的事业之中。

第二，推动解放力量的集聚。解放力量的成长与集聚需要一个"量变"的过程，而生活实践恰恰使这种"量变"成为可能。一方面，生活实践为解放主体的生产及成长提供了准备。哈特和奈格里曾在《帝国——全球化的政治秩序》一书中指出，生命自身有着生产的特性，它不仅生产着统治力量，还生产着解放性的力量。在齐泽克看来，哈特和奈格里所言的解放主体的"生产"，依然需要借助于生活实践来进行，并需要通过生活实践的锻炼来成长。实际上，解放主体的塑造需要"先进"思想的启蒙，亦需要"先进"理论的教育。恰如马克思和恩格斯所言："共产党一分钟也不忽略教育工人尽可能明确地意识到资产阶级和无产阶级的敌对的对立。"① 同时解放主体的塑造还需要经过革命运动的淬炼，这需要一个漫长的"塑造"过程，只能付诸生活实践，而不是通过一时的激情或冲动来实现。另一方面，生活实践能够将分散的主体凝聚成联合的主体，并为解放主体的集聚创造出足够的空间和时间。在生活实践中，"至高权力"的残酷统治，将促使更多的人联合在一起，那些所谓的非法移民、贫民窟的贫民、跨国公司流水线上的工人、永久性失业的人、生态主义者、女权主义者等，最终都将自觉地加入生命解放的队伍之中，并成为新的解放力量。可见，"日常生活中的改变"为生命解放的实现奠定了必要的群众基础。

第三，促进解放经验的积累。生活实践不仅为解放活动的各种实验提供了空间，更为生命解放事业的推进积累了大量的经验，从而使革命主体在解放策略的选择上更趋理性。当前的生命解放置身于后"9·11"时代复杂的政治场域之下，有着新的生命诉求和艰巨的任务，并没有现成的道路可循，因而它需要通过对生活实践的摸索来积累经验。此外，解放经验的检验也需要通过生活实践来进行。人类对自身解放的探索可谓从未有过中断，因此人类在漫长的生命解放征程中积累了大量宝贵的实践经验，而这些经验正确与否，可否适用于当下，依然需要大量的生活实践来检验。尽管当前生命统治的力量依然十分强大，但并没有让广大民众心存畏惧。在生活实践中，他们在抵抗形式、反抗活动及解放策略上也更趋理性。解

---

① 《马克思恩格斯文集》第2卷，人民出版社，2009，第66页。

放策略的理性选择有效地保存了有限的解放力量，从而避免了因几场重大的惨烈叙事所造成的凋零。此外，解放策略的理性选择不仅为解放力量的孕育赢得了时间，更为人们认清生命奴役的各种真相创造了空间。

二　"激进性行动"的突破

"激进性行动"建构在"日常生活中的改变"的基础之上。"激进性行动"不同于"非理性暴力"似的"狂热革命"，它需要通过生活实践中的"量变"积累，并强调生命解放过程的有序、平稳及渐进。齐泽克对"狂热革命"充满着排斥，并认为正是由于缺乏生活实践的积淀，"狂热革命"往往昙花一现，因此它并未发挥出对生命解放的推动作用。实际上，将生命解放的实现寄希望于"狂热革命"的降临，在可行性上确实值得三思。生命解放是一项宏图大业，"狂热革命"并非一种理想的行动选择，人类解放的大业也难以通过一场或几场暴力性的革命就能实现。一方面，解放力量的孕育、动员及发展需要一个过程。它绝非一种"激进性"的爆发，而需要一个量变积累的过程，并带有渐进性推进的特点。另一方面，现行生命统治的力量十分强大。当前资产阶级掌控着各类国家机器，并控制着法律制度的修改和意识形态的宣传，正如索雷尔所言："资产阶级自现代社会开启以来，就一直在使用强力。"① 为此，齐泽克也曾对"狂热革命"有过无奈的描述，在他看来，尽管人们皆知资本主义在未来相当长的一段时间内恐怕仍将继续，但是我们仍然时不时地希望能够出现一次美妙的"共产主义"狂热的爆发。可见，"狂热革命"只不过是民众的一种美妙幻想，而不应当被作为一种解放策略去实施。当然，齐泽克的"激进性行动"尽管有着"激进"的特色，但其"激进性"体现在对原有社会"坐标"的突破上，即坚决地告别"过去"而走向未来。此外，他在"行动"选择上不失理性，而非如"狂热革命"般盲目，尤其是在新的社会空间的建构上，齐泽克希冀通过每日每夜的行动来完成。不难看出，齐泽克的"激进性行动"根植于日常生活实践，并利用"日常生活中的改变"为"阶段性突破"的到来做好准备。

---

① 〔法〕乔治·索雷尔：《论暴力》，乐启良译，上海人民出版社，2005，第 141 页。

首先，"激进性行动"对传统社会"结构"的突破。齐泽克"激进性行动"的重要使命即在于对传统社会结构的打破，以促进原有"坐标"的改变。不难看出，齐泽克生命政治的生活实践，并未止步于"日常生活中的改变"的"量变"阶段，它还诉求社会制度层面的突破。齐泽克将资本主义框架内的各种"改革"视为一种重复性的工作，因为这种"修补"并未能从根本上改变社会结构的限制。实际上，齐泽克并不满足于对原有"坐标"的修补，他希望借助"激进性行动"来实现一场"质"的飞跃，即对生活实践中"量"的积累阶段的突破，以取得对传统社会结构的实质性改变。当然，齐泽克所主张的"激进性行动"，建构在当代资本主义全球化发展的时代背景之下，它试图将广大民众从资本主义意识形态的引诱之中唤醒，使人们能够认知到西方媒介所鼓吹的"改变"是属于"资本主义世界"的"修补"，它是资本主义精心设计的阴谋，其意图并不在于生命解放，而仅仅是为了掩盖体制的弊病。针对传统社会框架内的"行动"，齐泽克曾提出"什么也不做"以拒绝西方"行动"的号召。显然，齐泽克的"什么也不做"体现了他对资本主义"修补"的厌烦及对"重复性工作"的拒绝。然而在属于民众自身生命解放的事业上，齐泽克并不甘愿做一个"旁观者"，他建议我们必须立即行动起来，因为我们如若不迅速地采取一些相应的行动，那将会导致一定的灾难性后果。当然，齐泽克这里所言的"行动"不仅意味着对原有社会"坐标"的坚决否定，还指涉对新社会结构的探索，因此它兼有双重"突破"的使命，即对传统社会框架的"否决"式突破和对新社会"坐标"的预设。

其次，"激进性行动"的幻象。在齐泽克看来，"激进性行动"是革命主体的一种实在界的激情。在通往生命解放的道路上，传统马克思主义者往往付诸"激进性行动"，尤其是青年马克思和恩格斯对"激进性行动"充满向往，并寄希望于通过"激进性行动"，促进社会"坐标"的改变。此外，索雷尔、列宁、本雅明等也曾对"激进性行动"充满热情。实际上，"激进性行动"在民族解放、国家解放乃至社会解放上确曾发挥过突破性作用，推动了社会的"质变"，但是在生命解放上，它更多的像是一种美妙的幻象。正是这种幻象，给处于逆境之中的民众建构了生活下去的希望。齐泽克将这种幻象视为生命的一种增补，并认为幻象是支撑生命前行的一种动力。因此，历史上的"激进性行动"，无论是法国大革命，还是十月革命，乃至二战后的诸多左翼运动，尽管它们未能将生命从现实的奴役之中解救出来，但它们为民众建构了美好的愿景，从而使生命不因奴役而绝望，因此它具有一定的积极意义。值得警惕的是，齐泽克主张的"激进性行动"一旦被直接地化约成狂热的"暴力革命"，将在解放的手段及彻底性上饱受质疑。齐泽克的"激进性行动"是一种充满理性的解放性活动，而不是主观性暴力的盲目爆发。因此，当"激进性行动"化约成"暴力革命"，将给"激进性行动"的正当性带来诘问。毋庸置疑，20世纪前叶的"狂热革命"在当下早已冷却，即便齐泽克提及的那些被资本主义"排除"在外的人，也缺乏"激进"的热情，但值得欣慰的是，"激进性行动"的幻象一再地召唤着人们为生命的解放而抗争，这也正是齐泽克生命政治生活实践的必要性所在，也是人类生命解放事业的希望所在。

三　"断裂式革命"的发生

"断裂式革命"是对原有社会结构的激进性变革，它意味着社会的剧烈变化、冲突"坐标"的调整及原有生命统治模式的颠覆，因而需要通过"激进性行动"来实现。在齐泽克看来，"日常生活中的改变"仅是生活实践的第一阶段性工作，而"激进性行动"的阶段性突破也绝不意味着生活实践的终结。事实上，齐泽克的"激进性行动"仅是生命解放的一种方法选择，显然他并不是为了"行动"而"行动"，因为"行动"并不是齐泽克的追求，而唯有"断裂式革命"的发生才是其生活实践的根本意图。同时，"断裂式革命"并不属于"量变"的积累，它是一种对原有社会结构状态"质"的飞跃，这在十月革命的成果中得到验证。齐泽克将列宁领导的十月革命视为一次"政治事件"，[①] 因为它不仅实现了对传统制度框架的决裂及颠覆，更开启了对社会主义空间的探索。列宁通过对"断裂式革命"的推动，开启了一个新的时代，这对齐泽克产生了深刻的影响。为此，齐泽克寄希望于"断裂式革命"的到来，以实现生命解放的完成。尽

---

① 齐泽克曾指出，当一次偶然的暴动或叛乱催生出对于普遍解放愿景的集体承诺，并因此开启了重塑社会的进程时，这次暴动或叛乱便构成了一个政治事件。因此在齐泽克看来，十月革命即是这种"政治事件"的典范。参见〔斯洛文尼亚〕斯拉沃热·齐泽克《事件》，王师译，上海文艺出版社，2016，第212页。

管齐泽克对哥白尼式的"激进性革命"充满期许，也希望像十月革命一样能够发生"断裂式革命"，但是这种"激进性"的主张依然需要通过生活实践将其化约成每日每夜的行动来完成。具体言之有以下三点。

第一，生活实践能够将庞杂的斗争策略化约成日常的行动。生命解放蕴含着内外两个向度的解放，它有着复杂性、长期性、艰巨性的特点，它的实现也绝非一劳永逸。它需要一定的斗争策略，并需要转化成长期性的抵抗行动，而这恰恰离不开生活实践。生活实践作为一种有效的载体，借助于日常的行动积累，为"斗争策略"的实施创造了条件。生活实践不仅能为"斗争策略"提供"转化"的时间，还能为"斗争策略"创造矫正、调整的机会，并为"激进性行动"的降临做好必要的准备。

第二，生活实践能够将盲目的"狂热革命"化约成理性的抗争。"狂热革命"往往伴随着盲从，并在持久性上也存在着先天性的不足。生命解放是一项艰巨而复杂的革命工程，它需要借助于持久性的抗争来完成，而这种持久性的抗争绝非如"狂热革命"一般失去理性且昙花一现，它必然充满着理性，需要依赖每日每夜的具体行动来完成。可见，生命解放的开展需要摒弃"狂热革命"似的幻想，因为解放事业的残酷性及复杂性超出想象，它的实现更多地依赖冷静而理性的斗争及顽强意志的坚持，这必然需要付诸生活实践，并通过"日常生活中的改变"来完成。因此生活实践在将"狂热革命"转化成每日每夜的行动的过程中发挥了重要的推动作用。此外，生活实践还为"激进性行动"的理性开展提供了空间，并为其力量的集聚、行动的发起及阶段性的"突破"等奠定了基础。

第三，生活实践能够将"赤裸生命"化约成抗争的主体。当前，随着资本主义全球化的深入发展，越来越多的人遭受到体制的"排除"。更糟糕的是，反恐战争逐步成为西方各国喜爱使用的统治伎俩，无论是施米特的"例外状态"，还是阿甘本的"紧急状态"，在当前都已成为常态。正如齐泽克所言："'紧急状态'的宣布是对真正的紧急状态的绝望式抵抗。"[1]显然，当"紧急状态"成为社会的常态之时，正常的生活秩序遭到瓦解，而个体生命的境遇也越发恶化，最终置身于生活实践之中的民众都成了"至高权力"所强力"排除"的人，并渐渐地沦为当代的"神圣人"。在

---

[1] Slavoj Žižek, *Welcome to the Desert of the Real!*, London · New York: Verso, 2002, p. 108.

齐泽克看来，即便"普通公民"的身份，似乎也是"至高权力"基于统治需要的刻意安排，因此在某种意义上，人们都成了阿甘本所言的"赤裸生命"。当然，"普通公民"的遭际不同于叙利亚难民和巴西贫民窟里的贫民，因为他们被直接赋予了明显的"赤裸"身份，而"普通公民"的"身份"安排显得更为隐蔽，因而需要通过生活实践的化约来找寻。生活实践不仅为"赤裸生命"身份的揭露及批判提供了空间，更为"赤裸生命"的觉醒和自觉的抗争创造了条件，因此它促使民众自觉地涌入生命解放的大潮之中，从而转化为为生命自由而抗争的勇士。

　　"断裂式革命"是社会的一场剧烈变革，它将推动传统政权的颠覆和原有制度的更迭，并最终将会成为如十月革命般的"政治事件"。在齐泽克看来，人类未来社会将是一个能够对当下进行"整体性改变"的社会，是一个连话语叙述体系都需要重构的社会。因此，它处在人类现存的制度之外，而马克思、恩格斯、列宁以至西方新马克思主义者齐泽克都将其称为"共产主义"。生活实践为"激进性行动"的孕育、"断裂式革命"的发生及"未来社会"的建构，不仅创造了必要的空间，更提供了必要的积累。正是基于它对生命解放有着"增量式"的推进，并能够将抽象的解放策略及未来的"预设"化约成日常的行动，人类生命解放的到来最终成为一种可能。

第二节　"付诸行动"

　　生命解放的实现需要通过生活实践中的现实"行动"来推动。马克思和恩格斯曾指出，"只有在现实的世界中并使用现实的手段才能实现真正的解放"。[①] 因此生命解放的实现，需要广大民众在具体的生活实践中付诸行动。实际上，生命遭受奴役的现实境遇为齐泽克的"付诸行动"[②] 创造了可能。置身于后"9·11"时代，人类的生命安全、生命福利及生命自由都遭遇到前所未有的挑战和破坏，而西方广大民众却一味地沉浸于由媒

---

　　① 《马克思恩格斯选集》第1卷，人民出版社，1995，第74页。
　　② "付诸行动"（acting out）是精神分析中常用的术语，它在临床上的内涵是病人将压抑在内心的记忆或情感宣泄出来。

体所营造的"行动起来"的氛围之中,回避了对造成生命统治加剧的制度本身的反思。在齐泽克看来,西方"行动起来"是一种典型的以牙还牙式的报复,它表面上是针对各类"非理性暴力"的爆发,而实质上却遮蔽了社会的基本矛盾。因此他建议我们要摒弃西方的"行动起来",而应为人类的生命解放"付诸行动"。齐泽克所言的"付诸行动",则立足于生命奴役的当下,并抓住了制度上的根源,且考虑到生命解放的现实困境及可行性条件。"付诸行动"针对生命统治的社会制度,其中心任务是生命解放,崇高的旨趣是促进生命自由发展的实现。因此,"付诸行动"是当代马克思主义的应然旨趣,也是我们能够为生命解放事业的开展所采取的现实之举。

一 "秩序"生产

生命解放本身即是一个"秩序"生产的过程,它不仅需要摆脱传统"规则"的束缚,还需要面对新的生命政治规范的建构。"秩序"是社会运行状况的直观反映,也是齐泽克所力主"生产"之物。尽管齐泽克有着激进性的一面,并期待本雅明"神的暴力"的降临,但在生命解放事业上却丝毫未曾掩饰对"秩序"的偏爱。他甚至直言对"秩序"充满喜爱,并试图通过"秩序"的建构,实现对现存社会的超越和对未来社会的通达。因此,齐泽克所谓的"秩序"生产,主要是指打破现存社会"秩序"的禁锢,并创造出一个能够促进生命之安全、自由及发展的新规则。可见,"秩序"的生产不仅有着建构性的特点,还有着破坏性的特点,它是一个"建构"与"破坏"同时进行的运动过程。当然,其建构性主要体现在对新的生命政治规范的制定,而破坏性凸显在对现有规则的打破和颠覆。齐泽克的"秩序"生产并非建构在现有秩序的基础之上,也绝不是对未来社会空间秩序的创造,它是一种意在推动生命解放实现而通向"共产主义"空间的实践活动。

(一)"秩序"的打破

齐泽克对当代西方秩序,即维护资本主义体制运行的秩序充满排斥,并主张对其破坏和颠覆。在齐泽克看来,目前的西方正处于一个"乱序横生"的状态。一方面金融危机的间歇性爆发，引发了希腊的债务危机与多国意欲脱欧，使整个社会陷入经济秩序的混乱之中，以至于齐泽克认为欧洲早已失去了曾经引以为豪的繁荣景象，欧洲早已不再是曾经的那个欧洲。另一方面，恐怖主义与反恐战争的恶性循环引发了各种骚乱和暴力事件，同时民粹主义和宗教激进主义横行，左右翼相互激辩，最终导致了政治及社会的混乱。因此，齐泽克对西方当前的秩序极度失望，不认为它能够推动生命解放的开展。在齐泽克看来，西方社会近年来通过不断"改变"而进行的体制调整，并未对现有秩序产生实质性影响。事实上，资本主义体制有着如同马克思所言的"劣根性"，因而它并不具有推动现有秩序走向颠覆的动力，也不具备促进现有秩序实现好转的能力。

当代西方对"改变"的推动，并非旨在"秩序"的重构，也不是为了广大民众生命境遇的好转，它意在对既有体制的维护和"至高权力"的强化，其局部的"改变"及"调整"是为了整体上的不变。如齐泽克所指，在资本主义系统内部事物的变化不断，恰恰是为了使一切保持不变。基于此，齐泽克建议人们应首先摒弃对现有秩序所抱的希望，并突破既有秩序的冲突"坐标"，以实现对社会"坐标"的真正改变，而不应一味地沉浸于对往日的"重复"工作。20世纪革命狂热曾席卷整个欧洲，然而其并没有实现对资本主义秩序的打破，且最终陷入秩序混乱的旋涡之中。针对此，巴迪欧曾在《共产主义设想》一文中对这种"失败"进行阐释，认为这是"胜利自身的失败"与"自我解构的失败"。[①] 齐泽克借助巴迪欧的阐释，对20世纪的革命狂热进行了总结，并认为20世纪惨痛的教训是，革命胜利后要么返回原有国家权力的逻辑之中，要么迅速地陷入"自我"毁灭性净化的恶性循环之中而无法自拔。可见，对现有秩序的颠覆及打破不能寄希望于资本主义体制的自我革命和净化，也不能全然寄托于狂热革命行动的到来，它依然需要通过生命政治的生活实践来实现，并通过"秩序"的生产来完成。

（二）"秩序"的建构

齐泽克主张生产的"秩序"是一种新的生命政治秩序，它不仅意味着

---

① 参见齐泽克、鲁索、海裔、汪晖《共产主义假设与二十一世纪》，汪晖、王中忱主编《区域：亚洲研究论丛》第2辑《重新思考二十世纪》，清华大学出版社，2012。

体制运行规则的重新制定，还指涉新的生命活动空间的创造。当然，齐泽克所建构的新秩序以"生命"为起点及归宿，意在促进生命的安全、自由及发展，进而摒弃了传统意识形态话语的纷争，并拒绝"至高权力"对生命的统治。因此，它是一种悬置于现存秩序之外且亟待通过生活实践而建构的"规范"。在"现实"生活中，它涉及政治、经济、社会等方面秩序的生产。

第一，经济秩序的生产。在齐泽克看来，当下西方的经济秩序可谓糟糕透顶，它不仅借助于各类贸易协定和经济组织将一部分国家及地区"排除"在外，更通过"资本逻辑"对生命群体进行着赤裸裸的割裂，从而使一部分人成为生命物质资源的垄断者和控制者，而另一部分人则沦为西方"人道主义生命政治"救助的对象。为此，在新的经济秩序的建构上，齐泽克高度重视生产秩序的建设，尤其是物质生产秩序的建设。生命首先是一种生物性的"存在"，它需要通过一定的物质生产来维系基本的生存及发展，因此重视物质生产、强调经济基础建设是马克思主义的优良传统。正如马克思和恩格斯所指出的，当无产阶级夺取统治后亟须"尽可能快地增加生产力的总量"。[1] 对此，齐泽克也曾强调，当前难民问题的解决离不开激进的经济变革。因为只有人类物质生产高度发达了，才能清除制造难民问题的条件。实际上，高效的物质生产离不开良好秩序的维护，而良好生产秩序的建构需要以自觉为基础，以制度为保障。在齐泽克看来，后马克思主义往往对生产的地位进行了过度的拔高，并把生产视为真理藏身的场所，却"将交换领域和消费领域视为一种虚无缥缈的'幻影'而加以排斥"，[2] 从而陷入退化的境地。因此，齐泽克还强调贸易秩序的建设，并将更加"全球化"视为破解当前贸易秩序困局的有效方法。当然，齐泽克以上所言的"全球化"是一种能够突破现有资本主义壁垒的"全球化"，它不仅指涉"物"的流通的自由，还意味着"人"的流动的自由。它是一种建立在生命维度的基础之上，真正为了生命而又基于生命，并在全球范围内自由流通的贸易。

第二，政治秩序的生产。西方民主制度及其相关法律规范支撑着当下

---

① 《马克思恩格斯选集》第 1 卷，人民出版社，2012，第 421 页。
② Slavoj Žižek, *The Parallax View*, Cambridge, MA：MIT Press, 2006, p. 50.

政治秩序的运行，在齐泽克看来，它似乎充斥着傲慢与偏见。尤其是近年来民粹主义的抬头，使得整个西方陷入左右翼无休止的争辩之中。齐泽克一度将"民主"视为西方政治的幻象，且认为它是一个糟透了的制度，建议人们不要对其抱有任何幻想，因为它根本不可能切实地解决当前的诸如领土纷争、种族冲突、恐怖主义等各类争端，最终政治上的"乱序"是其制度劣根性的直观体现，齐泽克则将其比喻成"至高权力"需要的一种游戏规则。此外，齐泽克指出，"当代政治的主流模式是后政治的生命政治"，[①] 而这种政治模式下的"乱序"导致了生命的"恐惧"。因此只有通过"共产主义预设"，人们才能够真正找寻到促进生命自由发展的政治秩序及规范，当前人们应从现有的政治制度入手，在推动"善治"的进程中来完成对旧秩序的颠覆和新秩序的建构。新的政治秩序应然诉求于"善"，强调公平性、正义性及开放性，因此，它绝非一套僵化的政治规则，而是一个可修改、可完善且能够适时进行调整的政治规范。

第三，社会秩序的生产。当前全球表面上的整体平静，并不能掩饰局部的骚乱、动荡及恐慌。尤其是在中东和北非地区，民族冲突加剧，恐怖主义势力猖獗，可谓战火从未有过停息，最终使整个区域陷入社会的"混乱"之中。在齐泽克看来，当代西方民主社会并非如弗朗西斯·福山所言的那般欢快及美妙，"9·11"事件的发生，已经宣告了西方民主社会的分崩离析。随后各种抗议游行、骚乱、难民潮、暴力袭击、占领运动等充斥着整个西方社会。基于此，齐泽克认为，建构一套以人类普遍价值为基础的社会秩序才是打破现有社会困境的唯一出路。可见，齐泽克所追求的社会秩序并非当代西方现存的秩序，它是一种建构在人类普遍价值基础之上的社会规范，并诉求个体生命的道德自觉和群体生命的外在约束。齐泽克所建构的社会秩序以生命为起点，而又以生命为归宿，它的合法性正是建构在推动人类生命的安全、自由及发展的基础之上，而它当前的使命则是推动生命解放的开展。例如在叙利亚难民问题上，齐泽克建议"欧洲应当实施明确的规则和制度"，[②] 并制定出一套能够适用于几乎所有人的最低限度的强制性规范，以便给难民提供行动指南和行为规范。这种适用于几乎

---

① Slavoj Žižek, *Violence: Six Sideways Reflections*, New York: Picador, 2008, p.40.

② Slavoj Žižek, "The Non-Existence of Norway," *London Review of Books* 18 (2015).

所有人的规范超越了西方现有的社会秩序，它能够促进人们致力于生命境遇的改善，并避免了主体之间的生命权力争夺。

二 超越"宽容"

"宽容"是破解冲突的有效方法。宽容是主体的一种道德态度，也是推动生命政治生活实践的一种必要手段。齐泽克曾赋予"宽容"以特定的语义指涉，并认为它是一种对传统意义上单纯"宽容"的超越。它不仅有着"限制"，还有着"约束"。传统话语叙述中的宽容，往往意味着"宽恕"，因此它常常在传统政治的视界之中被视为一种妥协。然而，齐泽克所主张的"宽容"，在话语指涉上，实现了与原有语义的决裂，它建构在普遍价值理性的基础之上，是一种人类普遍价值意义上的包容。实际上，"现实的人"在生活实践中由于生活方式、道德心理、社会认知、文化影响等的不同，总是存在着一些难以克服的差异，而这些差异则很难通过激进性的行动来消除。因此当生命主体遭遇某种给定的、无法克服的东西之时，"宽容"不失为一种理性的选择。亨廷顿的"文明冲突论"将现实冲突的根源归咎于文化的差异，进而使文化沦为"不宽容"的成因。对此，齐泽克指出，"那么克服不宽容的唯一方法则是从文化之中解救出主体的存在，以及其蕴含的普遍性价值"。① 这意味着主体应当跳出其所属的特定文化或社会根源，以便寻找出其普遍性价值所在，进而才能够将主体从冲突之中解救出来。这在叙利亚难民危机及其所引发的欧洲骚乱中得以体现。叙利亚难民涌入欧洲后，不仅遭遇了民族认同的危机，更碰到了文化、信仰及价值观的冲突，而齐泽克则认为打破当前这一僵局的唯一方法，即是超越单纯的宽容。因为只有通过对主体普遍性价值的挖掘，才能够完成对单纯"宽容"的超越，才能够破解当前生命政治的困局，才能够将生命置于无休止的"暴力"与冲突之外。当然，超越化的"宽容"有着双重指涉，它不仅要求欧洲对难民宽容，即容忍那些不可克服的信仰、文化及价值等主体特性，同时还强调难民对欧洲宽容，即容忍西方自由民主文化的冲击及个体意志的自由。

---

① Slavoj Žižek, *Violence: Six Sideways Reflections*, New York: Picador, 2008, p. 142.

　　齐泽克所言的"宽容"具有一定的政治和道德底线，它绝非传统意义上的"姑息"及"纵容"，它是一种具有积极意义的生命态度，并付诸每日每夜的生活实践。当然，超越化的"宽容"并不是建构在西方现行的制度之上，而是根植于一个正在建构的生命政治新秩序的基础上。因此，"宽容"有着一定的限制，而绝不意味着"包容万物"，只有人类普遍价值才是它始终恪守的底线。齐泽克的"宽容"对西方体制有着鲜明的排斥，并拒绝包容它的"增补"，即诸如恐怖主义、金融危机、骚乱等其"过度"之物，这在近年来的叙利亚难民危机中得以体现。尽管叙利亚难民有着悲惨的生命境遇，但是齐泽克依然在"宽容"上为其划定了底线，正所谓"我们不会宽容宗教、性或种族的暴力，他们和我们皆无权强制地推行自己的宗教或生活方式"。① 可见，齐泽克的"宽容"并不指涉那些诸如"暴力""控制""排除"等破坏及违背人类普遍价值的行为，并且这种底线不仅面向难民，也涉及西方社会民众，可谓面向所有的生命个体。然而，齐泽克对西方自启蒙运动以来所建构的基本社会价值共识，诸如自由、尊严、权利等给予肯定，并直言只有这些才是欧洲宝贵的精神遗产。遗憾的是，无论是宗教极端主义者，还是西方社会民众，他们大多丢弃了先辈用生命换来的这些精神遗产，抛弃了"生命至上"的价值共识，以致恐怖主义以戕害生命为乐，而西方则为了高品质的生活，试图筑起一堵"高墙"将其他的"生命"排除在外。在齐泽克看来，所有这些践踏"宽容"底线的行为，无论是基于宗教信仰还是民族文化，乃至生活习惯，都是不可"宽容"的。因为他们一旦"过度"地强调宗教信仰或民族特质，那么就会丢弃人类所共有的"普遍性"之物，从而使人类普遍价值的基本共识遭受破坏，生命的安全、自由及发展也遭受创伤。齐泽克对"宽容"底线的建构，迫使那些存在着阶层、民族、信仰、文化、习惯、习俗等差异的生命个体及群体进行"普遍价值"的抽象，从而促使人们努力地去寻找那些存在于人类生命之中的"共通之物"，并以此确立"宽容"与否的裁量标准。

　　另外，"宽容"作为一种道德态度，它的实践还需要一定的规范与法律做保障。"宽容"并非意味着随心所欲，它需要建构在最低限度"规范"

---

① Slavoj Žižek, "The Non-Existence of Norway," *London Review of Books* 18（2015）.

的基础之上。这里所言的"规范"是一套适用于所有人的行为规则,它根植于人类普遍价值基础之上,并旨在生命的安全、自由及发展。当然,它具有一定的强制性,且要求所有人遵守。在齐泽克看来,在宗教自由、个体自由及妇女权利等方面都需要最低限度"规范"的介入,以便人们能够无条件地坚持对多元化生活方式的包容。实际上,一旦"规范"失去约束作用,"宽容"还需要"交流"的支撑。当然,"交流"作为一种沟通方式,意在寻求问题的解决和冲突的破解,而最终还需要回归到"宽容"的维度之上。那么能够推动主体之间进行"交流"的,依然是从众多"特殊"之中抽象出来的人类普遍价值。当"规范"和"交流"都失去作用时,齐泽克建议应采用一些具有一定法律效力的形式。正是由于法律的引入,"宽容"不再是单纯的宽容,而变成了有法律做保障的"宽容"。这时"宽容"并不仅仅是道德维度的一种心理态度,更成为一种政治层面的强制约束。事实上,齐泽克的"宽容"以"规范"为前提,以个体的自觉为基础,并借助"交流",最终确立了法律化的保障。此外,齐泽克还引入了"尊重",并认为"尊重"是"宽容"的直观体现。因此,基于人类普遍价值的要求,在"生命"面前,无论是叙利亚难民,还是欧洲社会民众,都应当给对方基本的尊重。正如齐泽克所言,在叙利亚难民问题面前,西方社会民众并不能置身事外。在齐泽克看来,"宽容"已经发挥了一定的积极作用,它给人们提供了反思自身生命遭遇的空间,并促使人们携手共进,以推动生命解放的早日实现。

三 强化"生命意识"

"生命意识"是一种对生命的存在、健康及发展等的思想认识及心理反映。它重视生命的主体性地位,强调生命的"在场性",旨在促进生命的安全、自由及发展。"生命意识"观照生命的当下处境,并反思生命的奴役,从而唤醒民众的解放意识。实际上,"生命意识"的强化源于生命在生活实践中的遭遇。一方面,在漫长的历史长河中不乏"至高权力"对"赤裸生命"的随意处置。当"生命"沦为工具之时,"生命意识"往往是缺场的。即便仅存的"生命意识"也仅仅存在于最高统治阶层的范围内,对普通个体而言,他们只是被"例外状态"排除了的

"神圣人"。另一方面，纳粹德国的"种族论"对"生命"进行了过分的强调，从而使德意志人成为尼采视界中的"超人"，这本身即有悖于"生命意识"，它是一种过度化的"人类中心主义"。当然，纳粹主义对生命主体性地位的拔高，并非为了生命的自由发展，而恰恰是为了对生命更好地奴役和利用，以鼓吹对特定"崇高事业"的追求。然而，其在鼓动普通民众为"崇高事业"献身时，却又颠覆了当初其对生命价值的高度肯定。在后"9·11"时代，人类生命遭受着恐怖主义袭击、各类病毒感染、大型自然灾害破坏等带来的创伤，同时人类还面临着生态恶化、局部纠纷升级及资本主义全球化干涉等现实困境，因此在齐泽克看来，"生命意识"强化应然是当下生命的强烈诉求。因此，在生命政治的生活实践中，通过日常"行动"的化约，以强化生命存在意识、生命健康意识及生命发展意识，不仅为"生命至上"思维的建构奠定了基础，更为生命解放意识的觉醒发挥了推动作用。

首先，强化生命存在意识。"生命存在"是"生命"符号的意义所在，也是人类一切社会活动开展的前提。生命存在首先是一种物质性的存在，即身体的存在，其次是精神及心理的存在。在齐泽克看来，人们需要摒弃狂热的宗教极端主义所主张的在生命物质性载体的"退场"中来体验"生命存在"的谬论，也应拒绝西方社会以"大型自然灾害的降临"来认识"生命存在"的谎言。[①] "生命存在"是"生命在场"的直观体现，因此人们需要树立"生命至上"的思维。在"生命"面前，无论是"他者"，还是"自身"，都应当保持"敬意"。任何制度的设计、规范的制定、体制的运行，都应当尊重"生命存在"。正如赫勒所言，当一个人（或他人）的生命处于危险之时，"人有道德义务不去承认那些不正当的规范是正当的"。[②] 当然，强化"生命存在"还需要摒弃"活命主义"，因为"活命主义"的"生命"丢弃了生命的象征法则和抽象意义，而仅是一种生物性的存在，实质上他早已沦为"神圣人"，最终他失去了法律的庇护及世俗社

---

① 西方常常借助地球末日、全球变暖、大型地震等各类自然灾害来警告人们，应当放弃争议、分歧、偏见乃至战争，应联合起来为生存而斗争。因此在西方社会看来，只有大型自然灾害才能够发挥出促进团结和凝聚人心的作用，也只有在大型自然灾害面前人们才会认识到人类生命存在的重要性。参见 Slavoj Žižek, *Welcome to the Desert of the Real!*, London·New York：Verso, 2002, pp.116-117。

② 〔匈〕阿格妮丝·赫勒：《超越正义》，文长春译，黑龙江大学出版社，2011，第145页。

会的认同，已不能被称为是一个合格的人。在齐泽克看来，他们失去了做人的资格，是被法律所抛弃的"人"，也是被世俗社会所唾弃的"人"。

其次，强化生命健康意识。生命健康是"生命存在"的生理性保障，也是生命发展的必要前提。当前各种新型病菌的滋生、变异性病毒的传播等都影响着生命的健康，甚至威胁到生命的安全。齐泽克对生命健康的重视在解决叙利亚难民危机的建议中得以体现，在他看来，难民依然需要基本的医疗供给，以保障其基本的生命健康。因此强化生命健康意识，需要树立正确的生命健康观，在重视医疗的同时，也不应忽视生命自身免疫功能的发挥；需要建构科学的医疗观，当前不仅要摒弃医疗救治的"万能论"，也要抛弃医疗救治的"无用论"，适度的医疗介入是维系生命健康的重要保障，而过度医疗和拒绝医疗往往都会危害到生命的健康；需要重视生存环境的改善，良好的生活环境有利于生命健康的维系，有益于身体的疗养及康复，因此应重视人居环境的改善和生态系统的和谐。此外，还需要注重身体健康、心理健康及精神健康的协调发展。

最后，强化生命发展意识。人类并非如动物般只是拥有一些纯粹的生物性需要，还有着崇高的价值追求和人生旨趣，以促进生命自我的发展。在马克思看来，人的本质是一切社会关系的总和，[①] 正是"社会性"使得"人"最终成为人，而"生命发展"即是人的"社会性"使然。生命发展是社会文明进步的标志，也是马克思主义者的终身追求，当前强化生命发展意识需要树立崇高的生命价值追求。在齐泽克看来，能够被誉为"崇高"的是对诸如"荣誉""自由""尊严"等生命"过度"之物的追求，因此他建议人们要拒绝宗教极端主义对"先验事业"的鼓吹，而应为生命的解放呐喊。同时，需要树立健康的事业观，应以生命解放为业，立足于生活实践，努力做一个纯粹的人，一个脱离低级趣味的人，一个有益于人民的人；需要树立正确的人生观，应以健康快乐的心情感受生命的旅程，应以脚踏实地的精神参与生活实践，应以饱满的热情促进"自我"的发展。在齐泽克看来，生命政治的终极目的是人类生命的更好发展。因此当人们面对各种"功利主义""经济主义""发展中心论"等之时，首先应

---

① 《马克思恩格斯选集》第 1 卷，人民出版社，1995，第 56 页。

看清隐藏在它们背后的真实动机，且不应忘记要将判断的标准置于"生命发展"的维度之上。因为在各种"主义"与"中心论"喧嚣的背后，依然隐藏着赤裸裸的"至高权力"的争夺。因此，人们只有回到马克思主义，回到"生命发展"的轨道上来，并借助日常的生活实践，才能够真正实现人类的生命解放，才能够迎接"自由人联合体"的到来。

第三节　生命的"觉醒"

生命政治生活实践的现实意义在于促进当代生命的"觉醒"。"觉醒"是主体开始意识到"自我"的一种心理活动，也是主体对生命境遇进行省察的开始。齐泽克从《黑客帝国》中看到了生命"觉醒"的解放性担当，当寄存在"母体"之中的千百万生命不再盲目地生活于"母体"的控制之下时，他们便踏上了"觉醒"的征程。然而这种"觉醒"并没有直接地聚焦于外部广阔的现实空间，"而是最先恐怖地意识到这个封闭世界的存在"，[①] 这也就意味着千百万生命的"觉醒"，经过"反思"、"批判"及"启蒙"后，最先察觉到的是自身正遭受"母体"的奴役，进而他们掀起了一场解放性的抗争。在齐泽克看来，当代生命"觉醒"的过程，是一个解放性的过程，而生命的直观感受，也必然是最先意识到生命奴役在资本主义世界的加剧，而不是对其他社会空间产生种种幻想。为此，他从生命政治的生活实践出发，将问题聚焦于生命"觉醒"的开启，并就"生命在场"的反思、霸权主义的批判及"解放"的启蒙等三个方面做简要探讨，以对后"9·11"时代的相关生命追问做出积极的回应。

一　"生命在场"的反思

生命"觉醒"的首要环节是对"生命在场"的反思。它是主体对"在场性"的一种省察活动，以便唤醒"自我"，并认识到生命的价值及追求所在，进而自发地投入生命解放的事业之中。这里的"生命在场"，主

---

① Slavoj Žižek, *Welcome to the Desert of the Real!*, London · New York: Verso, 2002, p. 96.

要是指生命的"生理性在场"和"符号性在场",它强调生命是一个不断"出场"和持续"在场"的过程,并重视生命的主体性地位,因此将生命视为目的和归宿。实际上,当代生命的现实遭际,即是其"在场性"的匮乏,主要体现在生命"缺场"的频繁和生命非正常"退场"的泛滥。其中,生命频繁的"缺场"引发了当代生命的"异化",并造成"物化"的泛滥,而生命的非正常"退场"加剧了生命安全的危机,并导致各类"决定论"横行。可见,生命"在场性"的匮乏最终导致生命价值观的扭曲,并为生命解放的实现制造了困难。为此,齐泽克从"在场性"出发,通过对生命"生理性在场"和"符号性在场"的探讨,为生命解放的深入开展提供了有益的借鉴。

(一)"生理性在场"

"生理性在场"是"生命在场"的必要前提。"生理性在场"主要指生命"物质载体"的"在场",即"身体在场"或"肉体在场"。人类作为一种高级动物,首先是一种生物性存在,且有着一个生老病死的生理性过程。因此,如海德格尔所言"向死而生",人类最终面临着生理性死亡。在生命走向"死亡"的过程中,"自然凋谢"抑或"他者"发挥着重要的作用。生命的"自然凋谢"是其生理性的必然,也是生命无法永生、终将"退场"的直观体现。而由"他者"所导致的生命"退场",即身体的死亡,是齐泽克所关注的重点。"他者"往往置身于生命之外,如同"邻人"。当然,这并不指涉那些因"自杀"[1]而放弃自己"身体"的主体。在齐泽克看来,能够充当"他者"的往往是"统治阶级"和"他人",他们对生命的物质性载体进行了戕害,导致生命走向了死亡,造成了生命的非正常"退场"。

法西斯主义曾是淡化"生理性在场"的典型。它将"至高权力"的运用发挥到极致,并为了某项"崇高事业",将整个人口化约成"赤裸生

---

① 德国学者卡尔·拜丁曾在《授权消灭不配让它活的生命》一书中对这类"自杀"进行过探讨,认为自杀是一种对其自身拥有主权的表达,它不应被视为一项罪行,也不能被认为是一件对于法律无关紧要的事。显然,齐泽克对这种以生命"退场"来彰显生命权力的做法给予了否定。参见 Giorgio Agamben, *Homo Sacer: Sovereign Power and Bare Life*, Stanford: Stanford University Press, 1998, p.80。

命"。它鼓吹以身体性的"退场"来奉献"崇高事业",从而造成了大量无辜民众"死亡"。纳粹主义对民众的"生理性在场"进行人为的干预。它一方面实施种族政策,建立"生育农场",通过生殖实验来优化雅利安人的基因,以强化其"生理性在场";另一方面又将犹太人视为威胁的"幽灵",通过各种丧心病狂的手段及措施来加速其生命的非正常"退场"。恐怖主义是当代无视"生理性在场"的典型,它以身体的极端性死亡为信仰。因此,恐怖分子轻视身体的伤残,乃至不惜性命献祭于对"宗教"的忠诚。实际上,"生理性在场"是生命存在的重要前提,任何"他者"都无权剥夺它的"在场"。为此,齐泽克建议人们应从"至高权力"对某项"崇高事业"的鼓吹中,应从各类极端主义对"先验事业"的鼓吹中抽身而出。当然,齐泽克对"生理性在场"的强调,为"生命至上"思维的生活实践奠定了基础。

(二)"符号性在场"

"符号性在场"是"生命在场"的重要体现。"符号性在场"又称"象征性在场",它是指生命作为一种象征性符号的永远"在场"和不断"出场",而能够充当生命象征性符号的往往是那些能够触动人类灵魂的永恒之物,因此它又被称为"灵魂在场"。"符号性在场"不同于"生理性在场"的那种终将因身体的生理性死亡而"退场",它是一种可以跨越时空并成为一种符号象征的永恒性"在场"。在齐泽克看来,生命并不仅仅是一个生物性过程,它还有着对自由、尊严、荣誉等"灵魂之物"的追求。巴迪欧将"死亡"视为人与动物的共有特性,而人类的特点是"不死性"。齐泽克将这种"不死性"视为灵魂的永恒性,即"灵魂在场",而这种"灵魂在场"往往凸显于身体的"退场"之中。正如齐泽克所言,"该向度是通过人的'缺场'而呈现出来的"。[①] 可谓当某人死后,通过整理其遗留的物品,他的向度才能真实地呈现出来,我们才意识到那个人是谁,我们才意识到那个生命所具有的"符号性意义"。

---

① Slavoj Žižek, *For They Know Not What They Do: Enjoyment as a Political Factor*, London · New York: Verso, 1991, p.134.

  齐泽克从安提戈涅①的悲剧性死亡中看到了"灵魂在场"的彰显。在众人看来，由于她的生理性死亡，她成了有尊严的生命、忠诚的典范，并永远地活在众人的记忆之中。当然，安提戈涅式的典范，已经成为一种生命的象征符号，它超越了生命的生理性死亡。为此，齐泽克认为她是一个充满着"崇高美"的模范。她为了表示对"实体"的忠诚，抛弃了自己的"第一生命"，即"生物性生命"，尽管造成了生命生理性的"退场"，但迎来了诸如忠诚、仁义、不惧强权等象征性符号的永远"在场"。实际上，"灵魂在场"是超越生命生物属性的"第二生命"，它是"生命在场"的主要体现，而一旦生命失去了"灵魂"，不管身体的生死，生命都将切实地"退场"，从而走向符号性的"死亡"，且是一种"象征法则"上的死亡。可见，"灵魂在场"从根本上决定着"生命在场"的抽象意义，并使其实现了永恒的"在场"。

  "灵魂在场"与"身体在场"之间有着复杂的关系。一方面，生命有时"身体在场"，但灵魂"退场"。这在阿甘本笔下奥斯威辛集中营中的"赤裸生命"那里体现得最明显，他们是被剥夺了灵魂的生命，成了"活死人"。他们大多数人身心崩溃，几乎退化到仅有"动物本能"的地步，他们仅存的力气全部用在单纯的生存上。为了活命，他们设法做一些"不道德"的事情。尽管这些"赤裸生命"依然活着，但是其灵魂早已"退场"，成了生命统治的"顺从者"，已毫无尊严可言。另一方面，生命因"凋谢"而身体"退场"，但是其灵魂却始终"在场"。在齐泽克看来，那些愿意为尊严、自由、荣誉等"崇高理性"及高贵品格而奋斗的生命，即便身体早已"退场"，其灵魂也终将永恒"在场"，生命最终也成了不死的"生命"。

  齐泽克高扬生命的"在场性"，强调生命政治生活实践的旨趣是"生命"而非"他物"。他的"生命在场"是"生理性在场"与"符号性在场"的有机统一，因而他一方面反对"至高权力"对"身体"的无视，并拒绝生存主义对"身体"的过度拔高，另一方面强调对自由、尊严、荣誉等人类"灵魂"之物的热忱追求，而拒绝陷入某个"先验事业"或

---

  ① 安提戈涅（Antigone）是古希腊悲剧作家索福克勒斯的剧作《安提戈涅》中的女主人公，她因执意安葬反叛城邦的兄长波吕尼刻斯而被国王处死。

"崇高事业"之中。因此，我们应当强调"生命至上"，并在生命面前建构畏惧之心。总之，齐泽克从生命的"两种凋谢"（即"生理性死亡"和"符号性死亡"）① 出发，透过生命的"退场"，深刻地反思"生命在场"，从而唤醒了生命对原始热情及"灵魂"之物的追求，最终为"生命"找到了一条"回家"的路。

二　霸权主义的批判

生命的"觉醒"不仅需要通过"批判"来实现，还要利用"批判"对民众进行广泛启蒙。当前，由于"激进主义"所呼唤的全新社会空间尚未到来，因而西方的广大民众依然处于资本主义社会的"坐标"之上，并遭受着霸权主义的统治。在后"9·11"时代，西方利用反恐战争强化了资本主义的霸权性，并使生命奴役进一步加剧。职是之故，当代生命的"觉醒"，还承担着对西方霸权主义进行批判的使命。因为只有坚持对霸权主义的批判，才能让广大民众认清西方社会的实质及特征，才能让广大民众了解到当前诸多"抵抗行动"的虚假性。因此，批判不仅是为了更好地改变，更是为了让"改变"最终成为一种可能。

（一）当代霸权主义的强化

反恐战争是后"9·11"时代全球政治生活的主要内容，而西方国家以"反恐"为借口，裹挟全球进入"反恐"时代，在世界范围内开展了大规模的"反恐行动"。尽管西方国家声称反恐战争的目的在于消灭恐怖主义，但实际上持续了二十余年的反恐战争，并没有取得西方国家当初所预期的效果，其发展态势也并未如西方所愿。毋庸置疑，反恐战争已经成为西方国家实施全球打击的工具，其结果显然是强化了西方国家的霸权地位。具体言之，体现在以下三方面。

① 除这两种生命死亡外，齐泽克还在《事件》一书中提及另外一种"死亡"，即"登记的死亡"。齐泽克将"生理性死亡"和"符号性死亡"视为人在现实中的死亡，而将某个人的死亡被管理部门登记在案（即"登记的死亡"）视为另外一回事，那是一种法律意义上的死亡。"登记的死亡"往往由"至高权力"所控制，并不能为主体自身所掌控，因此它不属于齐泽克所探讨的"生命在场"范畴。参见〔斯洛文尼亚〕斯拉沃热·齐泽克《事件》，王师译，上海文艺出版社，2016，第61~62页。

第一，西方利用反恐战争实现了话语霸权。西方国家以"9·11"恐怖袭击事件为契机，牢牢地控制了反恐话语的生产及诠释，并进一步实现了对全球话语的主导及控制。在齐泽克看来，人们所看到的"9·11"恐怖袭击事件影像及"反恐"镜像都是美国媒体精心剪辑、处理过的。西方媒体热衷于对纽约世贸中心大厦轰然倒塌影像循环播放，而无意于对反恐战争阴影下中东平民伤亡报道，显然是西方"至高权力"的刻意安排。同时，西方还力邀好莱坞"加盟"，通过对好莱坞大片、广告及纪录片等的剪辑及制作，树立西方话语的样板，并向全世界进行意识形态的宣传。此外，西方还常常利用"恐怖主义"的标签，对发出"质疑"声音的媒体进行压制和威胁。最终，西方借助意识形态的控制、外交施压、政治打击及经济制裁等一系列手段，不仅主导了全球话语的生产，还控制了全球话语的阐释，从而取得了全球话语的霸权。

第二，西方利用反恐战争实现了政治霸权。在齐泽克看来，西方常常打着"反恐战争"的旗号，在全球范围内进行着"反恐表演"，实现了对全球政治的控制。实际上，西方在政治霸权的主导上发生了冲突。一方面美国利用反恐战争巩固了政治霸主地位，并意图从政治上控制欧洲乃至全球；另一方面，欧洲试图利用反恐战争来摆脱美国的控制，并上升为世界政治的主导力量。由于"9·11"事件史无前例地、全方位地强化了美国的霸权，欧洲已经屈从于美国的"反恐"意识形态和"政治敲诈"。在齐泽克看来，西方国家盲目地跟随美国进行"反恐"，已经沦为美国控制的对象，欧洲已不像过去的欧洲，它正处于分崩离析之中。当然，尽管美欧在政治霸权的主导上产生了分歧，但西方政治霸权的全球性地位却丝毫未曾动摇。

第三，西方利用反恐战争实现了经济霸权。当代西方，尤其是美国，为了追求自身的利益，在反恐战争中同时扮演着全球帝国和民族国家两个角色。它们一方面充当世界和平的"卫士"，进行着全球"反恐"，并声称维护全球的和平稳定；另一方面又通过对石油、天然气、矿产等资源的掠夺及对军火贸易的操纵，获得了丰厚的经济利益，并对亚非拉国家的经济进行隐性的垄断及控制。尽管美欧在经济霸权的主导上有着明显的冲突，但它们皆通过反恐战争获得了巨大的经济利益，强化了霸权地位，却是不争的事实。尤其是美国，已经成为反恐战争的最大赢家，它利用反恐战争不仅实现了强化全球霸主地位的目的，更实现了对欧洲的挟持。正如齐泽克所言，"美国在意识形态、政治及经济等层面对欧洲进行了逐渐的、漫长的殖民过程"，① 而反恐战争恰恰是该过程可恶的结局。齐泽克的批判揭穿了西方利用反恐战争强化其霸权主义的实质，从而为当代生命的"觉醒"奠定了基础。

（二）"虚假的抵抗"

尽管当代"赤裸生命"与霸权主义之间的冲突从未有过中断，广大民众对霸权主义的抵抗也从未有过止息，但在齐泽克看来，现有的"抵抗"大都充满"虚假"。他们不仅未曾提出明确的斗争纲领，更没有一颗将"抵抗"进行到底的决心，因而"抵抗"更像一场充满骚乱的狂欢。实际上，由反恐战争所强化的霸权主义，在当前的各种骚乱、抗议、占领等运动中并没有遭到实质性的消解。无论是当代左翼的激进性行动，还是"自由派共产主义者"的伪善行，乃至广大民众的抗争，都丝毫未能削弱霸权主义的影响。

当代左翼的"伪行动"。齐泽克将当下视为左翼能够有所作为的最佳时机，因为左翼所期待的经济萧条和社会崩解的时刻似乎已经到来。然而，左翼的行动让人大失所望，因为它并没有发挥出对世界各地先后出现的抗议与反叛的引领作用。正如齐泽克所言："我们既没能看到左翼阵营对这些事件的任何有力回应，也未见他们提出过任何纲领，来把孤立无序的反抗整合成社会变革的积极力量。"② 在齐泽克看来，当前左翼的行动及批评，似乎陷入癔症性神经症之中，他们的"行动"似乎并非为了改变霸权主义的现状，而是为了强化霸权主义的"坐标"，因此齐泽克批判其是一种典型的"伪行动"。

"自由派共产主义者"的伪善行。"自由派共产主义者"是聚集在达沃斯论坛的一些企业家的自称，他们拒绝接受达沃斯论坛的资本主义全球化主张，也不认同阿雷格里港会议的反全球化思想，他们试图寻找一条不仅能从达沃斯论坛中获得收益，还兼顾阿雷格里港会议相关主张的道路。在

---

① Slavoj Žižek, *Welcome to the Desert of the Real!*, London · New York：Verso, 2002, p.143.
② 〔斯洛文尼亚〕斯拉沃热·齐泽克：《事件》，王师译，上海文艺出版社，2016，第213页。

齐泽克看来，比尔·盖茨、乔治·索罗斯、弗里德曼等是其主要代表。"自由派共产主义者"大多是实用主义者，在他们看来，曾经那种单一的、被剥削的工人阶级早已不复存在，因此今天只剩下具体的、有待解决的问题，如非洲饥荒、伊斯兰世界女人的悲惨遭际、宗教极端主义者的暴力。为此，"自由派共产主义者"建议人们应放弃传统的反资本主义修辞，而去专注于那些能够切实解决的问题，最终"慈善"成为他们的行动选择。"自由派共产主义者"的"慈善"是一种典型的伪善行为，因为它不但未能彻底解决现实问题，而且还遮蔽了"体制"的弊病，不仅转移了民众斗争的视线，更延迟了资本主义体系的危机。此外，它还避免了过去那种需要通过发动战争来重建平衡的巨额花费。因此，齐泽克认为，"自由派共产主义者"是今天所有进步斗争的敌人，它已经成为"全球化体系所有错误的直接化身"。① 可见，"自由派共产主义者"的"善行"并非为了解决霸权主义，而是为了巩固其霸权地位，只是出于统治需要，充满了虚伪及谎言。

民众的"非理性行动"。置身于西方霸权主义阴霾之下的广大民众，尽管有着狂欢式的"抵抗"，但并没有提出明确的政治诉求。无论是"占领华尔街"运动，还是科隆骚乱，乃至 2011 年 8 月英国发生的骚乱②，都无果而终。实际上，即便在当代"抵抗"活动之中有着"非理性暴力"的爆发，齐泽克依然将其视为民众"假借黑格尔所谓的'抽象否定性'（abstract negativity），来表达自己的积怨"。③ 正如齐泽克所言，暴力爆发了，但是民众并没有提出任何具体的诉求，似乎他们只是为了"抵抗"而抵抗，只是为了"行动"而行动。对此，拉克劳与墨菲也曾有过这种主张，正所谓"没有目的，运动就是一切"。而齐泽克则将其视为一种变形了的"修正主义"。当然，民众的"非理性行动"实质上并未能触及霸权主义的根基，也没有改变霸权主义的现状，而"示威者的暴行几乎全部针对他们

① Slavoj Žižek, *Violence: Six Sideways Reflections*, New York: Picador, 2008, p.37.
② 发生于 2011 年 8 月的英国骚乱，是由马克·达根（Mark Duggan）的可疑死因所引起的，但是该骚乱的制造者并没有提出明确的政治诉求。类似的情况还有 2005 年发生在巴黎市郊的焚车事件，抗议者没有传达任何信息。
③ 〔斯洛文尼亚〕斯拉沃热·齐泽克：《欢迎来到实在界这个大荒漠》，季广茂译，译林出版社，2015，第 5 页（中文版前言）。

自身"。① 因此，最终遭受其害的依然是那些具有同等身份、同样境遇的普通民众。

（三）霸权主义的制度性根源

当代霸权主义的滋生有着诸多成因，不仅涉及资本主义全球化的发展，还指涉各种利益的驱动，但究其根源主要是由资本主义制度所导致。正如齐泽克所言："现实生活之中的所有'冲突'，显然都与全球资本主义密切相关。"② 实际上，资本主义制度从根本上决定着当代霸权主义的滋生、存在及发展，且往往基于生命统治的需要而对霸权主义政策进行调整。在齐泽克看来，霸权主义已经沦为当代资本主义统治的工具。霸权主义的工具化不仅迎合了当代资本主义统治的需要，也加剧了当代生命的奴役。

首先，资本主义利用霸权主义实现了对"至高权力"的攫取。统治阶级对"至高权力"充满窥觎，因为"至高权力"是一种生命处置的权力，它直接决定着"市民"身份的赋予和"赤裸生命"的"排除"。福柯曾将生命政治之前的阶段指认为"前生命政治时期"，并指出在此阶段统治阶级对生命权力的掠夺往往借助于对领土的争夺、国家的占领及社会的控制，其手段往往是通过战争，因而它充满残忍、血腥及赤裸裸的暴力。而在生命政治时期，"至高权力"成为统治阶层所急于攫取之物。当然，它的实现已不再急于选用战争等残暴而血腥的手段，而是偏向于主张通过各种"治理"来完成。在当代，随着霸权主义的工具化，统治阶层对"至高权力"的攫取变得更加隐蔽、更为广泛、更加迅速。

其次，资本主义利用霸权主义实现了对"例外状态"的宣布。卡尔·施米特曾将"例外状态"视为一种法律悬置的状态，而阿甘本则认为它是一种特殊而紧急的状态，并为特殊行动提供了可能性的空间。在齐泽克看来，当代霸权主义的工具化造成西方资本主义对"例外状态"的滥用。例如美国在"9·11"事件后急于宣布"例外状态"，无非是为反恐战争的开展制造一个"合法性"的依据，而事实上美国并没有进入"例外状态"。

① Slavoj Žižek, *Violence: Six Sideways Reflections*, New York: Picador, 2008, p. 76.
② Slavoj Žižek, *Welcome to the Desert of the Real!*, London · New York: Verso, 2002, p. 41.

令齐泽克担忧的是，霸权主义对"例外状态"的宣布，破坏了现有的生存秩序，使得"例外"成为常态，进而导致生命处境的恶化。

最后，资本主义利用霸权主义实现了对生命统治的强化。当代霸权主义的工具化不仅导致了生命安全的破坏，更造成了"排除"的泛滥及生命自由的丧失。当代资本主义以霸权主义为工具，对全球生命进行了有意的划分，使少数人获得"至高权力"，成为统治阶级，而大多数人则遭受资本主义全球化的"排除"，沦为当代"赤裸生命"。在"至高权力"与"赤裸生命"之间存在着赤裸裸的生命奴役，对"赤裸生命"而言，霸权主义的工具化不仅造成了其生命权被剥夺，更给他们带来了诸多的心理恐惧。可见，霸权主义实质上是当代资本主义实施生命统治的工具，而资本主义制度是其滋生的根源所在。

此外，霸权主义已经成为当代资本主义制度的基本特征。西方资本主义似一个霸权主义机器，尤其是其"全球化"，进一步强化了它的霸权性，并造成了生命统治的加剧。"资本主义的'无世界性'特点和科学话语在现代社会中的霸权角色联结在一起。"① 实际上，齐泽克的生命政治不仅关注资本主义全球化所导致的生命奴役加剧，更关注对当代资本主义霸权性的批判。当今资本主义全球化，尤其是其霸权主义的彰显，已经激活了众多的"意识形态"，"从传统宗教到个人主义的快乐主义，再到'再意指'它们的逻辑以使它们适应其框架"。② 因此，无论是老式的阶级斗争，还是后现代生态的、文化的及性别的等斗争，它们都是资本主义全球化导致的结果。

尽管资本主义全球化导致了世俗社会的崩塌，"它无情地撕裂了任何真正的贵族、神圣性及荣誉等气氛"，③ 但是它在全球化所包含的人与全球化所"排除"的人之间造成的分裂，最终却强化了它的霸权性。一方面，全球化的主宰者拥有着生命统治的权力，它通过制度设计及各种技术手段的运用，实施着赤裸裸的生命统治。另一方面，那些被全球化"排除"在

---

① Slavoj Žižek, *Violence: Six Sideways Reflections*, New York: Picador, 2008, p. 82.

② 〔美〕朱迪斯·巴特勒、〔英〕欧内斯特·拉克劳、〔斯洛文尼亚〕斯拉沃热·齐泽克：《偶然性、霸权和普遍性——关于左派的当代对话》，胡大平等译，江苏人民出版社，2004，第353页。

③ 〔斯洛文尼亚〕斯拉沃热·齐泽克：《易碎的绝对——基督教遗产为何值得奋斗？》，蒋桂琴、胡大平译，江苏人民出版社，2004，第11页。

制度之外的人，成了任人宰割的"赤裸生命"，他们被"制度"剥夺了仅有的生命权，成了没有生命安全、毫无生命自由的"活死人"。同时，在齐泽克看来，现代资本主义由于没有最终的社会文化所指，所以它的真正恐怖之处就在于毫无"根源"可言。从这个意义上来说，资本主义就是"实在界"，① 并且"是一个无根的抽象符号机器"。② 因此齐泽克生命政治对资本主义霸权性的批判，不仅为当代生命的"觉醒"做了准备，更为人类生命解放事业的深入开展奠定了基础。

三 "解放"的启蒙

生命"觉醒"的解放性担当体现在对广大民众进行"解放"的启蒙。这里的启蒙，主要是指"生命解放"的启蒙，意指将那些处于麻木状态之中的民众，从西方享乐主义世界之中唤醒，使其认识到生命遭受奴役的处境，并了解当代生命解放事业的进展，为生命解放事业的进一步开展而"行动"。因此在齐泽克看来，"解放"启蒙不仅是对"解放"实践进行省察的过程，更是唤醒民众、坚定信心，并以更大热情投身于"生命解放"事业的过程。

生命解放是未竟之业。两次世界大战及三次工业革命，掀起了国家解放、民族解放及社会解放的大潮。尽管当前在中东、北非等局部地区依然弥漫着战火的硝烟，但世界上绝大多数国家早已摆脱战争之苦，走上了和平发展的道路。当国家、民族及社会从各类束缚之中解放出来之时，开始逐步地唤醒了人类对生命自身的审视。齐泽克的生命政治即是有关生命解放的生命政治，它再次敲响了人类审视自身的警钟，它提醒人们，生命依然处于各类枷锁之中，生命解放的大业尚未完成，因此那个曾经游荡于欧洲上空的"共产主义的幽灵"恐怕仍将继续飘荡。正如齐泽克所指，它并非过去的"幽灵"，而是一种具有革命性未来的"幽灵"。实际上，当前人类生命遭受的奴役，不仅并未因人们自由意识的觉醒而减轻，而且变得越

---

① 资本主义的"实在界"是指那个无法改变、决定着在社会现实之中将会发生什么事情的"抽象化"，即幽灵式的资本逻辑。

② 〔斯洛文尼亚〕斯拉沃热·齐泽克、〔英〕格林·戴里：《与齐泽克对话》，孙晓坤译，江苏人民出版社，2005，第163页。

来越隐性，尤其是数字化技术的发展，使生命控制变得越来越隐蔽。此外，西方资本主义制度对生命统治的策略，也随着时代的发展在不断地变化和调整。特别是后现代意识形态的兴起，已经将"符号性暴力"根植到广告、影视、互联网移动终端等之上，从而对人们认知图绘的建构产生了重要的影响。齐泽克通过对各类生命统治形态的揭露来进一步告诫人们，生命解放任重道远。他认为，人们需要做的并不只是组织反对资本主义的众多阵地，"我们要把这种抵抗转化为一个更全球化的计划"，① 否则，生命解放仍将止步不前，人们依然无法迎来真正的"质变"。

齐泽克为生命解放建构了一个美好的未来，并故意用"乌托邦"空间来形容。在他看来，乌托邦不仅是托马斯·莫尔式的"空想"专属，它还有着盛放"未来"的功能属性，它创造了一个置身于现存空间之外的空间。齐泽克所言的"乌托邦"空间，盛放着生命解放的美好愿景，它是一个既非现存也非幻想的空间。齐泽克曾将这一空间称为"共产主义"，而非当代左翼所主张的"第三条道路"。因为齐泽克并不看好"第三条道路"，他认为"第三条道路"只不过是戴着人类虚伪面具的全球资本主义，"即把全球资本主义机器——其功能尚未被干扰——的人类成本最小化的企图"。② 为此，齐泽克进一步鼓励人们应为"共产主义"的建构而抗争。在他看来，"共产主义——这一概念意在通过动员人民为之奋斗而'生成自己的现实性'"，③ 而所谓共产主义者，意味着要干预全球资本主义最真实的、最基本的对抗。因此，他提醒人们应从"体制"的对抗入手，应抓住"当代斗争将围绕着这些新的解放可能和新形式的直接社会统治问题展开"。④ 此外，在实现"乌托邦"空间的路径上，齐泽克对本雅明及阿甘本的"激进性行动"充满兴趣，并寄希望于"神的暴力"的降临。他呼吁人们在"行动"中寻找革命的"答案"，并通过"行动"来实现对未来社会空间的开启。当然，我们要坚信"激进性行动"始终为民众所掌握，而当

① 〔斯洛文尼亚〕斯拉沃热·齐泽克、〔英〕格林·戴里：《与齐泽克对话》，孙晓坤译，江苏人民出版社，2005，第157页。
② 〔斯洛文尼亚〕斯拉沃热·齐泽克：《易碎的绝对——基督教遗产为何值得奋斗？》，蒋桂琴、胡大平译，江苏人民出版社，2004，第57页。
③ Slavoj Žižek, *The Parallax View*, Cambridge, MA: MIT Press, 2006, p.47.
④ 〔斯洛文尼亚〕斯拉沃热·齐泽克、〔英〕格林·戴里：《与齐泽克对话》，孙晓坤译，江苏人民出版社，2005，第162页。

下的我们需要再勇敢一些，以推动现有冲突"坐标"的改变，并勇于省察生命自身。在齐泽克看来，生命解放并非遥不可及的梦想，也绝非空想式的"乌托邦"，它是一个有待实现的空间，而当下的我们需要坚定信心，并努力将"理想"转变为"现实"。

综上观之，生命政治的生活实践是一项系统而复杂的工程，尽管齐泽克的"付诸行动"并未能覆盖生活实践的各个方面，但也不失为一种积极的探索。生活实践是生命解放的实现路径，虽然它将面临着来自现存体制的各种挑战和现实生活中的各种诘难，但是我们依然可以从生活实践出发，通过每日每夜的行动，去促进生命境遇的改变，从而为生命解放奠定基础。实际上，生命解放是一个漫长的历程，也必将遭遇各种统治力量的强烈反抗，因此民众应当坚定信心。在齐泽克看来，人们无须追随左翼政治激进式的革命老路，可以选择在日常生活中有耐心地进行意识形态的批判，并坚持在文化、思想及理念的维度上进行战斗。当然，生活实践中的日常"行动"或许未曾带来显见的"解放"成效，也未能短时期内促进社会"断裂式革命"的发生，但齐泽克依然从"增量式"的改变中为人们找寻信心。正如他所言，"伟大征程"的参与或许未有任何东西超出其外，但每一个小小诉求的实现都给人们带来了希望，如果你毅然坚持下去，那么一切都将会改变。人们应当时刻铭记拿破仑的那句箴言："进攻，然后我们将看到。"同时，齐泽克建议人们应当行动起来，并保持思想的开放性，以使旧的"体制"在无声无息中被革除，进而为生命解放的到来建构一个可能性的空间。

然而，齐泽克通过生命政治的生活实践以促进生命解放的主张，并非一个完美无瑕的方案，它还面临着诸多现实的辩难。

第一，信心坚定的问题。尽管齐泽克对生命政治的生活实践进行了深入的探讨，但是在生活实践的时长上他并未给出明确的答案，难免让人们担心生活实践的无限期进行及生命解放的遥不可及，更糟糕的是民众容易将其误认为是一种虚无缥缈的乌托邦，从而失去"行动"的信心和动力。此外，从生活实践的"增量式改变"向哥白尼式"断裂式革命"迈进的问题也有待探讨。"断裂式革命"早日发生直接关系到生命解放的早日实现，因此如何推动"断裂式革命"提前到来，确实是一个难以立即回答而又不得不面对的问题。当然，现实统治力量的强大早已超出民众的想象，如何解决"至高权力"对"增量式改变"的阻碍及对"断裂式革命"的延缓，也是现实存在而齐泽克所未曾给予回答的命题。

第二，历史偶然性的把握。偶然性在人类历史发展进程中常常起到助推作用，因此偶然性"事件"的发生或许能够影响历史的进程。在生命政治的生活实践中也面临着如何对待偶然性"事件"的追问，这也是齐泽克所未曾给予详细论述的问题。事实上，齐泽克对"事件"的偶然性有着深刻的认识，正如他所言，"它可以是日常生活中的意外，也可以是一些更宏大甚至带有神性的事情"。① 同时，偶然性"事件"对现有秩序有着破坏。对此，齐泽克指出，"事件总是某种以出人意料的方式发生的新东西，它的出现会破坏任何既有的稳定架构"。② 由此，在生活实践的"付诸行动"中对偶然性"事件"的捕捉和把握，或许能够推动"断裂式革命"早日到来。然而，齐泽克并未沿着"事件"进行探讨，而转向对历史偶然性推动作用的深入分析，堪称遗憾。

第三，重蹈覆辙的避免。齐泽克对西方的"重复性"行动充满排斥，因为它们并没有改变现有社会的"坐标"，只不过是在资本主义制度框架内的细微调整，是为了整体性的不变而去变。那么，日常生活中的"付诸行动"如何避免陷入西方体制的陷阱、如何避免苏联式的失败等成了现实的难题，这也是齐泽克所必须面对的。实际上，革命事业的一时失败并不可怕，也难以阻挡生命解放的历史趋势和进程，但是革命成功后的"失败"，不仅上演了马克思所言的历史的曲折及跌宕起伏，更严重地打击了民众的信心及热情。此外，西方意识形态给民众制造了各种幻象，它利用强大的国家机器来控制着生命，因此"付诸行动"一旦出现方向偏差，将难以避免陷入齐泽克所言的"重复性"工作之中。值得肯定的是，齐泽克为"付诸行动"建构了指南，从而为该问题的进一步解答奠定了基础。

第四，"道路"的现实性。尽管齐泽克以生活实践来推动生命解放"增量式"实现的主张更具现实性，但是在生命解放现实性道路的选择上，齐泽克并没有给出一套现成的模式供人们借鉴。似乎在齐泽克看来，西方既有的道路将无法促成生命解放的实现，因此"道路"依然在"建构"之

---

① 〔斯洛文尼亚〕斯拉沃热·齐泽克：《事件》，王师译，上海文艺出版社，2016，第2页。
② 〔斯洛文尼亚〕斯拉沃热·齐泽克：《事件》，王师译，上海文艺出版社，2016，第6页。

中，而关键则在于"行动"，并且是一种以生命解放为旨趣，能够促进生命解放"道路"建构的"行动"。同时，齐泽克还强调这种"行动"绝非"重复性"的工作，而将是能够推动西方社会"坐标"发生改变的"行动"。然而，在"行动"的"重复性"与"增量式"的甄别上，齐泽克并没有给出明确的回答，最终依然需要通过"行动"来摸索。可见，民众难以从齐泽克处找寻到现成的答案，无论是"道路"的建构，还是"行动"的甄别，在齐泽克看来，一切都在"行动"之中。如若基于此而断言，齐泽克难免有"狡诈"之嫌，因为他反对当前的一切"结构"，却又未能给民众提供一套令人信服而又行之有效的"道路"模式，难免让民众不知所措。实际上，齐泽克能够明确给出的"道路"方案，似乎是从零开始，重新开始，"从开始处开始"，[①] 因而他主张对当下"整体性"改变，并以"行动"来促进"新的结构"的生成。而这些"新的结构"，借用尤瓦尔·赫拉利所言，"可能完全不同于任何先前的政治制度，既非民主，也非专制"。[②] 可见，生命解放是一项未竟之业，有待人们去深入地挖掘和实践，同时我们也希冀在齐泽克之后将会有更多的人能够为生命的自由发展谱写新的篇章。

---

①　Slavoj Žižek, *First as Tragedy, Then as Farce*, London：Verso, 2009, p. 88.

②　〔以色列〕尤瓦尔·赫拉利：《未来简史：从智人到神人》，林俊宏译，中信出版社，2017，第 344 页。

结　语

　　生命政治是一个不断"出场"和持续"在场"的理论形态，它始终随着"生命"诠释的变化而衍变。西方新马克思主义者齐泽克以美国"9·11"事件后的时代变化为契机，将问题聚焦于现实生活中的各类"枷锁"，并通过对"生命"的"解放性"诠释，建构了解放范式的生命政治。这不仅促进了生命解放事业的开展，更推动了当代生命政治的新发展。本部分主要从马克思主义出场学的视域出发，着重就齐泽克生命政治的出场意义、局限，以及"后齐泽克生命政治"应该关注的生命诉求等做简要探讨，以便把握其实现的理论突破及有待探讨的话题，从而为"后齐泽克生命政治"的进一步发展奠定基础。

一

　　齐泽克的生命政治以生命解放为问题意识，不仅实现了对福柯以来"治理主义生命政治"的理论突破，还开辟了当代生命政治研究的新视野，是当代生命政治理论发展的新成果。齐泽克生命政治的"出场"意义主要体现在实现了对"超法律生命政治"、"人道主义生命政治"及"治理主义生命政治"等当代三种生命政治理论的批判，促进了生命政治的积极化转向，推动了生命政治治理范式的嬗变。

（一）　对当代三种生命政治理论的批判

"超法律生命政治"（paralegal biopolitics）注重对"紧急状态"或"例外状态"的强调，认为在历史的某一紧急时刻，为了所谓"国家"或"集团"的某种利益，可以逾越法律的限制而放任权力横行。"超法律生命政治"逃避了"合法性"这个"大对体"的诘问，进而使"至高权力"的统治意志得以发挥。对此，齐泽克指出，当下统治阶级借助对"神圣人"的后政治管制，连法西斯主义用于掩人耳目的法律程序也省略了，"也不再需要以合法性的大对体来遮盖行政措施了"。[①]　在"超法律生命政治"的语境下，贯穿着统治意志的行政措施正在逐步取代法治，而成为生命"治理"的准则和依据。在齐泽克看来，20世纪六七十年代巴拉圭的阿尔弗雷多·斯特罗斯纳即是"超法律生命政治"的先驱，因为他把"例外状态"发挥到了前所未有的地步。实际上，"9·11"事件后由西方国家发起的反恐战争即是当代"超法律生命政治"的典型。"9·11"事件后，恐怖主义在世界其他地区又先后制造了多起重大的暴力袭击事件，使"反恐"成为西方国家应对恐怖主义"非理性暴力"的直接行动。恐怖主义的暴力袭击给西方国家制造了宣告进入"紧急状态"的借口，而在"反恐"过程中，西方国家存在着大量逾越法律限制、滥用"紧急状态"的现象。"反恐"不仅沦为破坏法律正常秩序的工具，更成为西方国家滥用暴力、侵犯公民基本权利的"合法性"依据。在齐泽克看来，"9·11"事件后一些美国政府要员，如唐纳德·拉姆斯菲尔德、约翰·阿什克罗夫特等的一系列言论和行动，充分表明他们试图将美国及整个欧洲带入"紧急状态"的逻辑之中，而实际上西方社会并未进入他们所宣称的那种状态，广大民众的日常生活并没有发生多少改变。反恐战争给西方国家提供了逾越法律限制的空间，从而为当代生命治理的强化创造了有利条件。隐藏于反恐战争幕后的"超法律生命政治"，自"9·11"事件以来一直发挥着重要的治理作用，它不仅推动了西方霸权主义的强化，也促进了当代生命治理的实现。实际上，"超法律生命政治"往往以"紧急"为借口，以"例外"为常态，而放任权力的横行。它在诉求政治利益最大化的同时，却对社会严加

---

①　Slavoj Žižek, *Welcome to the Desert of the Real!*, London·New York：Verso, 2002, p.106.

管控，将生命治理发挥到极致，严重剥夺了广大民众的生命权，引发了齐泽克对其的深刻反思和批判。

"人道主义生命政治"（humanitarian biopolitics）具有较强的生命力和一定的迷惑性，它坚持从人道主义出发，强调对生命的关切和救助。但这种救助往往停留在生命得以"生存"的层面，即古希腊的 zoē[1] 层面，并未能彻底改变生命的真实状态和"对象化"的身份。然而，由于它能够跨越国家之间意识形态的差异，并能突破现有的制度性壁垒，以便对"生命"进行及时的救助和保护，并使其得以"保存"，因此在某种意义上它具有积极的一面。齐泽克对"人道主义生命政治"救助的对象进行过详尽的分析。在他看来，首先，"神圣人"是"人道主义生命政治"的专有对象，因为他们被剥夺了正常人所拥有的做人的资格，而被那些以"恩人"自居的人"照料着"。此外，齐泽克还指出，这样的"神圣人"包括法国的"非法移民"、巴西贫民窟的贫民、美国黑人社区的黑人等等。如若以是否接受过人道主义援助作为划分的标准，那么将会有更多的人被划分为"神圣人"，正所谓"有些人被视为人道主义援助的接受者，或许他们代表着今日神圣人的形象"。[2] 其次，被排除在"法律管辖"之外的人也是"人道主义生命政治"的对象。这不仅包括恐怖分子，还包括诸如卢旺达人、波斯尼亚人、阿富汗人等所有接受过人道主义援助的人。他们被法律排除在外，成为不受法律管辖、不受法律保护的人。当然，齐泽克还认为，"无论是集中营，还是难民营，人都被简化成了生命政治的对象"。[3] 最后，齐泽克还特意指出，现实中的"我们"依然被法律、政治等"排除"在外，如同"神圣人"一样，因为"我们"最基本的、原初的身份就是生命政治的对象，就是被"至高权力"所"排除"在外的人。实际上，"人道主义生命政治"建构在"排除"泛滥的基础之上，因为它所救助的对象仅是那些被"排除"的"赤裸生命"。因此在齐泽克看来，无论"人道主义生命政治"表面上多么充满"善意"，但是它将生命视为一种

---

[1] zoē 是古希腊词语，意指一种纯粹的"生物性"意义的生命，而古罗马的"神圣人"即是这种生命的典型。参见 Giorgio Agamben, *Homo Sacer: Sovereign Power and Bare Life*, Stanford: Stanford University Press, 1998, p.42。

[2] Slavoj Žižek, *Welcome to the Desert of the Real!*, London·New York: Verso, 2002, p.92.

[3] Slavoj Žižek, *Welcome to the Desert of the Real!*, London·New York: Verso, 2002, p.91.

"对象性"的存在，使生命丧失了主体的地位，生命也自然沦为被控制和被奴役的对象，这无疑是其根本性的弊端所在。

"治理主义生命政治"是由福柯、阿甘本、埃斯波西托等人所建构的生命政治范式，它将生命置于"至高权力"的统治之下，诉求技术工具在生命规训之中的应用，重视专家管理和知识运用。"治理主义生命政治"颇具鲜明的特点是将生命视为对象，最终把群体化约成一批批的"神圣人"，"即海德格尔所谓的'配框'，阿多诺所谓的'被管制的世界'，福柯所谓的'规训与惩罚'"。[①] 它往往以生命优化和生命质量的提升为借口，注重对生命的程序化干预和操纵。在齐泽克看来，它是精神分析话语叙述中的学院话语，其表达式是"S2–a"。[②] 其中"S2"囊括了知识系统，代表能指链；"a"是欲望的原因，是降低为勉强存活的个体。最终，死亡颇合逻辑地沦为它的终极痛处。齐泽克将"治理主义生命政治"视为一种意识形态的虚构，并揭示其意图在于掩盖权力关系的网络，以便为个体无罪和逃避惩罚而辩护。齐泽克断言，那些控制了生存条件的人也就控制了生命，因此，用来摧毁生命的军工和用来延长生命的医药，显然已经成为当下两个最为强大的工业行当。齐泽克有意将阿甘本的"例外状态"引入对"治理主义生命政治"的话语批判之中，他认为希特勒是这种"生命政治"家的典型，因为"例外状态"赋予最高统治阶级无限制地草菅人命的权力，使国家变成了一台谋杀机器，进而"把'生命政治'定义为政治的核心"。[③] 实际上，"治理主义生命政治"对生命的过度干预和控制，使"生命"遭受严重的创伤。而齐泽克借助对"治理主义生命政治"的话语批判，不仅为其生命的认知及反思提供了契机，更为其"生命政治"的话语诠释建构了一个全新的出场语境。

（二）生命政治的积极化转向

尽管"生命政治"在当代主流话语叙述之中常常被作为一个中性概念

---

① 〔斯洛文尼亚〕斯拉沃热·齐泽克：《视差之见》，季广茂译，浙江大学出版社，2014，第473页。

② 〔斯洛文尼亚〕斯拉沃热·齐泽克：《伊拉克：借来的壶》，涂险峰译，生活·读书·新知三联书店，2008，第140页。

③ 〔斯洛文尼亚〕斯拉沃热·齐泽克：《伊拉克：借来的壶》，涂险峰译，生活·读书·新知三联书店，2008，第153页。

在使用，但肇始于20世纪前期的"自然主义生命政治"一度将"生命政治"视为政治的基础，尤其是盛行于德国希特勒统治时期的"种族论生命政治"赋予生命政治消极性的内涵，生命政治一度沦为法西斯主义实施生命统治的工具。尽管希特勒法西斯主义早已随着二战的结束而终结，但那些带有消极烙印的生命政治却依然在极端种族主义等之中盛行。它们往往将生命政治作为生命奴役的一种手段，并在各类有关生命统治的政治文件之中频频出现。它们往往从生命控制出发，强调对"超验事业"的过度追求，忽视了"生命"的"在场性"，并主张以个体生命的非正常"退场"来建构生命"象征性"的崇高，从而给"生命政治"打上消极的烙印。

"治理主义生命政治"曾赋予生命政治多样化的内涵，并竭力促进生命政治向中性概念转变。在福柯那里，生命政治被作为一个概念使用，"用以说明一种让生命作为政治策略之对象的历史过程"。① 正如托马斯·雷姆科所言，福柯的"生命政治"意味着政治实践的一种断裂。尽管福柯基于知识谱系的考察，认为"生命政治"是生命权力的一种意志体现，但是"生命政治"仍然是统治阶级惯常使用的一种"治理术"，它依然有着消极性的内涵。阿甘本在对"赤裸生命"的洞察中，坚信"治理主义"之下的"生命"仍将无法摆脱束缚的宿命，他"以强烈的去历史化方式强调生命政治现象的否定性乃至悲剧性基调"。② 此外，哈特和奈格里为"生命政治"建构了全新的诠释进路，他们试图赋予这个概念积极性的意义。在他们看来，"生命政治"是资本主义生产进入新时期的一个重要标志，而生命早已冲破"再生产"领域的藩篱，而不再仅仅隶属"劳动过程"。埃斯波西托摒弃福柯和阿甘本的论调，他强调，"我并不寻求在生命政治对立的语义两极中通过倒向一方而颠覆一方"，③ 他力图在福柯和阿甘本之外，寻求一条迥异于他们且能够将他们的"生命政治"结合起来的道路。埃斯波西托试图通过免疫范式的"生命政治"将纳粹主义的死亡政治颠倒

① 汪民安、郭晓彦主编《生产》第7辑《生命政治：福柯、阿甘本与埃斯波西托》，江苏人民出版社，2011，第57页。
② 汪民安、郭晓彦主编《生产》第7辑《生命政治：福柯、阿甘本与埃斯波西托》，江苏人民出版社，2011，第235页。
③ 汪民安、郭晓彦主编《生产》第7辑《生命政治：福柯、阿甘本与埃斯波西托》，江苏人民出版社，2011，第235页。

过来，"变为一种不再控制生命，而是属于生命的政治"。① 但由于"免疫"的脆弱及张力，埃斯波西托未能完成对"生命政治"的积极化转向。

齐泽克对生命的"解放性"诠释，促成了"生命政治"的积极化转向。齐泽克并没有沿袭哈特、奈格里、埃斯波西托等人的诠释进路，他坚持从生命存在出发，强调生命的"在场性"和"目的性"，重视"生命政治"对生命的保障、优化及发展。齐泽克将管理和调节"简单生活"视为生命政治的主要任务之一，而"生命政治"只不过是后政治时代"政治"的简化。为此，"生命政治"迥异于以往对生命的治理和控制，而应对那些事关生命之存在、健康、发展等方面的"简单生活"给予关注。齐泽克对"简单生活"的管理和调节，契合了当下回归日常生活的需要。近年来，人们逐渐从注重宏大叙事转向强调日常生活，从此日常生活批判成为变革社会中的重要基调。正如匈牙利著名学者阿格妮丝·赫勒所言："社会变革无法仅仅在宏观尺度上得以实现，进而人的态度上的改变无论好坏都是所有变革的内在组成部分。"② 可见，齐泽克"生命政治"对日常生活的话语指涉，揭示并指向了生命逐步回归"原质"③ 的轨迹。为此，齐泽克认为，当代生命政治的主要特征之一，是向"真正无节制的消费"开战，因为它往往以吸毒、滥交、抽烟、饮食等形式呈现，并正作为当前社会的主要危险存在。生命向"原质"状态的回归，必然促进对"简单生活"的渴望，在如何管理和调节"简单生活"的追问中，齐泽克将"生命活动"逐步引向"日常"，推动了"生命原初"的重现，从而为"生命何以安置"的时代追问提供了回答的范本。齐泽克强调生命政治的持续"在场"和不断"出场"，赋予生命政治积极性的内涵，进而将"生命政治"推向了"正面"，并促进了"生命政治"的积极化转向，从此"生命政治"的话语叙述在"中性"和"贬义"之外，开始有了"褒义"的色彩。

（三）生命政治治理范式的嬗变

当代政治哲学语境之中的生命政治主要意指 20 世纪 60 年代以来由福

---

① Roberto Esposito, *Bios*: *Biopolitics and Philosophy*, Minneapolis and St. Paul: University of Minnesota Press, 2008, p. 11.

② Agnes Heller, *Everyday Life*, London·New York: Routledge and Kegan Paul, 1984, p. PX.

③ 原质（Thing），是齐泽克在精神分析中常用的词语，是指它自身，真正的事物，真实所是的东西，在这里主要是指生命原初的生活方式。

柯所开辟的生命政治，它历经阿甘本、哈特、奈格里、埃斯波西托等人的助推，已经发展为"治理主义"范式的生命政治。福柯是其话语叙述的肇始者，在他看来，当下应该深入研究的是，"关于生命和人口的那些具体问题以何种方式在一种治理技术学内部被提出来"。① 福柯从"生命权力"的观照出发，并借助于知识谱系学的方法，通过对 18～19 世纪欧洲生命统治的考察，对自由主义框架下的生命政治进行了批判。福柯将"自由主义"视为一种实践，并认为自由主义框架下的生命政治，是对"人"的行为管理的活动，其目的绝非"治理"本身。福柯的生命政治意在通过激励、强化、监控以及优化生命力量，聚焦对"生命治理"之理性和非理性的反思。福柯"生命政治"的治理对象是生命自身，治理的内容是人口、出生率、健康、寿命等要素，治理的制度性框架应然是"新自由主义"。

阿甘本沿着福柯的学术理路，建构了生命政治的"神圣人说"，开创了治理主义生命政治的新局面。在阿甘本看来，"紧急状态"下的生命由于逐步"神圣化"而最终沦为"神圣人"，"他提出政治对于生物生命的统治是通过法律来实现的，而法律又反过来被神圣化和主权的概念重新诠释"。② 在他看来，"生命政治"终归是"死亡政治"。哈特、奈格里和埃斯波西托在承袭福柯和阿甘本生命政治思想的同时，分别建构了一套有别于他们的生命政治。其中，哈特与奈格里从生命的生产出发，建构了生命政治的"帝国说"，而埃斯波西托则从生命自身的免疫机制出发，建构了生命政治的"免疫说"。埃斯波西托认为"为了保存生命，我们必须要有免疫力"，③ 最终免疫通过限制生命的扩张性、生产性力量而保存和发展生命。但是，当免疫超过某一特定的临界值时，这种"保护"随之变成了对生命的褫夺。为此，对生命"免疫剂量"的管理成为"生命政治"的主要任务。实际上，无论是阿甘本，还是哈特、奈格里，乃至埃斯波西托，他们皆未能跳出福柯所开辟的"治理主义"的语义范畴，生命依然遭受着奴役。

① 〔法〕福柯：《生命政治的诞生》，莫伟民、赵伟译，上海人民出版社，2011，第 285 页。
② 汪民安、郭晓彦主编《生产》第 7 辑《生命政治：福柯、阿甘本与埃斯波西托》，江苏人民出版社，2011，第 100 页。
③ 汪民安、郭晓彦主编《生产》第 7 辑《生命政治：福柯、阿甘本与埃斯波西托》，江苏人民出版社，2011，第 236 页。

　　此外，由"生态主义生命政治"和"技术中心主义生命政治"所建构的"政治主义生命政治"，走出了一条不同于由福柯、阿甘本、埃斯波西托等人所建构的"治理主义生命政治"的学术理路。尽管它们以生态观念抑或医学技术为中心，注重对生命的生态学观照或选择以技术主义为视角，但它们依然隶属"治理主义生命政治"，只不过是它的一个变种。"政治主义生命政治"的两个出场形态，无论是"生态主义生命政治"强调从生态理念出发，重视考察生态困境下的生命焦虑，还是"技术中心主义生命政治"强调"技术"介入的程度及由此带来的相关伦理诘难，它们始终未曾逃离"将生命视作对象"的梦魇，生命依然被施以多重枷锁。无论是源于"生态主义"的，还是来自"技术中心主义"的，生命都难以摆脱控制的藩篱。

　　齐泽克对生命的"解放性"诠释促成了"生命政治"治理范式的嬗变。齐泽克的生命政治，以生命解放为问题意识，对"治理"进行了全新的阐释，这主要体现在以下三点。其一，治理的对象。在齐泽克看来，"生命政治"的治理对象不应是福柯、阿甘本、埃斯波西托等人所言的"生命"自身，而是有关安全、健康、福利等涉及"生命"生存和发展的各要素，从而实现了生命政治由"治理人"向"治理事"抑或"治理物"的转变。其二，治理的目的。齐泽克的生命政治以生命解放为中心，旨在生命的自由与发展，从而彻底摆脱了"治理主义生命政治"对生命权力的剥夺、对生命统治的维系及对某项"先验事业"的追求。它立足于"生命"自身，可谓以生命为起点，而又以生命为归宿，坚持了马克思主义对"现实人"的"自由全面发展"的崇高追求。其三，治理的内容。齐泽克的生命政治是一种从"现实"出发而又关注"现实"的生命政治，它紧紧围绕"现实"的生命困惑，在对生命安全如何治理、生命福利怎样管理、生命自由可否实现等时代追问的回应中彰显了其治理所涉及的方面。它的治理主要集中在促进生命自身的解放，推动"暴力"的消除、"排除"的克服及"控制"的解除，而生命安全、生命福利、生命自由等成为其治理的主要内容。然而，福柯生命政治的治理内容主要集中于人口、出生率、卫生、健康、寿命等层面。阿甘本的生命政治主要聚焦在"神圣人"身上，因此"神圣人"的形成及死亡是其关注的重点。埃斯波西托的生命政治着重强调对"免疫"的管理，"免疫"是其治理的主要内容。可见，齐泽克"生命政治"的出场，促成了"生命政治"治理对象和治理目的的转变，并丰富了治理的内容，从此"生命政治"摒弃了对"生命"的治理，转向为"生命"而去治理，生命也逐步从"工具"转变为"旨趣"，因此它不仅实现了对"治理主义生命政治"的超越，更推动了生命政治治理范式的嬗变。

二

生命自身有着复杂而多元的属性，人们很难能够通过一套理论的建构将其所有的生命属性及特征厘清。纵观生命政治思想发展史，无论是早期的生命政治，还是福柯以来的生命政治，它们往往选择从某一视域出发，因而缺乏对生命的整体观感。齐泽克的生命政治恰恰也在该方面饱受辩难。尽管齐泽克站在马克思主义的立场对生命进行了"解放性"诠释，但他的生命政治却忽视了生命自身所具有的生产性和免疫性特点，尤其是随着当代生命科技的发展，生命的许多传统论题遭受着诘难，齐泽克生命政治的出场也存在着诸多局限。

（一）"机体"观照的乏力

生命作为一个有机体，其自身运行有着一定的"生物性"规律，如可能会有疾患、伤残、甚至器官衰竭，还常常遭受各类病毒的入侵，在当前医疗条件下生老病死依然难以避免。因此，从生理维度出发，关注生命自身的生理与心理变化，对生命有机体进行系统的、深入的观照，是当代生命政治不可或缺的研究视角。实际上，生命政治的"生命"语义应然指涉"生命"的内外，其中"外"是指置身于生命有机体之外的要素，是施加给生命的事物，诸如权力、荣耀、尊严、自由等齐泽克视界中的"生命过度"，而"内"主要是指生命自身，即一切生理性与心理性征兆。遗憾的是，齐泽克的生命政治主要聚焦对生命之"外"的探讨，而较少涉及对生命自身运行，即生命之"内"的关注，只是近年欧洲难民危机以及新冠疫情的全球性蔓延，才驱使他将研究的目光聚焦于生命自身，观照"机体"的健康，并探讨生命健康遭遇的多重"威胁"及应对之策。诚然，齐泽克长期以来对"机体"观照的乏力，导致了生理性视角的欠缺，影响了其生命政治思想体系的系统性与深入性构建。当然，齐泽克对"机体"的"生理性症"并非视而不见，他曾认可哈贝马斯有关生物遗传学给社会造成威胁的观点，并指出"生物遗产学就意味着天性的结束"。① 齐泽克或许可以沿着"生物遗传"的轨迹，早早地介入对生命自身有机体的探讨，但实然并非如此，只是到了新冠疫情全球大流行时，他才给予"机体"深刻的观照，从而向世人展现了他关于生命健康的生命政治学省思。毋庸置疑，齐泽克长期以来有意回避生理性视角的介入，造成了"机体"观照的不足与乏力，从而让那些关注其生命政治思想的人充满期待。

齐泽克对"机体"观照的乏力，导致了其对"生命免疫""生命医治"等方面的探讨不够。一方面，生命自身有着免疫的功能。当"免疫"进入当代政治话语之后，其意指主体自身的一种短暂性抑或决定性的责任豁免。因此，免疫的管理和控制成了生命政治的重要任务之一。意大利思想家罗伯托·埃斯波西托正是从生命免疫的视角出发，建构了生命政治的免疫范式，为生命政治理论体系的完备及理论形态的丰富做出了贡献。另一方面，疾病的医治。生命有机体是一个封闭的循环系统，它不可避免地遭受到疾患的侵扰，并有着细胞新陈代谢的过程和机体死亡的宿命。为此，"医疗"应然成为生命维护的重要手段。在英国学者尼古拉斯·罗斯看来，当代生命政治关注的是对生命的"生物性"进行控制、管理、重塑、调节的能力，"它是一种'生命本身'的政治"。② 罗斯对生命的生理性观照开启了生命政治的"分子时代"，对生命政治的生理视角介入进行了积极的探索。可见，齐泽克在以上两个层面探讨的乏力，造成了对生命之"内"观照的不足，最终其生命解放思想也面临着诸如生命能否生产自身、可否免于医疗等一系列生理性的追问。

（二）　生命科技的挑战

当代生命科技的飞速发展对生命政治的范式建构、研究视野、研究内容等都产生了深刻的影响。当代生命科技已经悄悄地改变了福柯以来生命

---

① 〔斯洛文尼亚〕斯拉沃热·齐泽克、〔英〕格林·戴里：《与齐泽克对话》，孙晓坤译，江苏人民出版社，2005，第 149~150 页。

② 〔英〕尼古拉斯·罗斯：《生命本身的政治：21 世纪的生物医学、权力和主体性》，尹晶译，北京大学出版社，2014，第 3 页。

政治的语义指涉，并促使生命政治突破福柯、阿甘本、哈特、奈格里等人所建构的"治理主义"边界，去观照施加在生命有机体之上的生命变化。肇始于 20 世纪 70 年代的"技术中心主义生命政治"曾赋予生命政治"科技主义"内涵，它重视当代生命科技的积极应用，诉求技术手段的介入，强化医疗科学的突破，并认为对当代生命科技的管理及其伦理审查是生命政治的重要任务之一。尽管"技术中心主义生命政治"对生命科技的过度信任和依赖为世人所诟病，但是它将生命科技纳入生命政治的研究视野，在当下依然产生着重要影响。齐泽克受"技术中心主义生命政治"的启发，对当代生命科技有着积极的评价，他认为，"导致社会发展的主要原因就是生物遗传学、克隆技术、人工智能等等"。[①] 然而，齐泽克并未能够学习和借鉴"技术中心主义生命政治"的思想，因此他的生命政治缺乏对生命科技的深入探讨。实际上，当代生命科技的发展对齐泽克的生命政治提出了严峻的挑战。

首先，器官移植、神经修复、器体再造等生命科技的突破及发展，不仅延长了生命有机体的寿命，更使得古人所追求的"长生"在未来成为一种可能。生命延迟死亡抑或躲避"死亡"变成一种技术干预，给人类带来了诸多的生命伦理挑战，同时也给齐泽克的生命解放带来了诘难。因此诸如生命意义的建构、生命安全的治理、生命福利的分配、生命自由的管理等核心理念，已不再能够支持对未来生命科技干预下"生命"状态的合理性解释。

其次，随着 DNA 技术及干细胞再造技术的突破，生命"克隆"已经成为现实，而其对生命政治的影响不容小觑。当人类借助生命技术实现对生命体的克隆时，"生命"的能指将变得更为复杂。它是仅限于生命母体，还是包括对"克隆体"的指涉，已不仅仅是生命伦理的问题，更是生命政治范式重构的问题。

最后，人工智能的突破性发展，给齐泽克生命政治带来了挑战。人工智能，尤其是器官置换、芯片植入技术、纳米医疗技术等的突破性发展，使生命控制变得更为隐蔽，生命安全的治理也越发艰难，从而给齐泽克生

---

① 〔斯洛文尼亚〕斯拉沃热·齐泽克、〔英〕格林·戴里：《与齐泽克对话》，孙晓坤译，江苏人民出版社，2005，第 56 页。

命政治带来了新的场域。此外，当代生命科技的突破性发展正逐步改变生命的处境，使得齐泽克的生命政治无论从学理上还是实践上都亟待进一步完善。

（三）话语建构的暴力

齐泽克曾将语言暴力视为一种基础性暴力，且认为它最终将导致话语建构的暴力。由此，齐泽克对语言暴力及其建构在语言之上的话语暴力给予深刻批判，并呼吁人们建构一套全新的话语体系。然而，齐泽克并未如愿以偿，他不仅未能完成对全新话语体系的建构，而且在其话语建构的过程之中也充满着暴力。纵观齐泽克生命政治理论建构的整个话语体系，可谓充斥着暴力，为世人所诟病。齐泽克生命政治的话语建构，其暴力性主要体现在以下三点。

第一，话语的晦涩化。齐泽克师从米勒，继承了拉康的衣钵，又吸收了黑格尔、马克思、谢林等人的思想，并对尼采、弗洛伊德、福柯、阿甘本、乌尔里希·贝克、吉登斯、弗朗西斯·福山等人的思想进行观照，可谓吸纳百家。然而，齐泽克在话语建构时往往故意采用曲折的隐喻和抽象的表达，并常常直接从小说、诗歌、影视剧本、报纸时评等各类文献素材中大段地引用，且经常无厘头地抛出一个理论，上下毫无逻辑，也不加以说明，使读者难以理解。齐泽克对著名思想家理论的引用充满着兴趣，他常常借用别人的理论来阐释自己的理论，然而为他所借用的理论也常常是那些极其抽象的理论，并且他采用了极其晦涩的话语叙述。同时，齐泽克的话语叙述可谓天马行空，往往观点的阐释散布于数本著作之中，因此常规性的文献考察和单一文本的阅读，很难捕捉到其真实的意指所在。可见，齐泽克的话语晦涩不仅体现于话语叙述之中，更表现在理论的建构之中，其语言之晦涩和逻辑之隐性，为把握其思想增添了挑战。

第二，话语的粗俗化。齐泽克生命政治的话语叙述，时常充斥着粗俗的表达。那些口语之中的粗俗字眼，常常在齐泽克的文本中出现。齐泽克似乎对那些听上去肮脏的词语和令人呕吐的话语充满着兴致，当然并非出于对抽象理论的阐释，显然是他有意为之。在他看来，使用那些粗俗的话语是"真性情"的流露。实际上，齐泽克有意在话语叙述中选择通俗化的表达，以便对抽象理论的阐释和吸引更多的读者。但是他的话语表达最终走向了"粗俗"，为理论界所斥责。

第三，话语的色情化。齐泽克生命政治的话语叙述常常贯穿着"性"的描写，可谓色情化泛滥。齐泽克对充满色情化词语的使用频率较高，他不仅常常从文学作品中摘抄一些有关性爱描写的片段，而且还喜欢用自己的理解加以详细阐释。齐泽克对色情化片段及词语的使用，充斥着他的整个话语叙述，尤其是对"性虐"的描写，让读者作呕。实际上，齐泽克也曾意识到其话语叙述的色情化给他的声誉带来了一定的负面影响，也为读者制造了一些阅读障碍，但是他依然在广泛地使用那些充满色情化的词语。正如他所辩，"当然，我和你一样认为这种关于厕所、SM 和勃起的谈论是绝对淫秽的，但我们有义务把生活的所有方面理论化"。① 正所谓，"他知道他所说的东西'过于情色'，但他还是要说"。② 在吴冠军教授看来，齐泽克式的"极端写作"，其意在刺激人们"那根被意识形态培育起来的'脆弱神经'"。③ 显然，作为读者，不应当将视线聚焦在那些淫词秽语上，"如果过于关注齐泽克表面上所故意利用的一些下流材料，则会错过他所强调的更严重的下流：这是我们文化和经济体系中毁灭性的特征，但我们往往习惯性地不去关注它，或者拒绝关注它"。④

我们需透过淫词秽语的迷雾，抓住齐泽克对当代资本主义及社会诸现象的批判。当然，从文本的阅读性上看，齐泽克的话语建构充满着"随性"，也不注重用词的推敲及细节，他总是采用抽象的、隐晦的、色情的乃至荒诞离奇的表达，并未顾及文本的受众，而是一味地"灌输"，让那些有志于钻研其思想的人不得不接受他的话语暴力。

三

"后齐泽克生命政治"依然建构在错综复杂的时代场域之下，需要面对诸多源自当代生命实践的困惑及挑战，并需要对那些齐泽克及其之前的

① 〔英〕托尼·迈尔斯：《导读齐泽克》，白轻译，重庆大学出版社，2014，第 3 页。
② 〔英〕托尼·迈尔斯：《导读齐泽克》，白轻译，重庆大学出版社，2014，第 3 页。
③ 吴冠军：《谁来拯救自由主义？齐泽克?》，《东方早报》2015 年 11 月 2 日。
④ 〔英〕保罗·A. 泰勒：《齐泽克论媒介》，安婕译，中国传媒大学出版社，2019，第 37 页。

生命政治学者所未曾回应或未能充分诠释的生命追问进行回答。因此在当代生命政治语境下，诸如生命权力、生命健康、生命平等、生命自由等，是迫切需要回应及有待深入诠释的理论话题。同时，这也是"后齐泽克生命政治"所应关注的生命诉求及在未来发展的可能性空间。

（一）生命权力

生命权力的语义指涉，往往随着生命政治思想的发展而衍变。在古罗马，生命权力是一种裁决生死的权力，城邦君主则拥有最高的、绝对的生命权力，它直接掌控着城邦居民的生死大权，而城邦市民则拥有相对有限的生命权力。当然，在城邦社会中那些被"排除"在外的"赤裸生命"，诸如战俘、奴隶、流民等则没有任何的生命权力，他们的生死皆由统治阶层所掌控。中世纪以来，随着教会、学校、拘留所等规训机器的迅猛发展，统治阶层常常以对身体的规训和对生活的管理来代替"生死裁决"，因而生命权力主要意指生命规训的权力。可见，传统权力观的探讨主要集中于生命权力是什么的问题，而较少关注生命权力如何攫取、怎样运作、冲突等命题。当前，基于生命政治知识谱系的考察，不难发现福柯的生命政治开辟了生命权力探讨的新时代。福柯主要关注生命权力如何运作，因此他着重研究生命权力的"存在"[①]、策略、网络、发生及传播等。阿甘本的生命政治主要关注生命权力如何攫取，并对生命权力由谁掌控的追问进行了回答。在阿甘本看来，生命权力是一种"至高权力"，统治阶级则常常通过"例外状态"的宣布来攫取，进而实现对生命的统治。齐泽克生命政治应然关注于生命权力的冲突问题，或然如人们所期待的在"赤裸生命"如何通过生命解放而夺回生命权力上有所探讨，但遗憾的是齐泽克对生命权力的探讨少之又少。为此，"后齐泽克生命政治"或许可以从"生命权力的夺回"入手，并进一步就生命权力的当代冲突进行探讨。当然，生命置身于新的时代场域之下，生命权力应然有着新的内涵，因此何为生命权力、谁控制着生命权力、生命权力怎样运作等一系列命题应然有着新的诠释及回答，这为"后齐泽克生命政治"的进一步探讨提供了指南。

[①] 福柯曾指出，权力有着始终"在场"的特点。在他看来，无论在人与人之间的言语关系中，还是在恋爱的、制度的或经济的关系中，一个人总是在想方设法操纵着另一个人的行为。参见〔法〕米歇尔·福柯《性经验史》，佘碧平译，上海人民出版社，2016。

（二）生命健康

生命作为一种生物性存在，健康是其生存的必要条件，因此对生命健康的维护是生命政治的主要功能之一。在具体的生活实践中，生命健康的语义阐释往往建构在生理性的维度之上，它主要是指身体健康、心理健康及精神健康。身体是生命的物质性载体，精神是生命的灵魂所在，心理是生命的"总阀门"，它们的健康是生命得以存在的基本前提。"后齐泽克生命政治"须跳出单一的政治性视域的选择，而应从生命自身的生物性出发，积极地将生命自我的控制、医疗介入、心理诊断等纳入研究的视野，以补齐齐泽克"生命政治"的探讨短板，促使其走向生活实践。"后齐泽克生命政治"需要直面有关生命健康的诸多现实问题：它需要确立"生命至上"的思维，即生命是社会发展的主体，是人类生活实践的逻辑起点及归宿，是不容侵犯的"生物体"，各种制度设计、机制运行、国家机器的使用等都应将生命置于首位；它需要从生理出发去协调生命的自我控制，即身体的自我规训、健康的饮食、精神的修养、心灵的慰藉等；它需要裁量医疗介入的程度及破解当代生命伦理的各种现实困境。"后齐泽克生命政治"应然将生命健康作为目的追求，应尊重生命的"生物性"规律，并促进生命健康的提升，以推动生命的进一步优化及发展。

（三）生命平等

生命平等不仅是指法理上的平等，更关乎"现实"中的平等，因而它是生命权力平等和生命权利平等的结合。所谓生命权力平等，是指每个生命体都拥有同等的生命权力，包括决定的权力、裁决的权力、拒绝的权力、自律的权力、抗议的权力等。生命权力平等是法律赋予生命的一种先天性的权力，如自然主义政治学家约翰·洛克对生命"自然属性"的强调，只要是生命，即自然地拥有以上平等的权力。生命权利平等是指生命体在生存及发展过程中都享有法律赋予的同等权利，它包括安全的权利、健康的权利、福利的权利、自由的权利、免于恐惧的权利等。可谓，"自然法的基础之上：人类所有成员生而拥有某些不可剥夺的权利，最基础的就是生命权"。① 实

---

① 〔匈〕阿格妮丝·赫勒：《超越正义》，文长春译，黑龙江大学出版社，2011，第38页。

际上，生命平等的建构，摆脱了各类"决定论"的干扰，它摒弃了基于血统、籍贯、民族、阶层、职业、信仰、身份、基因、国籍、肤色、受教育程度等各类因素的决定，初步在学理上实现了平等。生命平等是生命政治的灵魂所在，它诉求在现实的生活实践中要切实地根除各类特权现象，倡导教育平等、居住平等、就业平等、医疗平等、分配平等等。当然，现实生活中各种"决定论"的横行，造成了各类特权思想滋生，同时"生命平等"绝对化的横生、"生命平等"庸俗化的泛滥，给当代生命政治带来了巨大的挑战。因此，生命平等是"后齐泽克生命政治"所亟须深究的课题，也是后齐泽克时代"生命"诠释所不可回避的话题。

（四）生命自由

生命自由是生命政治的基本价值诉求，正如匈牙利学者阿格妮丝·赫勒所说，"在现代性中只有两种终极价值：自由和生命"。[①]"后齐泽克生命政治"对生命自由的诠释，已不再囿于齐泽克所采用的"控制"视角，例如它可以选择从时空的维度出发，聚焦于生命在时间和空间两个维度的自由。时间维度的自由是指，生命主体在同一时间内有着行动的自由，在同一行动中有着时间分配的自由。简而言之，生命主体有着决定时间规划及利用的自由，而非为"他者"所控制或决定。空间维度的自由是指，生命主体在空间占有上和利用上的自由。生命在时间维度的自由摆脱了"他者"在时间上的控制和奴役，使得主体能够自由地掌控时间的利用，从而变成了时间上的自由人。生命在空间维度的自由摒弃了"他者"在空间上的统治和摆布，使得生命能够自由地掌控空间的利用，从而变成了空间上的自由人。因此，生命政治对生命自由的诉求蕴含着时间上的自由与空间上的自由的有机结合。然而，现实生活中的"生命"在时间和空间双重维度上依然处于"他者"的奴役之下，它并不能自由地利用时间和空间。生命自由的这种现实遭际，不仅为生命的"自由"诠释提供了契机，更为"后齐泽克生命政治"的探讨提供了空间。

综上所述，生命是人类至上而永恒的话题，"生命"的诠释亦有着开放性的特点。古希腊人为了准确地描述英文 life 一词的语义范围，使用了

---

① 〔匈〕阿格妮丝·赫勒：《超越正义》，文长春译，黑龙江大学出版社，2011，第 132 页。

zoē（"生物性"意义的生命）和 bios① （有质量生活的生命）两个词。可见，在古希腊人看来，人类的"生命"不仅是一个生物学意义上的生理性过程，还有着对美好生活及幸福人生的追求。这在诸多生命政治思想家对"生命"诠释的演进之中得以展现。从将生命"基础化"的"自然主义生命政治"，到将生命"对象化"的"政治主义生命政治"和"治理主义生命政治"，再到将生命"解放化"的齐泽克生命政治，人们对"生命"的诠释从未有过中断。当前齐泽克的生命政治吹响了人类生命解放的号角，它不仅唤醒了长期以来处于麻木状态的人们，更为人们提供了省察自身生命处境的契机。基于人们对 bios 充满着无限的向往，"后齐泽克生命政治"也必将充满生机与活力。当然，随着"后齐泽克时代"社会的飞速发展，生命的时代诉求也在不断地发生变化，因此"后齐泽克生命政治"对"生命"的诠释也必将丰富而多彩。

---

① bios 在古希腊的话语体系之中，意指一种有质量生活的生命，它和 zoē 相对应，是古希腊城邦市民所向往的一种生命状态。参见 Giorgio Agamben, *Homo Sacer: Sovereign Power and Bare Life*, Stanford: Stanford University Press, 1998, p.42。

参考文献

一 外文参考文献

（一）外文著作类

Giorgio Agamben, *Homo Sacer: Sovereign Power and Bare Life*, Stanford: Stanford University Press, 1998.

Karl Binding, Alfred Hoche, *Die Freigabe der Vernichtung Lebensun-werten Lebens: Ihr Maß und ihre Form*, Leipzig: Felix Meiner Verlag, 1920.

Michael Foucault, *Discipline and Punish: The Birth of the Prison*, trans. by Alan Sheridan, New York: Vintage Books, 1995.

Michael Foucault, *Madness and Civilization: A History of Insanity in the Age of Reason*, trans. by Richard Howard, New York: Vintage, 1998.

Michel Foucault, *Beginning of the Hermeneutics*, Chicago: University of Chicago Press, 2016.

Oscar Hertwig, *Der Staat als Organismus: Gedanken zur Entwicklung der Menschheit*, Jena: Gustav Fischer Verlag, 1922.

P. B. Medawar, J. S. Medawar, *Aristotle to Zoos: A Philosophical Dictionary of Biology*, Oxford: Oxford University Press, 1983.

Roberto Esposito, *Bios: Biopolitics and Philosophy*, Minneapolis and St. Paul:

University of Minnesota Press，2008.

Slavoj Žižek，*A Left That Dares to Speak Its Name*：*34 Untimely Interventions*，New York：Polity Press，2020.

Slavoj Žižek，*Demanding the Impossible*，San Francisco：PM Press，2013.

Slavoj Žižek，*Did Somebody Say Totalitarianism?*，London • New York：Verso，2001.

Slavoj Žižek，*Event*：*A Philosophical Journey Through a Concept*，Brooklyn and London：Melville House，2014.

Slavoj Žižek，*First as Tragedy*，*Then as Farce*，London • New York：Verso，2009.

Slavoj Žižek，*For They Know Not What They Do*：*Enjoyment as a Political Factor*，London • New York：Verso，1991.

Slavoj Žižek，*Heaven in Disorder*，New York • London：OR Books，2021.

Slavoj Žižek，*In Defense of Lost Causes*，London • New York：Verso，2007.

Slavoj Žižek，*Iraq*：*The Borrowed Kettle*，London • New York：Verso，2004.

Slavoj Žižek，*Like a Thief in Broad Daylight*：*Power in the Era of Post-Human Capitalism*，New York：Seven Stories Press，2019.

Slavoj Žižek，*Living in the End Times*，London • New York：Verso，2010.

Slavoj Žižek，*NATO as the Left Hand of God*，Zagreb：Arkzin，1999.

Slavoj Žižek，*On Belief*，London：Routledge，2001.

Slavoj Žižek，*Pandemic! 2*：*Chronicles of a Time Lost*，New York：Polity Press，2021.

Slavoj Žižek，*Pandemic!*：*COVID-19 Shakes The World*，New York • London：OR Books，2020.

Slavoj Žižek，*Repeating Lenin*，Zagreb：Arkzin，2001.

Slavoj Žižek，Srecko Horvat，*What Does Europe Want?*：*The Union and Its Discontents*，London：Istros Books，2014.

Slavoj Žižek，*The Abyss of Freedom*，Michigan：University of Michigan Press，1997.

Slavoj Žižek，*The Courage of Hopelessness*：*Chronicles of a Year of Acting Dangerously*，London：Allen Lane，2017.

Slavoj Žižek, *The Fragile Absolute*, *or Why the Christian Legacy Is Worth Fighting For*, London · New York: Verso, 2000.

Slavoj Žižek, *The Fright of Real Tears*, *Kieslowski and the Future of Theory*, Bloomington: Indiana University Press, 2001.

Slavoj Žižek, *The Metastases of Enjoyment*: *Six Essays on Woman and Causality*, London · New York: Verso, 1995.

Slavoj Žižek, *The Parallax View*, Cambridge, MA: MIT Press, 2006.

Slavoj Žižek, *The Relevance of the Communist Manifesto*, New York: Polity Press, 2019.

Slavoj Žižek, *The Spectre Is Still Roaming Around!*, Zagreb: Arkzin, 1998.

Slavoj Žižek, *The Sublime Object of Ideology*, London · New York: Verso, 2008.

Slavoj Žižek, *The Ticklish Subject*: *The Absent Centre of Political Ontology*, London · New York: Verso, 1999.

Slavoj Žižek, *The Year of Dreaming Dangerously*, London · New York: Verso, 2012.

Slavoj Žižek, *Trouble in Paradise*: *From the End of History to the End of Capitalism*, Brooklyn and London: Melville House, 2017.

Slavoj Žižek, *Violence*: *Six Sideways Reflections*, New York: Picador, 2008.

Slavoj Žižek, *Virtue and Terror*, London · New York: Verso, 2007.

Slavoj Žižek, *Welcome to the Desert of the Real!*, London · New York: Verso, 2002.

Thomas Lemke, *Biopolitics*: *An Advanced Introduction*, New York: New York University Press, 2011.

（二）外文论文类

Slavoj Žiže, "Plagiarizing from the Future," *Lacanian Ink* 36, Fall, 2010.

Slavoj Žižek, "A Plea for Ethical Violence," *Umbr (a)*, 2004.

Slavoj Žižek, "Are We in a War? Do We Have an Enemy?" *LRB*, May 23, 2002.

Slavoj Žižek, "Between Two Deaths," *LRB*, June 3, 2004.

Slavoj Žižek, "Democracy Versus the People," *New Statesman*, August 18, 2008.

Slavoj Žižek, "Freud Lives!" *LRB*, May 25, 2006.

Slavoj Žižek, "Homo Sacer in Afghanistan," *Lacanian Ink* 20, Spring, 2002.

Slavoj Žižek, "Knight of the Living Dead," *The New York Times*, March 24, 2007.

Slavoj Žižek, "'Ode to Joy,' Followed by Chaos and Despair," *The New York Times*, December 24, 2007.

Slavoj Žižek, "Passion in the Era of Decaffeinated Belief," *The Symptom*, Winter 5, 2004.

Slavoj Žižek, "The Constitution is Dead," *The Guardian*, June 4, 2005.

Slavoj Žižek, "The Pope's Failures," *In These Times*, April 8, 2005.

Slavoj Žižek, "Today Iraq, Tomorrow…Democracy," *In These Times*, March 26, 2003.

Slavoj Žižek, "Tolerance as an Ideological Category," *Critical Inquiry*, Autumn, 2007.

Slavoj Žižek, "Why Pragmatic Politics are Doomed to Fail in the Middle East," *In These Times*, August 30, 2006.

二　中文参考文献

（一）中文译著类

〔英〕F. A. 哈耶克:《通往奴役之路》,王明毅等译,中国社会科学出版社,1997。

〔匈〕阿格妮丝·赫勒:《超越正义》,文长春译,黑龙江大学出版社,2011。

〔匈〕阿格妮丝·赫勒:《日常生活》,衣俊卿译,黑龙江大学出版社,2010。

〔德〕阿克塞尔·霍耐特:《为承认而斗争》,胡继华译,上海人民出版社,2005。

〔印〕阿马蒂亚·森:《身份与暴力——命运的幻象》,李风华等译,中国人民大学出版社,2014。

〔美〕艾莉森·利·布朗:《福柯》,聂保平译,中华书局,2002。

〔英〕安东尼·吉登斯:《现代性与自我认同:晚期现代中的自我与社会》,夏璐译,中国人民大学出版社,2016。

〔法〕柏格森:《生命的真谛》,冯道如译,江苏文艺出版社,2015。

〔古希腊〕柏拉图:《柏拉图对话集》,王太庆译,商务印书馆,2007。

〔古希腊〕柏拉图:《斐多:柏拉图对话录之一》,杨绛译,辽宁人民出版社,2000。

〔古希腊〕柏拉图:《理想国》,郭斌和、张竹明译,商务印书馆,1986。

〔法〕笛卡尔:《第一哲学沉思录》,庞景仁译,商务印书馆,1996。

〔德〕弗里德里希·尼采:《尼采全集》,杨恒达等译,中国人民大学出版社,2013。

〔奥〕弗洛伊德:《精神分析引论》,彭舜译,陕西人民出版社,2001。

〔德〕格奥尔格·西美尔:《生命直观——先验论四章》,刁承俊译,生活·读书·新知三联书店,2003。

〔美〕汉娜·阿伦特:《共和的危机》,郑辟瑞译,上海人民出版社,2013。

〔美〕汉娜·阿伦特:《过去与未来之间》,王寅丽、张立立译,译林出版社,2011。

〔美〕汉娜·阿伦特:《极权主义的起源》第2版,林骧华译,生活·读书·新知三联书店,2014。

〔美〕汉娜·阿伦特等:《暴力与文明:喧嚣时代的独特声音》,王晓娜译,新世界出版社,2013。

〔德〕黑格尔:《精神现象学》,王诚、曾琼译,中国社会科学出版社,2007。

〔法〕亨利·柏格森:《创造进化论》,姜志辉译,商务印书馆,2004。

〔意〕吉奥乔·阿甘本:《敞开:人与动物》,蓝江译,南京大学出版社,2019。

〔意〕吉奥乔·阿甘本:《来临中的共同体》,相明、赵文、王立秋译,西北大学出版社,2019。

〔意〕吉奥乔·阿甘本:《例外状态〈神圣之人〉二之一》,薛熙平译,西北大学出版社,2015。

〔意〕吉奥乔·阿甘本:《神圣人:至高权力与赤裸生命》,吴冠军译,中央编译出版社,2016。

〔意〕吉奥乔·阿甘本：《王国与荣耀——安济与治理的神学谱系》，蓝江译，南京大学出版社，2021。

〔意〕吉奥乔·阿甘本：《无目的的手段：政治学笔记》，赵文译，河南大学出版社，2015。

〔意〕吉奥乔·阿甘本：《业：简论行动、过错和姿势》，潘震译，上海社会科学院出版社，2021。

〔意〕吉奥乔·阿甘本：《幼年与历史：经验的毁灭》，尹星译，河南大学出版社，2011。

〔意〕吉奥乔·阿甘本：《语言的圣礼：誓言考古学》，蓝江译，重庆大学出版社，2016。

〔意〕吉奥乔·阿甘本：《语言与死亡——否定之地》，张羽佳译，南京大学出版社，2019。

〔美〕杰夫·普菲弗：《新唯物主义：阿尔都塞、巴迪欧、齐泽克》，陈慧平译，当代中国出版社，2022。

〔英〕杰弗里·托马斯：《政治哲学导论》，顾肃、刘雪梅译，中国人民大学出版社，2006。

〔德〕卡尔·施米特：《政治的概念》，刘宗坤等译，上海人民出版社，2015。

〔德〕卡尔·施米特：《合法性与正当性》，冯克利等译，上海人民出版社，2015。

〔德〕康德：《纯粹理性批判》，邓晓芒译，人民出版社，2004。

〔德〕康德：《康德三大批判合集》，邓晓芒译，人民出版社，2009。

《列宁选集》，人民出版社，1995。

〔德〕鲁道夫·奥伊肯：《生活的意义与价值》，万以译，上海译文出版社，2005。

〔意〕罗伯托·埃斯波西托：《非政治的范畴》，张凯译，长江文艺出版社，2021。

〔意〕罗伯托·埃斯波西托：《人与物：从身体的视点出发》，邰蓓译，长江文艺出版社，2022。

〔德〕马克思：《1844年经济学哲学手稿》，人民出版社，2004。

《马克思恩格斯全集》，人民出版社，1995。

《马克思恩格斯选集》，人民出版社，1995。

〔德〕马克斯·霍克海默、〔德〕西奥多·阿道尔诺:《启蒙辩证法》,渠敬东、曹卫东译,上海人民出版社,2006。

〔美〕迈克尔·哈特、〔意〕安东尼奥·奈格里:《大同世界》,王行坤译,中国人民大学出版社,2015。

〔美〕迈克尔·哈特、〔意〕安东尼奥·奈格里:《狄俄尼索斯的劳动——对国家—形式的批判》,王行坤译,西北大学出版社,2022。

〔美〕迈克尔·哈特、〔意〕安东尼奥·奈格里:《帝国——全球化的政治秩序》,杨建国、范一亭译,江苏人民出版社,2008。

〔法〕米歇尔·福柯:《必须保卫社会》,钱翰译,上海人民出版社,2010。

〔法〕米歇尔·福柯:《惩罚的社会》,陈雪杰译,上海人民出版社,2016。

〔法〕米歇尔·福柯:《疯癫与文明》,刘北成、杨远婴译,生活·读书·新知三联书店,2007。

〔法〕米歇尔·福柯:《古典时代疯狂史》,林志明译,生活·读书·新知三联书店,2016。

〔法〕米歇尔·福柯:《规训与惩罚——监狱的诞生》,刘北成、杨远婴译,生活·读书·新知三联书店,2003。

〔法〕米歇尔·福柯:《精神疾病与心理学》,王杨译,上海译文出版社,2016。

〔法〕米歇尔·福柯:《权力的眼睛:福柯访谈录》,严锋译,上海人民出版社,1997。

〔法〕米歇尔·福柯:《生命政治的诞生》,莫伟民、赵伟译,上海人民出版社,2011。

〔法〕米歇尔·福柯著,汪民安编《福柯文选》,北京大学出版社,2016。

〔英〕尼古拉斯·罗斯:《生命本身的政治:21世纪的生物医学、权力和主体性》,尹晶译,北京大学出版社,2014。

〔英〕齐格蒙·鲍曼:《共同体》,欧阳景根译,江苏人民出版社,2003。

〔英〕齐格蒙·鲍曼:《寻找政治》,洪涛等译,上海人民出版社,2006。

〔美〕瑞克斯·巴特勒:《齐泽克宝典》,胡大平等译,江苏人民出版社,2007。

〔德〕叔本华:《叔本华论道德与自由》,韦启昌译,上海人民出版社,2014。

〔德〕叔本华:《叔本华论生存与痛苦》,齐格飞译,上海人民出版社,2015。

〔斯洛文尼亚〕斯拉沃热·齐泽克:《暴力:六个侧面的反思》,唐健、张嘉荣译，中国法制出版社，2012。

〔斯洛文尼亚〕斯拉沃热·齐泽克编《不敢问希区柯克的，就问拉康吧》，穆青译，上海人民出版社，2007。

〔斯洛文尼亚〕斯拉沃热·齐泽克：《面具与真相：拉康的七堂课》，唐健译，广西师范大学出版社，2022。

〔斯洛文尼亚〕斯拉沃热·齐泽克：《欢迎来到实在界这个大荒漠》，季广茂译，译林出版社，2015。

〔斯洛文尼亚〕斯拉沃热·齐泽克：《幻想的瘟疫》，胡雨谭、叶肖译，江苏人民出版社，2006。

〔斯洛文尼亚〕斯拉沃热·齐泽克：《快感大转移——妇女和因果性六论》，胡大平、余宁平、蒋桂琴译，江苏人民出版社，2004。

〔斯洛文尼亚〕斯拉沃热·齐泽克：《敏感的主体：政治本体论的缺席中心》，应奇等译，江苏人民出版社，2006。

〔斯洛文尼亚〕斯拉沃热·齐泽克：《实在界的面庞》，季广茂译，中央编译出版社，2004。

〔斯洛文尼亚〕斯拉沃热·齐泽克：《事件》，王师译，上海文艺出版社，2016。

〔斯洛文尼亚〕斯拉沃热·齐泽克：《视差之见》，季广茂译，浙江大学出版社，2014。

〔斯洛文尼亚〕斯拉沃热·齐泽克：《突破可能性的极限》，季广茂译，福建教育出版社，2017。

〔斯洛文尼亚〕斯拉沃热·齐泽克等：《图绘意识形态》，方杰译，南京大学出版社，2006。

〔斯洛文尼亚〕斯拉沃热·齐泽克：《无身体的器官：论德勒兹及其推论》，吴静译，南京大学出版社，2019。

〔斯洛文尼亚〕斯拉沃热·齐泽克：《享受你的症状！——好莱坞内外的拉康》，尉光吉译，南京大学出版社，2014。

〔斯洛文尼亚〕斯拉沃热·齐泽克：《斜目而视：透过通俗文化看拉康》，季广茂译，浙江大学出版社，2011。

〔斯洛文尼亚〕斯拉沃热·齐泽克：《延迟的否定：康德、黑格尔与意识形态批判》，夏莹译，南京大学出版社，2016。

〔斯洛文尼亚〕斯拉沃热·齐泽克:《伊拉克:借来的壶》,涂险峰译,生活·读书·新知三联书店,2008。

〔斯洛文尼亚〕斯拉沃热·齐泽克:《易碎的绝对——基督教遗产为何值得奋斗?》,蒋桂琴、胡大平译,江苏人民出版社,2004。

〔斯洛文尼亚〕斯拉沃热·齐泽克:《意识形态的崇高客体》修订版,季广茂译,中央编译出版社,2014。

〔斯洛文尼亚〕斯拉沃热·齐泽克:《因为他们并不知道他们所做的——政治因素的享乐》,郭英剑等译,江苏人民出版社,2007。

〔斯洛文尼亚〕斯拉沃热·齐泽克:《有人说过集权主义吗?》,宋文伟、侯萍译,江苏人民出版社,2005。

〔斯洛文尼亚〕斯拉沃热·齐泽克:《真实眼泪之可怖:基耶斯洛夫斯基的电影》,穆青译,武汉大学出版社,2018。

〔斯洛文尼亚〕斯拉沃热·齐泽克:《自由的深渊》,王俊译,上海译文出版社,2013。

〔斯洛文尼亚〕斯拉沃热·齐泽克、〔英〕格林·戴里:《与齐泽克对话》,孙晓坤译,江苏人民出版社,2005。

〔英〕特里·伊格尔顿:《马克思为什么是对的》,李杨、任文科、郑义译,新星出版社,2011。

〔英〕托尼·迈尔斯:《导读齐泽克》,白轻译,重庆大学出版社,2014。

〔德〕威廉·狄尔泰:《精神科学引论》,艾彦译,译林出版社,2014。

〔德〕威廉·狄尔泰:《历史中的意义》,艾彦译,译林出版社,2014。

〔英〕肖恩·霍默:《导读拉康》,李新雨译,重庆大学出版社,2014。

〔美〕谢尔登·S. 沃林:《政治与构想——西方政治思想的延续和创新》,辛亨复译,上海人民出版社,2009。

〔英〕休谟:《人性论》,关文运译,商务印书馆,1980。

〔英〕亚历克斯·默里:《为什么是阿甘本?》,王立秋译,南京大学出版社,2020。

〔以色列〕尤瓦尔·赫拉利:《人类简史:从动物到上帝》,林俊宏译,中信出版社,2017。

〔以色列〕尤瓦尔·赫拉利:《未来简史:从智人到神人》,林俊宏译,中信出版社,2017。

〔荷〕约斯·德·穆尔：《有限性的悲剧——狄尔泰的生命释义学》，吕和应译，上海三联书店，2016。

〔美〕朱迪斯·巴特勒、〔英〕欧内斯特·拉克劳、〔斯洛文尼亚〕斯拉沃热·齐泽克：《偶然性、霸权和普遍性——关于左派的当代对话》，胡大平等译，江苏人民出版社，2004。

（二）中文专著类

曹卫东：《权力的他者》，上海教育出版社，2004。

陈根法、汪堂家：《人生哲学》，复旦大学出版社，2005。

陈剑：《从意识形态到道德法：齐泽克社会批评理论研究》，暨南大学出版社，2019。

陈培永：《福柯的生命政治学图绘》，中国社会科学出版社，2017。

陈学明：《西方马克思主义对人的存在方式的研究》，百花文艺出版社，2019。

程新宇：《生命伦理学前沿问题研究》，华中科技大学出版社，2012。

戴宇辰：《遭遇"视差之见"：齐泽克与文化研究》，华东师范大学出版社，2020。

邓刚：《身心与绵延：柏格森哲学中的身心关系》，人民出版社，2014。

高兆明：《道德失范研究——基于制度正义的视角》，商务印书馆，2016。

高兆明：《道德文化：从传统到现代》，人民出版社，2015。

高兆明：《黑格尔〈法哲学原理〉导读》，商务印书馆，2010。

高兆明：《伦理学理论与方法》，人民出版社，2013。

高兆明：《政治正义：中国问题意识》，人民出版社，2014。

高兆明：《制度公正论》，上海文艺出版社，2001。

顾海良：《马克思主义发展史》，中国人民大学出版社，2009。

韩振江：《齐泽克：新马克思主义批判哲学》，人民出版社，2014。

韩振江：《齐泽克意识形态理论研究》，人民出版社，2009。

黄楠森主编《马克思主义哲学史》，高等教育出版社，1998。

蓝江：《一般数据、虚体与数字资本：历史唯物主义视域下的数字资本主义批判》，江苏人民出版社，2022。

李海星：《人权哲学导论》，社会科学文献出版社，2012。

李莉：《规训与褫夺——帕特·巴克〈重生〉三部曲中的生命政治》，武汉大学出版社，2021。

李媛媛：《西方马克思主义阶级理论研究》，人民出版社，2019。

林哲元：《空无与行动：齐泽克左翼激进政治理论研究》，北京师范大学出版社，2018。

刘黎：《生命权力、生命形式与共同体：阿甘本的生命政治学研究》，北京师范大学出版社，2021。

刘世衡：《难以摆脱的幻象缠绕——齐泽克意识形态理论研究》，知识产权出版社，2011。

罗秉祥等：《生命伦理学的中国哲学思考》，中国人民大学出版社，2013。

马俊峰、马乔恩主编《历史唯物主义与生命政治》，中国社会科学出版社，2020。

莫雷：《穿越意识形态的幻象——齐泽克意识形态理论研究》，中国社会科学出版社，2012。

莫伟民：《从"解剖政治"到"生命政治"——福柯政治哲学研究》，上海人民出版社，2018。

邱仁宗：《生命伦理学》，中国人民大学出版社，2010。

任平：《创新时代的哲学探索——出场学视域中的马克思主义哲学》，北京师范大学出版社，2009。

任平：《当代视野中的马克思》，江苏人民出版社，2003。

宋希仁：《马克思恩格斯道德哲学研究》，中国社会科学出版社，2012。

孙磊：《古希腊罗马政治哲学史纲》，中国社会科学出版社，2016。

孙琳：《重构场域：出场学场域十论》，人民日报出版社，2014。

万斌等：《马克思主义人权哲学探究》，社会科学文献出版社，2016。

万书辉：《文化文本的互文性书写：齐泽克对拉康理论的解释》，巴蜀书社，2007。

汪民安、陈永国编《后身体：文化、权利和生命政治学》，吉林人民出版社，2003。

汪民安、郭晓彦主编《生产》第2辑，广西师范大学出版社，2005。

汪民安、郭晓彦主编《生产》第7辑《生命政治：福柯、阿甘本与埃斯波西托》，江苏人民出版社，2011。

汪民安、郭晓彦主编《生产》第 9 辑《意大利差异》，江苏人民出版社，
　　2014。

汪民安、郭晓彦主编《生产》第 10 辑《迈向思辨实在论》，江苏人民出版
　　社，2015。

汪子嵩、陈村富、包利民、章雪富：《希腊哲学史》修订本，人民出版社，
　　2013。

王丹：《西方激进思想中的生命政治》，中国社会科学出版社，2017。

陈学明、王凤才：《西方马克思主义前沿问题二十讲》，复旦大学出版社，
　　2008。

王岩：《西方政治哲学史》，世界知识出版社，2010。

吴琼：《雅克·拉康——阅读你的症状》，中国人民大学出版社，2011。

谢地坤：《走向精神科学之路——狄尔泰哲学思想研究》，江苏人民出版
　　社，2008。

徐钢主编《跨文化齐泽克读本》，上海人民出版社，2011。

徐太军：《阿甘本生命政治思想研究》，中国社会科学出版社，2020。

徐向东：《道德哲学与实践理性》，商务印书馆，2006。

晏辉：《走向生活世界的哲学》，新星出版社，2015。

杨国荣：《哲学的视域》，生活·读书·新知三联书店，2014。

杨楹、王福民、蒋海怒：《马克思生活哲学引论——生活世界的哲学审
　　视》，人民出版社，2008。

姚大志：《当代西方政治哲学》，北京大学出版社，2011。

于琦：《齐泽克文化批评研究》，中国社会科学出版社，2012。

俞吾金主编《国外马克思主义研究论丛》第 1 辑，人民出版社，2009。

袁小云：《"自我"与"他者"：齐泽克的意识形态主体性维度研究》，社
　　会科学文献出版社，2018。

张凯：《生命政治：现代国家治理术》，上海社会科学院出版社，2021。

张念：《阿伦特：政治的本原》，南京大学出版社，2022。

张一兵主编《当代国外马克思主义哲学思潮》，江苏人民出版社，2010。

张一兵：《回到福柯——暴力性构序与生命治安的话语构境》，上海人民出
　　版社，2016。

张一兵：《实践塑型与社会历史构境·张一兵集》，江苏人民出版社,2013。

张一兵等：《照亮世界的马克思——张一兵与齐泽克、哈维、奈格里等学者的对话》，上海人民出版社，2018。

张之沧、龚廷泰等：《从马克思到德里达——当代西方马克思主义研究》，人民出版社，2002。

赵淳：《齐泽克精神分析学文论》，中国社会科学出版社，2018。

赵汀阳：《论可能生活》第 2 版，中国人民大学出版社，2010。

赵伟：《齐泽克对拉康欲望理论阐释的理论转向及其意义》，北京交通大学出版社，2019。

（三）中文论文类

阿吉兹·阿罕默德：《对马克思的三次"回归"：德里达、齐泽克和巴迪欧》，刘骏译，《文学与文化》2021 年第 2 期。

白虎：《基于"规范"逻辑的生命政治建构：从康吉莱姆到福柯》，《福建论坛》（人文社会科学版）2022 年第 9 期。

鲍永玲：《欧洲难民潮冲击下的多元文化主义政策危机》，《国外社会科学》2016 年第 6 期。

陈浩：《探寻暴力下的失语——作为齐泽克狗智主义的批判》，《西部学刊》2022 年第 19 期。

陈剑：《"虚构之现实"及其突破——齐泽克的意识形态批判》，《理论界》2016 年第 10 期。

陈奇佳：《主体的倾覆与人的命运——齐泽克论悲剧》，《戏剧（中央戏剧学院学报）》2021 年第 3 期。

陈琦：《身体的赤裸、使用与亵渎：阿甘本生命政治理论中的具身化路径》，《甘肃理论学刊》2022 年第 4 期。

崔晨：《治理技艺、牧领权力与新自由主义批判——对福柯生命政治意涵的考察》，《甘肃理论学刊》2022 年第 2 期。

戴圣鹏、王娜：《齐泽克关于意识形态虚幻性的视差之见：一种"无立场"的立场审视》，《当代国外马克思主义评论》2022 年第 2 期。

董彪：《马克思的资本权力思想与生命政治批判》，《内蒙古社会科学》2021 年第 3 期。

董键铭：《福柯的生命政治学研究对政治哲学研究的三重启示》，《世界哲学》2022 年第 4 期。

董金平：《死亡政治、生命政治与精神政治——政治批判的谱系与走向未来的共生政治》，《南通大学学报》（社会科学版）2022 年第 1 期。

豆勇超：《齐泽克对马克思共产主义思想的系统重构》，《天府新论》2020年第 4 期。

杜娟：《齐泽克激进政治乌托邦的启示》，《学术交流》2016 年第 12 期。

段锐、祖昊：《政治传播中意识形态的无意识生效机制研究——基于齐泽克意识形态学说的考察》，《山西师大学报》（社会科学版）2021 年第 4 期。

范永康：《"实在界"：齐泽克意识形态批判的新视角》，《马克思主义美学研究》2014 年第 2 期。

符妹：《诸众出离：哈特和奈格里生命政治的解放策略》，《理论界》2020年第 12 期。

高奇琦：《数字世界的例外状态与赤裸生命：来自阿甘本的启示》，《山西大学学报》（哲学社会科学版）2022 年第 5 期。

公佩佩：《主体与真理——福柯晚年的主体谱系学探析》，《武汉理工大学学报》（社会科学版）2022 年第 5 期。

古希：《主人能指与民主政治中的行动——齐泽克访谈》，《国外理论动态》2007 年第 9 期。

关斯玥：《阿格妮丝·赫勒关于生命政治的访谈》，《广州大学学报》（社会科学版）2022 年第 6 期。

郭伟峰：《资本主义治理危机与生命政治：逻辑、话语与实践》，《世界哲学》2022 年第 3 期。

韩爱叶：《重述列宁：真理抑或政治——兼论齐泽克对当代西方左翼政治理论的批判》，《马克思主义与现实》2014 年第 1 期。

韩振江：《后马克思主义中的齐泽克》，《清华大学学报》（哲学社会科学版）2011 年第 2 期。

韩振江：《齐泽克论暴力与资本主义》，《学术交流》2016 年第 3 期。

韩振江：《生命政治视域下的反恐政治——齐泽克与阿甘本的对话》，《学术交流》2015 年第 9 期。

郝志昌：《城市的"术语革命"：生命政治哲学视域中的城市图景解码》，

《世界哲学》2022年第6期。

郝志昌：《现代生命政治谱系的更新与智能现代性的未来》，《东南学术》2021年第3期。

何李新：《论齐泽克的新马克思主义理论》，《海南大学学报》（人文社会科学版）2015年第2期。

何祺桦：《福柯生命政治研究》，硕士学位论文，华东师范大学，2015。

贺来：《生命的"自由"和"丰富"是哲学批判最为根本的价值旨趣》，《学术界》2016年第8期。

亨利·克里普斯：《凝视的政治：福柯、拉康与齐泽克》，于琦译，《北京电影学院学报》2014年第4期。

胡大平：《齐泽克：当代西方左派激进思想的幽灵》，《山东社会科学》2016年第6期。

胡敏：《"例外状态"与"生命政治"——新冠肺炎疫情的哲学反思》，《国外理论动态》2021年第2期。

胡顺：《被排斥者如何革命？——齐泽克新无产阶级理论的批判与反思》，《天府新论》2022年第4期。

胡顺、吴冠军：《政治主体：黑格尔、马克思与齐泽克》，《国外理论动态》2020年第3期。

亢姗姗：《恐怖主义：资本逻辑宰制下的意识形态幻象——齐泽克的恐怖主义问题研究》，《江南社会学院学报》2016年第2期。

孔明安：《齐泽克与当代资本主义批判——兼论精神分析视野下的虚拟资本及其功能》，《哲学动态》2014年第11期。

孔明安、刘婵婵：《暴力批判与解放逻辑的激进指向——精神分析视域下的齐泽克暴力理论简析》，《马克思主义理论教学与研究》2021年第4期。

孔明安、谭勇：《从普遍性逻辑到非全逻辑的转换及其困境——兼论齐泽克对唯物主义物质观的批评及其不足》，《学术界》2022年第2期。

孔明安、谭勇：《分裂·幻象·驱力——论齐泽克精神分析视域下主体的三个维度》，《哲学分析》2021年第3期。

匡存玖、谢静怡：《论齐泽克对意识形态的符号学阐释》，《榆林学院学报》2022年第3期。

蓝江：《对象 a 与视差之见：齐泽克的事件哲学》，《广州大学学报》（社会科学版）2021 年第 1 期。

蓝江：《共产主义的可能性——当代激进政治理论家的思考》，《黑龙江社会科学》2016 年第 5 期。

蓝江：《什么是生命政治》，《武汉大学学报》（哲学社会科学版）2022 年第 1 期。

蓝江、董金平：《生命政治：从福柯到埃斯波西托》，《哲学研究》2015 年第 4 期。

蓝江、周亦垚：《数字治理与肯定性的生命政治》，《苏州大学学报》（哲学社会科学版）2022 年第 2 期。

雷禹：《从生命政治到治理方式：福柯对新自由主义的生命政治学批判》，《苏州科技大学学报》（社会科学版）2022 年第 6 期。

李缙英：《奈格里和哈特生命政治美学视域下的"另类现代性"》，《学术交流》2022 年第 9 期。

李晶、莫雷：《绝对的否定——试论齐泽克的认识论思想》，《天津大学学报》（社会科学版）2022 年第 2 期。

李钧鹏、茹文俊：《治理手段——福柯权力观的另一维》，《华东理工大学学报》（社会科学版）2022 年第 4 期。

李明：《穿越幻象——齐泽克资本主义意识形态批判理论探要》，《理论探讨》2014 年第 4 期。

李西祥：《从意识形态主体到先验唯物主义主体——阿尔都塞、巴迪欧与齐泽克-拉康的主体观》，《福建论坛》（人文社会科学版）2022 年第 10 期。

李西祥：《多维比较视域中的海德格尔——论齐泽克对海德格尔哲学思想的批判性解读》，《天津社会科学》2022 年第 6 期。

李西祥：《"我思"与"我在"的悖论式扭结：论齐泽克对主体辩证结构的阐释》，《哲学研究》2016 年第 9 期。

李亚琪：《当代资本主义数字——生命政治新形态及其批判》，《东南学术》2022 年第 5 期。

李妍、杨振宇：《从大数据时代规训手段的变化看权力机制的变迁——以福柯"社会监狱理论"为视角》，《理论观察》2022 年第 10 期。

李雁华：《福柯"生命政治"思想探微》，《佳木斯大学社会科学学报》2016 年第 5 期。

李玥、张美川：《福柯的生命政治与生命概念辨析》，《云南大学学报》（社会科学版）2021 年第 5 期。

林丽萍：《从"免疫"到"移植"——罗伯托·埃斯波西托的作为肯定性生命政治的免疫共同体的诞生》，《甘肃理论学刊》2022 年第 5 期。

林青：《激进政治理论的"相遇"问题——从马克思、阿尔都塞到当代生命政治理论》，《南京大学学报》（哲学·人文科学·社会科学版）2016 年第 5 期。

林青：《现代性与生命政治》，《学术月刊》2016 年第 5 期。

刘芳：《齐泽克"新无产阶级"思想探析》，《汉语言文学研究》2020 年第 4 期。

刘骏：《一种拉康意义上的缝合——论齐泽克对"西马"的再阐释》，《中国图书评论》2022 年第 10 期。

刘黎、蓝江：《生命政治视域下的批判路径——基于对阿甘本相关理论思想的解读》，《黑龙江社会科学》2016 年第 1 期。

刘黎：《基于帝国理论的生命政治思想初探——对奈格里、哈特相关观点的解读》，《武汉理工大学学报》（社会科学版）2016 年第 4 期。

刘黎：《生命政治概念的历史发展谱系研究——从福柯到奈格里》，硕士学位论文，南京大学，2015。

刘鹏飞：《国家政治·生命政治·信息政治——论生物时代基因科技规制的逻辑与进路》，《湖北社会科学》2022 年第 7 期。

刘淑秀：《福柯权力批判中的"凝视"概念》，《西部学刊》2023 年第 1 期。

刘同舫、史英哲：《穿越幻象：齐泽克意识形态批判及其解放态度》，《教学与研究》2018 年第 11 期。

刘英杰、关恒：《齐泽克精神分析视域下的"幻象"》，《学习与探索》2020 年第 1 期。

刘云杉：《论齐泽克对当代资本主义的政治哲学批判》，《天府新论》2021 年第 3 期。

吕东方等：《医学伦理学的使命探析：结合生命政治的理论视角》，《医学与哲学》2022 年第 17 期。

栾青、韩秋红：《主体、权力和生产：福柯生命政治理论的三重维度》，
《国外理论动态》2021 年第 5 期。

马建青：《当代生命政治的困境与超越——费赫尔与赫勒对生命政治的批
判》，《广州大学学报》（社会科学版）2022 年第 6 期。

马俊峰、张彦琼：《马克思生命政治批判视域中资本与劳动的内在张力》，
《理论月刊》2021 年第 5 期。

马淑贞：《齐泽克论柏林墙的倒塌》，《国外理论动态》2010 年第 2 期。

欧阳彬：《新自由主义的幸存与金融化生命政治批判——一个福柯式的分
析框架》，《世界哲学》2022 年第 5 期。

邱静文：《论马克思资本批判理论中的生命政治维度》，《阜阳师范大学学
报》（社会科学版）2021 年第 6 期。

沈湘平、张海满：《生命政治理论亟需"生活政治"的深化》，《探索与争
鸣》2021 年第 4 期。

石立元：《"过剩"与"耗费"——巴塔耶、鲍德里亚与齐泽克》，《理论
界》2022 年第 5 期。

宋辰婷：《节食·健身·医疗——健康管理中的身体规训与生命政治》，
《人文杂志》2015 年第 11 期。

宋建丽、孔明安：《激进平等与后民主时代的政治——朗西埃的政治哲学
思想解读》，《南京大学学报》（哲学·人文科学·社会科学版）2016
年第 6 期。

苏平富、苏晓云：《意识形态与人的生存境遇——齐泽克意识形态理论新
探》，《求索》2010 年第 9 期。

孙亮洁：《论齐泽克对数字资本主义的批判与对数字共产主义的辩护》，
《湖南行政学院学报》2022 年第 4 期。

孙慕义：《生命伦理学后现代终结辩辞及其整全性道德哲学基础》，《东南
大学学报》（哲学社会科学版）2015 年第 5 期。

唐树生：《齐泽克的后黑格尔主义》，《世界哲学》2021 年第 4 期。

王福生、郭晓岩：《视差分裂、减法政治与共产主义——齐泽克复兴共产
主义的批判性反思》，《学术研究》2022 年第 2 期。

王捷：《生命政治免疫范式的文学书写》，《上海大学学报》（社会科学版）

2022 年第 2 期。

王馨曼：《纯粹媒介、主体经验与生命政治——21 世纪语境中如何理解阿甘本对本雅明姿势论的发展》，《学习与探索》2023 年第 1 期。

尉光吉：《反转屏幕：齐泽克论精神分析的电影机器》，《电影艺术》2023 年第 1 期。

温权：《西方马克思主义城市空间批判的生命政治进路——从列斐伏尔、索亚到卡斯特》，《苏州大学学报》（哲学社会科学版）2022 年第 5 期。

吴冠军：《齐泽克的"第十一论纲"》，《马克思主义与现实》2011 年第 5 期。

吴冠军：《"生命政治"论的隐秘线索：一个思想史的考察》，《教学研究》2015 年第 1 期。

徐太军：《理解阿甘本的生命政治》，《中国社会科学报》2016 年 10 月 19 日，第 7 版。

晏辉：《"生命政治"的道德哲学基础论证》，《河北学刊》2022 年第 1 期。

于琦：《论齐泽克从精神分析到政治哲学的思想进路》，《国外文学》2014 年第 4 期。

袁鑫、阎孟伟：《齐泽克意识形态理论研究三题》，《天津社会科学》2021 年第 4 期。

院成纯：《尼采中期的生命视角与自由精神的创造本性》，《重庆社会科学》2008 年第 7 期。

约翰·格里姆雷：《探索生命政治》，王立秋译，《广州大学学报》（社会科学版）2022 年第 6 期。

战宇婷：《罗伯特·埃斯波西托：免疫范式与生命政治》，《文化研究》2022 年第 1 期。

张蝶：《对历史唯物主义的进化论解读之批判——齐泽克对历史唯物主义的重释》，《江海学刊》2019 年第 3 期。

张海满：《生命政治概念的理解困境及其出路》，《哲学动态》2020 年第 12 期。

张竑：《齐泽克"后政治"时代概念的哲学透视》，《黑龙江社会科学》2022 年第 4 期。

张剑：《齐泽克：驱力主体及其论争——从正义主体说开去》，《马克思主义与现实》2015 年第 2 期。

张心恬：《站在齐泽克和马克思的两端解读"躺平"》，《西部学刊》2023 年第 3 期。

张一兵：《自由主义的幻象：市场与公民社会的治理技艺——晚期福柯对资本主义生命政治控制的批判》，《新视野》2015 年第 3 期。

张以哲：《从精神政治到生命政治：大数据自由危机的权力技术解析》，《内蒙古社会科学》2022 年第 3 期。

张云婷、方世南：《马克思生命政治哲学思想及其价值意蕴》，《学术探索》2022 年第 1 期。

张早林：《从"诸众"到"共有者"——哈特与奈格里激进政治主体的逻辑转换及当代意义》，《南京社会科学》2015 年第 7 期。

张泽宇：《数字"神圣人"的生命赤裸化困境与合理化出路——从阿甘本生命政治哲学谈起》，《荆楚理工学院学报》2022 年第 4 期。

张志丹：《认同与误认：齐泽克意识形态认同思想》，《国外社会科学》2021 年第 3 期。

赵华飞：《个体与间在：从生命阐释到生命政治》，《中外文化与文论》2022 年第 3 期。

赵建超：《分子生命政治：21 世纪的生命政治——尼古拉斯·罗斯的分子生命政治思想研究》，《当代国外马克思主义评论》2021 年第 1 期。

郑雨晨、谭明方：《主权与治理：阿甘本与福柯"生命政治"的模式差异与内在联结》，《湖北社会科学》2022 年第 11 期。

周洪军：《生命政治：以个体生命为对象的政治形态——哈特和奈格里对福柯生命政治理论的借鉴与超越》，《哲学研究》2014 年第 10 期。

附　录

附录1　生命政治的"生命"省察

提　要：当代生命政治研究范式的转向，促进了"生命"语义的悄然衍变。"生命"逐步从"身心撕裂"走向"身心合一"，它是有身体的灵魂和有灵魂的身体的相互交融；"生命"开始从"奴役束缚"走向"自由解放"，它是"再主体化"过程中对各种束缚的脱离；"生命"从"生死相斥"走向"生死相依"，它重视"生"，而不回避"死"，谈论"死"，而不忽视"生"。"生命"只有"身心合一"才算真正完整，唯有"自由解放"才能健康发展，只有"生死相依"才切实富有意义。

生命是哲学叙述的永恒话题，伴随生命诠释进路的不断衍变，"生命"语义的边界也在不断地向外扩展。肇始于20世纪初的生命政治，历经鲁道夫·科耶伦（Rudolf Kjellén）、迪特利希·冈斯特（Dietrich Gunst）、米歇尔·福柯（Michel Foucault）、吉奥乔·阿甘本（Giorgio Agamben）、罗伯托·埃斯波西托（Roberto Esposito）、斯拉沃热·齐泽克（Slavoj Žižek）等思想家的助推，逐步上升为当代显学。随着生命政治研究范式的转向，"生命"语义也悄然发生衍变。"生命"早已超越传统话语叙述的"生物本性"而变得异常复杂，即便对"生命"原初能指的讨论，思想家们也存在着视差。在彼得·梅德沃和让·梅德沃看来，"若将生命与死亡等词义的讨论囿于生物学之中，那将是低层次对话的象征"。① 但阿甘本执意要从生命的生物学概念出发，因为它是"在当代关于生物伦理学和生命政治学的辩论中未被触及的，正是理应在一切讨论之前被询问的"。② 当下从生命政治的观照出发对"生命"的省察，不仅有助于对生命存在和生命形态的深刻理解，更有助于对生命自身及其内涵的把握，从而为生命的安全、福利、发展及意义，乃至整个生命政治学，提供逻辑起点。当然，需要特别指出的是，本文有关生命的指涉，全部囿于身为高级动物——"人"的范畴之内，至于低等动物、植物、微生物、无机物等则不在该话语指涉之中。

一 "身心合一"的生命

西方传统哲学对生命的指涉，往往存在一定的偏见，它们要么高扬"灵魂"的旗帜，要么吹响"身体"的号角，大多在撕裂身心的过程中，摧残着"生命"的完整。这在柏拉图、奥古斯丁、笛卡尔、康德等哲学家对肉体（生命的物质性载体，即身体）的忽视中得以佐证。

苏格拉底及柏拉图对"肉体"格外排斥，而对"灵魂"充满赞美。这在"苏格拉底之死"的记载中得以确证。苏格拉底曾言"死就是灵魂和肉体的分离；处于死的状态就是肉体离开了灵魂而独自存在，灵魂离开了肉体而独自存在"。③ 他断定，"我们除非万不得已，得尽量不和肉体交往，不沾染肉体的情欲，保持自身的纯洁"。④ 显然，在苏格拉底看来，肉体与灵魂是相互对立、相互分离的，肉体之死，即是灵魂所生。在神学横行的中世纪，肉体备受压制，在奥古斯丁看来，身体充满欲望，而欲望的身体

① P. B. Medawar, J. S. Medawar, *Aristotle to Zoos: A Philosophical Dictionary of Biology*, Oxford: Oxford University Press, 1983, pp. 66-67.
② 汪民安、郭晓彦主编《生产》第7辑《生命政治：福柯、阿甘本与埃斯波西托》，江苏人民出版社，2011，第48页。
③ 〔古希腊〕柏拉图：《斐多：柏拉图对话录之一》，杨绛译，辽宁人民出版社，2000，第13页。
④ 〔古希腊〕柏拉图：《斐多：柏拉图对话录之一》，杨绛译，辽宁人民出版社，2000，第17页。

只能停留在"世俗之城"，绝不会抵达"上帝之城"。为此，身体和灵魂依然遭受割裂。启蒙时期，哲学的使命更多的是致力于摧毁神学，而对"肉体"并未给予过多关注。在笛卡尔那里，身心二分更为凸显，他主张心灵至上，认为心灵与身体是两个不同的区域，"在身体和心灵之间没有互动，至少没有重要的互动"。①康德一生都在致力于"理性"的探寻、运用及批判，而较少涉及对"身体"的探讨。可见，在康德及之前的哲学理路中，诸如心灵、意识、精神等"抽象"的生命得以高扬，而作为"身体"的"具象"的生命备受压抑，因此，"生命"由于不能"身心合一"，而始终处于残缺的状态。诞生于19世纪晚期的生命哲学，无论叔本华、尼采，还是狄尔泰、柏格森，他们都跳进"生命"的洪流，跟随"身体"的奔腾，试图从生命出发，用生命的发生和演变来解释宇宙、知识及文化。生命哲学将身体视为"生命"内核的同时，赋予生命本质以本体论的意义，认为生命是存在的第一要义，生命是唯一的实在。生命哲学，不仅为"生命"找回了"身体"，"更实现了对生命的高度审视和重新评估"。②

　　20世纪初，"生命政治"一出现，即沿着生命哲学对"身体"格外重视的理路，将"生命"纳入生物学视域，无论是较早使用"生命政治"一词的哈里斯（G. W. Harris），还是瑞典地缘政治学家科耶伦，无不将"生命"视为一个完整的有机体，作为政治的"基石"。科耶伦关于国家有机体理论是对生命政治的第一次"自然主义"的阐释，从此将"生命政治"带入"自然主义"之境，促成了"自然主义生命政治"的出场。"自然主义生命政治"从生命的物质性载体即"身体"中，得到了方法论上的启发，且将这种"系统性"应用于对政治结构及过程的分析。德国纳粹时期，生命政治出现在对生命和种族监控占据突出位置的纳粹文件之中，它被广泛地应用于优生学及"排犹运动"。纳粹对"生命"进行了分类，在对"身体"作用的无限放大中，德意志人被挑选出来，其"身体"遭受到大量生物学与医学的实验，而犹太人被打上"弃儿"的烙印，不仅"身

---

① 汪民安、陈永国编《后身体：文化、权利和生命政治学》，吉林人民出版社，2003，第4页。

② Thomas Lemke, *Biopolitics: An Advanced Introduction*, New York: New York University Press, 2011, p. 1.

体"遭受消解乃至毁灭,其"灵魂"也备受摧残。实际上,早期"生命政治"对"身体"的强调,掩盖了对"灵魂"的指涉。沿着重视"身体"的进路,"技术中心主义生命政治"以当代医学技术的发展为支撑,"试图重构生命的未来"。① 由于它对生命医学技术的倚重,逐步跨入"分子生命政治"时代,"生命"被分解成"分子",而走向了对"生物性"强调的另一极端。

梅洛·庞蒂"身体现象学"的诞生,促进了"生命"身心裂隙的逐步愈合。福柯的生命政治由于受到海德格尔、梅洛·庞蒂、冈纪兰姆(Canguilhem)等人的影响,将"生命"视为"身体"与"灵魂"的结合,尽管在他看来,身体是"规训的",灵魂是"疯癫的",可以"通过控制思想来征服肉体",② 但生命却是"身心合一",始终处于完整的状态。从此,"生命"告别"身心二分",开始走向"身心合一"。阿甘本、埃斯波西托、哈特、奈格里、齐泽克等承袭福柯的"治理主义"理路,他们的生命政治将"生命"视为"身心合一"的整体,在他们看来,"生命"是有身体的灵魂和有灵魂的身体的相互交融。治理主义框架下的生命政治,重视"身体",而不轻视"灵魂",不仅建构了"生命治理"的逻辑起点,更促进了"生命"完整性的出场。生命政治只有从"身心合一"的生命出发,才能切实走向对"生命"探讨的坦途,才能够准确地指涉"生命"的本质、意义及价值,才能够为生命的安全、发展等找到正确的方向。相反,如果强调"灵魂"而避谈"身体",抑或重视"身体"而忽视"灵魂",显然缺乏对"生命"的整体观感,势必导致"生命"的畸形发展。

二 "自由解放"的生命

在对"生命如何存在"的回应中,生命政治经历了从"生命治理"向"生命目的"的范式转变,从而促使"生命"实现了由"对象化"向"主

---

① Nikolas Rose, *The Politics of Life Itself*: *Biomedicine*, *Power*, *and Subjectivity in the Twenty-First Century*, Princeton: Princeton University Press, 2007, p. 18.

② 〔法〕米歇尔·福柯:《规训与惩罚——监狱的诞生》,刘北成、杨远婴译,生活·读书·新知三联书店,2012,第113页。

体化"的嬗变。当然，置身于后现代语境下的"生命"，是一种"再主体化"的过程。生命"主体"的重塑，最终将"生命"从各种束缚的枷锁中解救出来，从此"生命"不再为奴，开始走向自由解放。

在纳粹主义生命政治横行之时，"生命"的"枷锁"和"自由"总是被统治者所操纵。纳粹以"种族"和"优生"为借口，对犹太人施以枷锁，并最终进行生命之消灭。德意志人表面上是"自由解放"的，但事实上其"生命"依然被控制在纳粹的手中，而不能自由地"生"，抑或自由地"死"。20世纪60年代，"生命"开始作为政治的"对象"而存在，从此沦为"政治"的奴仆而遭受束缚。"罗马俱乐部"将人们引入对生命所处环境的关注之中，在此背景下，"生态主义生命政治"诞生。它将"生命过程"作为政治反映和政治行动的新对象，旨在寻求解决全球环境危机的方法，以实现对人类自然环境的保护。20世纪70年代，随着DNA技术、人类生殖科学、产前诊断等的突破性发展，"生命政治"发生了一场由"生态主义"向"技术中心主义"的嬗变。"技术中心主义生命政治"强调"技术干预"对"生命"的控制和影响，它试图在"技术"路径上，寻求对"生命"的呵护。然而当"生命"本身成为政治的对象时，"生命"的自由解放则毫无意义。20世纪70年代，福柯建构了"治理主义"语境的生命政治。在福柯看来，生命政治是用来指那种始于18世纪的行为，它力图将健康、卫生、出生率、寿命、种族等问题合理化。作为一种治理技术，生命政治不仅涉及健康、医疗卫生，还涉及寿命、出生率、死亡率等诸多人口要素，并指涉复杂的物质领域。可见，无论是政治主义生命政治，还是治理主义生命政治，无不从对生命的控制和奴役出发，它们视生命为治理的对象，在不断强化国家机器的同时，追求数字科技对生命的监控和治理，其最终目的无不是将生命置于枷锁之中。

阿甘本在指认生命政治主体的过程中，做出了生命是"再主体化"的判断。置身于后现代语境下的生命政治，何为主体，如同谁是客体一样变得模糊。如阿甘本所言，"现代国家像某种去主体化的机器运行着"，[①] 作为生命政治的主体也早已遭受消解。但在阿甘本看来，"这些被破坏的主

---

① 汪民安、郭晓彦主编《生产》第7辑《生命政治：福柯、阿甘本与埃斯波西托》，江苏人民出版社，2011，第34页。

体，在它们丧失各种认同的同时，也存在一个再主体化，再取得认同的过程"。① 此外，他认为，主体的消解和再创造是一个同时进行的过程。福柯将这种"再主体化"比喻为新主体的再生产，并深感"这种新的主体却又受制于国家"。② 对此，阿甘本略显悲观，他不相信存在可以逃脱"界定生命权利的主体化和奴属化的无限过程"之任何可能性。阿甘本思考的核心不是"生命"的规范，而是死亡的威胁被确立起来并实物化。为此，在阿甘本看来，"生命"即是赤裸的生命，而生命政治首先是"死亡政治"。③尽管福柯和阿甘本意识到生命的"再主体化"，也感受到"生命"遭受的束缚和压制，但由于认为生命无法逃脱"赤裸"的命运，因此，他们坚信"生命"绝不会走向自由解放之城。

埃斯波西托跳出福柯的知识谱系学，超越阿甘本的"去历史化"，他从免疫学的范式出发，将生物学的"免疫"概念应用到生命政治之中，对"生命"赋予新的内涵。在埃斯波西托看来，免疫一旦超越临界值，就是对生命的褫夺，自由必然完全丧失。人们为了保护"生命"，不得不建立一套免疫系统，不幸的是，他认为纽约世贸中心大厦的摧毁彻底击垮了保护这个世界的免疫系统，从此人们陷入免疫的魔咒，为了保护生命，而不断地加大"免疫"的剂量。为此，"生命"不但没有得到解放，反而陷入越来越多的束缚之中。尽管埃斯波西托努力赋予"生命"积极意义，但由于"免疫"过量的毒杀，最终还是未能从枷锁中解救出"生命"。齐泽克一改以往"生命政治"的研究范式，他从"事件"出发，在对"9·11"事件、伊拉克战争等重大历史事件的批判分析中，促进了生命政治范式的转向，在他看来，"生命的终极目标即是生命自身"，④ 而生命政治，"即是指对人类生命安全及福利的管理并以此管理为第一目标"。⑤ 从此，齐泽克将生命视为主体，主张人类的一切活动皆是为了生命。齐泽克在确立生命

---

① 汪民安、郭晓彦主编《生产》第7辑《生命政治：福柯、阿甘本与埃斯波西托》，江苏人民出版社，2011，第34页。
② 汪民安、郭晓彦主编《生产》第7辑《生命政治：福柯、阿甘本与埃斯波西托》，江苏人民出版社，2011，第34页。
③ Giorgio Agamben, *Homo Sacer: Sovereign Power and Bare Life*, Stanford: Stanford University Press, 1998, p. 122.
④ Slavoj Žižek, *Violence: Six Sideways Reflections*, New York: Picador, 2008, p. 42.
⑤ Slavoj Žižek, *Violence: Six Sideways Reflections*, New York: Picador, 2008, p. 40.

主体地位的同时，将生命从各种"对象性"的枷锁中解放出来，从此，"生命"开始迈向自由和解放。

三 "生死相依"的生命

生命安身于永恒的时空之下，不可避免面临着对"生"与"死"的关怀，在"有限"与"无限"相互交织的激辩中，"生命"一次次被推到时代追问的前沿。在生死面前，苏格拉底和奥古斯丁宁死弃生，而生命哲学家则主张要积极地"生"。只不过，苏格拉底和奥古斯丁的"死"，是世俗的躯体之死，他们最终旨在彼岸更好地"生"。生命哲学家视"生"为万物的动力源泉，也正是有了"生"，万物才会涌现，世界才能充满生机和活力。在"生"与"死"的两难话题面前，生命政治依旧从"生命"出发，在探寻生死的跌宕征程中，逐步形构出"生死相依"的"生命"形态。

哈里斯将"生命政治"视为应当考虑的国家两层面之政策，即人口的增长及竞争和男性承担国家责任的本性。"有机论"生命政治的代表科耶伦指出："人们非常清楚地意识到争取生存和成长的生命斗争的残酷性。与此同时，人们也可以从这些集团内部探测到为了生存的目的而展开的威力强大的合作。"① 哈里斯和科耶伦的生命政治，尽管出发点有所不同，但重点皆关注着如何去"生"。德国纳粹时期的生命政治，将"生命"带入种族论，从此生死有别，纳粹为了德意志人民更好地"生"，故让犹太等其他民族去"死"，生、死遭遇到从未有过的巨大冲突和碰撞。肯尼斯·考森（Kenneth Cauthen）提出的"基督教生命政治"是生态主义生命政治的另类表现，他站在宗教伦理的立场，将视角聚焦于"生"，以探寻科技时代"生命"的快乐。"技术中心主义生命政治"倡导者沃尔克·格哈特（Volker Gerhardt）提出，生物学增加了生命的受益，生命发展借助于医学技术的干预成为突出的问题，人类沦为生命科学的对象，医生、护士、专家等最终成为"生命"的决定者。原本作为主体的"生命"，无法左右

---

① Roberto Esposito, *Bios*: *Biopolitics and Philosophy*, Minneapolis and St. Paul: University of Minnesota Press, 2008, pp. 16–24.

"生",也无法决定"死"。

在福柯看来,生命政治是一种生命权力,而这种权力对"生命"施加影响,生命政治则形成于从"规训社会"向"控制社会"的过渡之中。在对"身体规训"和"人口的监管"中,福柯看到,"生命"经过自由主义治理下的规训与惩罚,其"生"早已变得扭曲和畸形。阿甘本的生命政治,与其说关注的是生命,不如说是生命的"赤裸性",他从古希腊的"牲人"中,寻找到纳粹时期犹太人一步步走向死亡的原因,最终阿甘本完成了对如何"死"的回答。埃斯波西托的"免疫范式生命政治",由于对免疫的格外强调,因此,"为了保存某人的性命,就必须让他或她以某种方式尝试死亡——注射到体内的,恰恰是患者需要规避的疾病"。① 而一旦免疫遭受破坏,"生命不管是单一还是群体,都将因失去免疫系统而死亡"。② 可见,从福柯、阿甘本到埃斯波西托,他们的生命政治都从"生"的路口滑向"死"的陷阱,正如海德格尔所言的"向死而生"。可见,20世纪的生命政治,无论是从生命技术出发,坚信现代医学技术可以筑牢生命之"生",还是从生命治理出发,坚信生命最终将沦为"牲人"之"死",皆未跳出生死的范畴去安置"生命",因此"生命"充满着消极。

齐泽克试图跳出"生死相斥"的逻辑,在赋予生命政治积极意义的同时,着力探寻一个"生死相依"的"生命"。所谓"生死相依",是指站在生死视域之外,积极地对待"生"与"死",主张"生"中有"死","死"中有"生"。它重视"生",而不回避"死";谈论"死",而不忽视"生"。齐泽克的生命政治强调"生"的重要,因为生命存在是一切活动的基础,而一切治理无不是为了生命安全及生命福利,其最终皆是为了更好地"生"。为此,他驳斥恐怖分子,认为"要在暴力性死亡中寻求到最大的生命满足",③ 是一种病态的死亡文化。齐泽克的生命政治并未回避对"死"的探讨,只是在"死"的追求上,他有着刻意选择,正如他所言,"世界上存在某种东西,我们准备冒着生命危险来获取它。我们可以称这

---

① 汪民安、郭晓彦主编《生产》第 7 辑《生命政治:福柯、阿甘本与埃斯波西托》,江苏人民出版社,2011,第 237 页。

② 汪民安、郭晓彦主编《生产》第 7 辑《生命政治:福柯、阿甘本与埃斯波西托》,江苏人民出版社,2011,第 239 页。

③ Slavoj Žižek, *Welcome to the Desert of the Real!*, London · New York: Verso, 2002, p. 141

种过度为'自由''荣誉''尊严''自主'等等"。① 同时，他还强调，"唯有当我们准备冒此危险时，我们才真的活着"。② 可见，齐泽克巧妙地将生与死辩证地联系在一起，赋予"生命"超然的形态，而"超越生死"。实际上，齐泽克开启的生命政治，有着积极的"生命"意义，它将"生命"置于"超然"之上，为人类面对生死提供了有益的借鉴。当然，"生命"只有"生死相依"，才能真正理解"生"的快乐与"死"的意义，才能更好地"生"，超然地"死"。

综上所述，20世纪以来生命政治有着巨大的发展，从对纳粹的反思，到对"9·11"恐怖主义袭击的批判、对SARS疫情的恐惧，生命政治的出场越发频繁，话语叙述也越发强烈，"生命"语义也越发广泛。迈入21世纪以来，尽管科学技术突飞猛进，思想资源日益丰富，人类的生命体验也越发深刻，但人们对生命的关切却越发凸显。我们始终坚信，只有"身心合一"，生命才算真正完整；唯有"自由解放"，生命才能健康发展；只有"生死相依"，生命才切实富有意义。生命是人类至上而永恒的话题，过去是，现在是，将来也是，因此生命政治的"生命"衍义永不止步，而我们对"生命"的省察也将永不停息。

［该文原载于《湖北民族学院学报》（哲学社会科学版）2016年第5期］

① Slavoj Žižek, *Welcome to the Desert of the Real!*, London·New York：Verso, 2002, p.89.

② Slavoj Žižek, *Welcome to the Desert of the Real!*, London·New York：Verso, 2002, p.89.

附录 2　全球治理的"共同性"逻辑

——一种生命政治的视角

提　要: 全球治理的"共同性"逻辑实现了对西方"稀缺性思维"的超越。全球治理的"共同性"逻辑表征于"问题"的全球性、"行动"的联合及"利益"的共享。"问题"的全球性是全球治理的逻辑起点,具有普遍性、威胁性、历时性的特征;"行动"的联合是全球治理的生活实践,体现为"共同性"的生产、"诸众"的制造、"腐化"的抵制;"利益"的共享是全球治理的价值旨趣,需抵制"垄断化",使"共享"成为共识,重拾共产主义。全球治理的"共同性"逻辑从"现实的人"的关切出发,回归到对人的全面自由发展的促进,并意图将人带入"自由人的联合体"。全球治理的"共同性"逻辑回应了世界向何处去的问题,为西方霸权主义的批判及全球善治的实现提供了理论指导和借鉴。

在当代世界,"稀缺性思维"的盛行,滋生并助长了霸权主义,并加剧了全球发展的不平衡。西方马克思主义者迈克尔·哈特和安东尼奥·奈格里在《大同世界》中对"共同性"的创新性阐释,启迪并催生了全球治理的"共同性"逻辑,实现了对这一思维的超越。所谓"共同性",不仅意指物质世界的共同财富,还指涉"社会生产的结果"。① 前者指向自然资源,后者指涉人类所共享的空间、创造的语言,以及"我们所创造的社会习俗,定义我们关系的社会性模式等",② 并"聚焦于交往、关怀与共居在共同世界的诸行为"。③ 显然,"共同性"终究是人类的"共同性",因而全球治理必然以人类现实诉求的回应为出发点,并致力于对"人"的安

---

① 〔美〕迈克尔·哈特、〔意〕安东尼奥·奈格里:《大同世界》,王行坤译,中国人民大学出版社,2015,第 2 页(序言)。

② Michael Hardt, Antonio Negri, David Harvey, "Commonwealth: An Exchange," *Artforum International* 48 (2009): 220-221.

③ 〔美〕迈克尔·哈特、〔意〕安东尼奥·奈格里:《大同世界》,王行坤译,中国人民大学出版社,2015,第 2 页(序言)。

全、自由及发展的促进。本文以生命政治为视角，从"问题"的全球性、"行动"的联合、"利益"的共享等三个方面探析全球治理的"共同性"逻辑，以揭示并回应为何治理、怎样治理、为谁治理的追问，为西方霸权主义的批判及全球善治的实现提供理论指导和借鉴。

一 "问题"的全球性：全球治理的逻辑起点

"问题"的全球性，意指人类所遭遇的共同性难题，关系到所有人的生存、安全及发展，通常被称为"全球性问题"，例如核危机、全球变暖、新冠疫情等，一旦爆发，"几乎可以影响到地球上的任何人"。① 因而，人类应当将目光聚焦于"全球性问题"，阐释其普遍性、威胁性及历时性的特征，正视其或隐或现的威胁，而不是对其置之不理。

（一）聚焦于"全球性问题"

当代西方自由主义的盛行，诱使人们沉浸在过度消费的狂欢中。人们信奉享乐至上，关注的焦点是欲望的释放和"快感"的满足，而无暇顾及那些危及人类的"全球性问题"。尤其是西方媒体对"娱乐"的过度报道，将人们的视线吸引并禁锢在"娱乐"之上，不仅阻断了人们对"问题"的投视，更控制了人们对"问题"的全面认知，干扰了人们对"问题"的省思。因此，当前亟须摆脱西方意识形态的干扰，并帮助人们从麻木不仁的状态中苏醒，促使其将目光聚焦于"全球性问题"，以使其认识到它的威胁所在。如齐泽克所指："如果我们知悉地球上的生命面临巨大的威胁，……我们热衷的意识形态——政治斗争会立刻变得不再重要和荒唐可笑。"② 显然，齐泽克的灾难隐喻为"全球性问题"的聚焦指明了方向。

当人们将目光聚焦于"全球性问题"时，不仅会发现它有"存量"，也有"增量"。当前人类面临许多共同挑战，世界安全、全球生态、人类发展等都面临着严重的威胁。尤其是恐怖主义、网络安全、重大传染性疾

---

① 朱立群、〔意〕富里奥·塞鲁蒂、卢静主编《全球治理：挑战与趋势》，社会科学文献出版社，2014，第6页。

② 〔斯洛文尼亚〕斯拉沃热·齐泽克：《欢迎来到实在界这个大荒漠》，季广茂译，译林出版社，2015，第134页。

病等非传统安全威胁持续蔓延,使原本贫富分化严重、发展不平衡的人类社会充满着动荡和不安。这些共同性的挑战及威胁,是人类所面临的存量"问题"。同时,随着全球化与科技的飞速发展,越来越多的潜在性问题开始显现,诸如人工智能、转基因技术、太空竞夺等,逐步成为人类面临的新的共同性问题,且这些新"问题"的数量在不断地增加。然而,由于认知上的局限,人们对增量性"问题"及其威胁的了解甚少,因而需要人们通过认知能力的提升来实现对其的深刻认识和了解。

(二)普遍性、威胁性及历时性的特征

"全球性问题"的认知和把握,离不开对其普遍性、威胁性及历时性特征的阐释。"全球性问题"是人类所面临的共同性问题,故有普遍性的特征,而这种普遍性不仅指涉"人"的普遍性,亦指涉国家、民族的普遍性。诚然,"全球性问题"是所有人,而不是一部分人或某个区域的人面临的问题,诸如物种灭绝、恶性疾病的传播,所有人都直接或间接地遭受其害。

"全球性问题"具有威胁性的特征,表现在显性与隐性两个方面。一方面,显性的威胁容易为人们所直观感知,也易于为人们所预防和应对,如全球气候变暖,各国对其危害性的认知越发趋同,并通过相关措施的实施,使其得到了一定的缓解;另一方面,隐性的威胁往往处于潜伏状态,难以为人们所认知,只有在某个时刻或某个事件突然爆发,人们才知道其存在或知悉其危害。例如转基因食品安全问题,目前人类对其的认知依然不足,以致长期陷入安全与否的争论之中。当然,无论是显性的威胁,还是隐性的威胁,无不处于变化之中,并且二者时常相互转化,以致人们对其的认知变得更加困难。

此外,"全球性问题"还具有历时性的特征。首先体现在"问题"的历时性,即不仅是历史性的"问题",也是现在的"问题",或许也是未来的"问题"。其次,体现在"问题"论断的延续性上,尽管"全球性问题"的内容与形式会随时代的发展而变化,但是人类面临着"问题",这一根本性判断没有变。可见,"全球性问题"的普遍性、威胁性及历时性的特征,加剧了人类的忧虑与不安,并对全球治理的出场提出了强烈的诉求。

（三）促成全球治理的出场

在全球化成为人类社会不可逆转趋势的当下，正是"全球性问题"使全球治理成为一种可能。"全球性问题"是现代化及全球化发展的必然结果，因而它的解决绝非一己之力可以奏效。实际上，将"全球性问题"的解决只是寄希望于某个西方超级大国，不仅会面临失望，更会纵容霸权主义的滋生。"问题"的全球性促使人们从全球性思维出发，去寻找一种全球性的解决方式及方案。这直接地促进了全球治理意识的生成，并促使人们对当代全球治理的方法、范式、机制、体系等进行思考及建构，从而推动了全球治理观念的诞生。

"全球性问题"推动了全球治理的广泛实践。迈入现代社会以来，世界发生了巨大变化。由西方资本主义发起并主导的全球化席卷寰宇，曾经的区域闭塞和民族自守，"被各民族的各方面的互相往来和各方面的互相依赖所代替了"。[①] 全球化加强了世界各国之间的联系，人类生活的世界也俨然成了地球村。为了切实地解决这些"全球性问题"，人类自发地联系在一起，共商共议，推动了联合国、国际原子能机构、世界卫生组织等各类全球性机构与组织的设立，同时通过一定的制度性安排促进了全球治理的实践，为全球性问题的解决开展了积极的探索。当然，尽管当前这些世界性组织的影响力日渐式微，但是其针对"全球性问题"的各种呼吁值得人们重视。

二 "行动"的联合：全球治理的生活实践

解决"全球性问题"，"人类不但需要全球性的共识，而且需要有全球性的共同行动"。[②] 而这种共同的行动必然是一种联合性的行动，即所有的国家及民众都有义务参与其中。否则，"搭便车"行为的泛滥，必然会上演"公地悲剧"。全球治理的实现是一个增量式推进的过程，付诸生活实践则是一条理想的路径。

---

① 《马克思恩格斯选集》第 1 卷，人民出版社，2012，第 404 页。
② 李东燕等：《全球治理——行为体、机制与议题》，当代中国出版社，2015，第 5 页。

(一)"共同性"的生产

"共同性"并非静态的,而是处于不断变化及生产中。尤其在全球化浪潮涌动的当下,越来越多的"共同性"为时代所创造。基于此,"行动"的首要任务就是促进"共同性"的生产,以通过"共同性"而搁置争议、促成共识,并在"共同性"的发现与创造中完成全球治理。尽管"共同性的生产不仅不断逾越控制关系,而且也逾越了计量的框架",① 但是全球身份的认同、全球治理体系的变革、人类命运共同体的构建却是其最为突出的表征。

全球身份的认同。由于"至今还未形成真正的国际社会意识和全球身份认同",② 全球治理步履维艰,故而它需要一种全球性身份的"生产"。这里的"生产"则是一种身份认同,即主体对全球身份的承认,进而打破传统的身份结构,并赋予它更多的政治想象和全球性要素。所谓的"认同"是自我意识的产物,亨廷顿曾将其指认为"一个人或群体的自我认识"。③ 尽管它是想象的,但依然可以促进"实在"的建构。在全球化浪潮的冲击下,主体的身份开始发生改变,"世界公民"的观念呼之欲出。这种观念强调了主体间的相互依赖,而恰恰是这种相互依赖,"可能形成拥有共同善的共同体"。④ 当然,全球身份认同并非要摒弃传统的公民身份,而是试图超越传统国家的限制,唤醒主体的全球性意识,进而担负起相应的义务。

全球治理体系的变革。全球治理并不是传统国家治理的延续,而是一种全新的治理思维、治理模式及治理体系,以便管理"共同性"。哈特、奈格里指出:"全球治理是'后民主'的,言下之意是,它避开了代表制结构,而这种结构在过去一直是国家权力合法化的工具。"⑤ 然而,"共同

---

① 〔美〕迈克尔·哈特、〔意〕安东尼奥·奈格里:《大同世界》,王行坤译,中国人民大学出版社,2015,第 220 页。
② 克劳斯·施瓦布:《21 世纪的全球治理》,潘莉莉译,《外交评论》2008 年第 6 期。
③ 〔美〕塞缪尔·亨廷顿:《我们是谁?——美国国家特性面临的挑战》,程克雄译,新华出版社,2005,第 20~21 页。
④ 〔加〕斯蒂文·伯恩斯坦、〔加〕威廉·科尔曼主编《不确定的合法性——全球化时代的政治共同体、权力和权威》,丁开杰等译,社会科学文献出版社,2011,第 35 页。
⑤ 〔美〕迈克尔·哈特、〔意〕安东尼奥·奈格里:《大同世界》,王行坤译,中国人民大学出版社,2015,第 286 页。

性"并非一种自发组织，它能够且必须以公开、民主的方式得到组织和管理，只不过要创造出这种自治形式，是"共同性"生产所面临的重大挑战之一。实际上，当前的世界治理体系由于遭受霸权主义的冲击及破坏，在"共同性"的生产、组织及管理等方面并没有发挥出应有的作用，因而需要"倡导构建人类命运共同体，促进全球治理体系变革"。① 全球治理体系的变革涉及组织的重构、机制的完善、平台的优化等方面，而其终极旨趣应回归到提升"现实的人"的福祉上，并围绕"人"的生存、安全、福利、健康等诉求，维护人类共同利益，促进人的全面自由发展。

人类命运共同体的构建。在哈特、奈格里看来，"就地缘政治来说，21 世纪头十年最有意义的事件就是单边主义的绝对失败"。② 而单边主义的式微并不意味着单边主义彻底消失。因此，全球治理需要走出单边主义囹圄，以构建人类命运共同体。毋庸置疑，单边主义导致霸权主义横行，并将人类拽入"利益共同体"的窠臼之中，最终"利益"成为竞逐的对象，而"人"的关切逐步丧失。当前，"行动"联合的关键就是要将主权国家从对"利益"的关切转移到对人类命运的关切之上，通过对"人"的生存、安全、发展等议题的探讨，促进人类命运共同体的构建。唯有此，才能使"人"回归到对人类命运的省思及对人类发展的关注上，"共同性"才能得到生产和发展。人类命运共同体不仅培育了人们的共同体意识，也助推了人们的联合性行动。为此，"各国人民同心协力，构建人类命运共同体，建设持久和平、普遍安全、共同繁荣、开放包容、清洁美丽的世界"。③ 实际上，以人类命运共同体代替"利益共同体"是"共同性"生产的结果，也是人类可持续性发展的需要，体现了对"人"的高度关切。

（二）"诸众"的制造

全球治理是一种全新的治理范式，其主体不再是传统的"国家"，亦非隶属主权国家的无产大众。它是一种全新的主体，即哈特、奈格里视界

---

① 习近平：《决胜全面建成小康社会 夺取新时代中国特色社会主义伟大胜利——在中国共产党第十九次全国代表大会上的报告》，人民出版社，2017，第 7 页。

② 〔美〕迈克尔·哈特、〔意〕安东尼奥·奈格里：《大同世界》，王行坤译，中国人民大学出版社，2015，第 157 页。

③ 习近平：《决胜全面建成小康社会 夺取新时代中国特色社会主义伟大胜利——在中国共产党第十九次全国代表大会上的报告》，人民出版社，2017，第 58~59 页。

中的"诸众"(multitude)。"诸众"是斯宾诺莎惯常使用的词语,并被他视为政治主体。哈特、奈格里不仅完成了对其的借用,并将其指认为"无视身份地位和财产状况、聚集一处从而形成政治体的那些人"。① "诸众"既是反抗当代资本主义的主要力量,也是新社会的创造者。"诸众"是共同性生产的结果,亦生产共同性,由于具有混杂性,因而需要对其改造,并将其发展成对抗霸权主义的力量。

"诸众"是多元的,具有混杂的特点。在斯宾诺莎的视界里,"诸众"是混合的、复杂的生物体,"由趋向性与相遇的同样逻辑所构成"。② 哈特、奈格里认为,"这是一个开放的、包纳性的社会群体,其典型的特征是社会等级和群体的无限混杂"。③ "诸众"的混杂是构成性的,而这种构成性源自不同民族、国家、阶层、职业等主体的涌入。尽管"诸众被明确地排斥在主导的政治体之外,代表社会上地位最低且身无分文的那些人",④ 但它与身份高低或财产多少无关,而是只需要有能力生产政治决断,以及发起政治行动。这恰恰是全球治理所需要的,也是主体具备的基本特质。由于单纯地依靠某一个西方超级大国来完成全球治理,几乎是一种痴想,因此"全球化推动治理主体的多元化",⑤ "诸众"的"混杂"为全球治理提供了多元化的力量。

"诸众"不是固定的或静态的,而是处于变化中,并不时地被改造。这种"改造"已经融入生命政治的生产之中,且通过"共同性"的生产得以补充。"诸众"的"改造",一方面批判了对"诸众"的误认及诬蔑。早在17世纪的英国,"诸众"就被人们全面地否定。费尔默、霍布斯等人就曾赋予"诸众"贬义性内涵,如霍布斯认为"诸众"并非政治体。"诸众"通过"改造",回归到斯宾诺莎的肯定性语境,不再受"诬蔑"干

① 〔美〕迈克尔·哈特、〔意〕安东尼奥·奈格里:《大同世界》,王行坤译,中国人民大学出版社,2015,第31页。
② 〔美〕迈克尔·哈特、〔意〕安东尼奥·奈格里:《大同世界》,王行坤译,中国人民大学出版社,2015,第34页。
③ 〔美〕迈克尔·哈特、〔意〕安东尼奥·奈格里:《大同世界》,王行坤译,中国人民大学出版社,2015,第31页。
④ 〔美〕迈克尔·哈特、〔意〕安东尼奥·奈格里:《大同世界》,王行坤译,中国人民大学出版社,2015,第31页。
⑤ 刘鸣:《21世纪的全球治理:制度变迁和战略选择》,社会科学文献出版社,2016,第32页。

扰。另一方面，确保"诸众"的"革命角色"不变。为了避免"诸众"沦为乌合之众，有效的做法就是对其改造。唯有此，才能够确保"诸众"始终都是革命性角色。当然这里的"革命"并非一种暴力性征兆，而是代表着一种"决裂"，即一种推动全球治理秩序发生改变的力量。为此，"诸众"应被理解为一种独特的制造，"因为并不存在制造者，在主体性生产的过程中，诸众就是自己不断生成他者的制造者，也是集体自我改造从未间断的过程"。①

"诸众"成为一种对抗性力量。在奈格里看来，"诸众"并非工人阶级，"它比工人阶级的概念更宽泛"。② 尽管"诸众"的革命性和破坏性令资本主义恐慌和畏惧，但"诸众"依然处于资本主义的掌控之下，并没有获得实质性解放。当下，我们要"让穷人的诸众成为财产共和国真正且有效的威胁力量"。③ 所谓"穷人"，并非一种财富性的判断，而是那些无视社会秩序或财产，内嵌于社会生产中的杂多性。实际上，"诸众"的对抗性力量内生于资本主义发展的进程中，并源于生命政治的生产。由于这种生产具有自主性，需要从对"资本""帝国"等的超越性批判开始，以释放那些束缚在资本内的活劳动和囚禁在资本主义世界的"诸众"。"诸众可以通过在共同性中所进行的冲突性或协作性交往而发展出组织自身的力量。"④ 显然，"诸众"通过"改造"走向自治，而"自治"促进了对抗性力量的生产，并实现了与西方霸权主义的对抗。

（三）"腐化"的抵制

"共同性"的所有形式并非都能够促进全球治理，如斯宾诺莎所指，有些形式会增强"诸众"思考及共同行动的力量，而有些则会削弱这种力量。显然，有益的形式能够强化"共同性"，促进"共同性"的生产，进

---

① 〔美〕迈克尔·哈特、〔意〕安东尼奥·奈格里：《大同世界》，王行坤译，中国人民大学出版社，2015，第137页。
② 〔意〕安东尼奥·内格里：《超越帝国》，李琨、陆汉臻译，北京大学出版社，2016，第50页。
③ 〔美〕迈克尔·哈特、〔意〕安东尼奥·奈格里：《大同世界》，王行坤译，中国人民大学出版社，2015，第31页。
④ 〔美〕迈克尔·哈特、〔意〕安东尼奥·奈格里：《大同世界》，王行坤译，中国人民大学出版社，2015，第139页。

而推动全球治理，而有害的形式则会腐化"共同性"，阻碍"共同性"的生产，进而破坏全球治理。因此，我们需要分析"共同性"的腐化，并以"诸众"的出走来抵制腐化，从而推动全球治理的生活实践。

"共同性"的腐化。腐化是一种破坏行为，意指对"共同性"的限制、扭曲及占有。尤其是当代资本主义对其的垄断，使其沦为私产，不仅摧毁了"共同性"的生产，也摧毁了全球治理的根基。在哈特、奈格里看来，"共同性"的腐化主要有两种形式，其中"资本通过管控和占有机制构成了共同性腐化的一个形式"，①而另外一种即"共同性"腐化的相对独立形式，需要到那些统治性的社会机构中去寻找。实际上，有些社会机构会强化"共同性"，而有些则会腐化它。在资本主义社会，家庭、企业、国家是三个最为关键的机构。它们一方面关涉并动员"共同性"，为其生产提供资源；另一方面又制约并破坏"共同性"，成为其腐化的形式。"这些机构的共同性主要是因为等级制、分化和限制而被腐化，它们阻碍了主体性的生产，更有甚者，阻碍了共同性的生产。"②家庭、企业和国家对"共同性"的腐化主要由自身的结构性造成，而这种结构性不仅固化了等级，强化了宰制，更以规训泯灭个性，以过度化的规范束缚自由，剥夺了主体性，进而使主体失去了实体，沦为赤裸生命。更为糟糕的是，"共同性在家庭、企业和国家中的腐化都被制度化了"。③腐化制度化的结果加剧了"破坏"的扩散及蔓延，最终"共同性的有毒形式以及腐化共同性的机构会摧毁社会财富，并阻碍社会生产力"。④全球治理也因"资本"的吞噬及"机构"的束缚而走向失范。

"资本"与"机构"对"共同性"的腐化，迫使"诸众"开始逃离。哈特、奈格里将这种逃离视为一种"出走"。它首先是一个拣选的过程，即对"共同性"进行甄别，"将共同性的有利形式最大化，将有害形式最

① 〔美〕迈克尔·哈特、〔意〕安东尼奥·奈格里：《大同世界》，王行坤译，中国人民大学出版社，2015，第127页。

② 〔美〕迈克尔·哈特、〔意〕安东尼奥·奈格里：《大同世界》，王行坤译，中国人民大学出版社，2015，第140页。

③ 〔美〕迈克尔·哈特、〔意〕安东尼奥·奈格里：《大同世界》，王行坤译，中国人民大学出版社，2015，第151页。

④ 〔美〕迈克尔·哈特、〔意〕安东尼奥·奈格里：《大同世界》，王行坤译，中国人民大学出版社，2015，第220页。

小化，也就是说要对抗腐化"。① 家庭、企业、国家等机构就是"诸众"拣选的场所，在这里可以将有利的、生成性的"共同性"形式与有害的、腐化的"共同性"形式区分开。"诸众"通过甄别，不仅维护了"共同性"，还保护了其生产的条件，并对其形式进行选择，以利用它重启生产，巩固全球治理的基础。其次，"出走"是一种斗争，意味着"诸众"要从各种控制之中逃离出来，并成为全球治理的主体。实际上，"出走"是当下阶级斗争采取的必要形式，因为"出走"并不是赤裸离开，而是要拿走属于自己的果实，"这就意味着对共同性——我们过去劳动的成果，以及未来的自主生产和再生产的资料——进行占有"。② 为此，"诸众"需要从"资本"中抽身，并脱离腐化的社会机构。显然，这是一场战争，"诸众"不仅要利用革命行动摧毁腐化的制度与腐化的机构，还要建立一套新的制度，以用"新的制度来对抗腐化"，③ 促进"共同性"的生产。当"诸众"否定资产阶级生产关系，并从家庭、企业、国家等机构之中逃离，其不但获得了自主性，而且还具备了自主创造的能力，传统社会的控制便成为多余，全球治理也迎来了新的契机。

三 "利益"的共享：全球治理的价值旨趣

全球治理是"诸众"发起的一种联合性行动，"治理"的成果必然为"诸众"所共享，而任何意图将其垄断的行径都是赤裸的霸权主义体现。在这个全球化时代，全球治理需要摒弃单边主义的逻辑，因为这种由某个西方超级大国主导的治理模式已经将"治理"变为"私产"。由于传统范式的全球治理侵蚀了"共同性"，在价值共识上难以达成一致。为此，当代全球治理需要回归到人类共同利益的维护上，并倡导一种共享的价值观念，从而将治理引向对"人"的关切和对"人"的福祉的提升。

---

① 〔美〕迈克尔·哈特、〔意〕安东尼奥·奈格里：《大同世界》，王行坤译，中国人民大学出版社，2015，第 127 页。
② 〔美〕迈克尔·哈特、〔意〕安东尼奥·奈格里：《大同世界》，王行坤译，中国人民大学出版社，2015，第 130 页。
③ 〔美〕迈克尔·哈特、〔意〕安东尼奥·奈格里：《大同世界》，王行坤译，中国人民大学出版社，2015，第 285 页。

(一) 抵制"垄断化"

当代全球治理体系尚不健全，导致国际社会丛林法则盛行。"现实的国际体系并非'无政府状态'的"，[①] 而是被以美国为首的西方国家所控制。当前，霸权主义依然占据主导地位，传统的治理主体（国际组织）已沦为工具。霸权主义不仅扰乱了全球秩序，破坏了全球稳定，更导致了治理生态的持续恶化、全球发展的不平衡。而隐藏在以上客观危机背后的却是霸权主义对"主体"的腐蚀，即对"共同性"的腐化、对"诸众"的压制及对主体性的剥夺。此外，西方国家对稀缺性逻辑的信奉，导致资源掠夺的加剧，并遮蔽了人们对"共同性"的观察，以致"那些受到当下主导意识形态蒙蔽的人很难发现共同性，尽管这种共同性已经无处不在"。[②]实际上，西方国家并非无视"共同性"，只是以霸权主义来占有"共同性"和侵蚀"共同性"，并意图将其垄断化，从而操纵全球治理，独享治理成果。西方霸权主义已破坏全球治理的"共同性"基础，并将"共同性"变为私产，使全球治理丧失实质性意义。

抵制"共同性"的垄断，以反对霸权主义为始。西方国家对"共同性"的占有，导致霸权主义盛行。因而全球利益分配观念的重塑，是推动全球治理走向善治的关键。唯有以"共享"代替"独享"，才能以"合作"取代"霸权"，各国才能在平等、自由、民主的氛围下为人类的共同利益而行动，才能摆脱"稀缺性逻辑"的困扰而奉行"共赢"的新思维。"诸众"是抵制"垄断"的主体，亦是反抗霸权主义的力量。为此，人们可以从基础设施的构建入手，不仅需要完善社会和知识的基础设施，还应构建开放的信息与文化基础设施，以便提升"诸众"的能力，而"这种共同的基础设施可以对抗私有化的机制"。[③] 此外，西方国家对"共同性"的占有，加剧了人的赤裸生命化，导致"人"被贴上各种标签，不再自由平等。因此，人们还要将"人"从赤裸的身份之中解救出来，并让"人"上

---

① 庞中英：《全球治理与世界秩序》，北京大学出版社，2012，第 68 页。
② 〔美〕迈克尔·哈特、〔意〕安东尼奥·奈格里：《大同世界》，王行坤译，中国人民大学出版社，2015，第 3 页（序言）。
③ 〔美〕迈克尔·哈特、〔意〕安东尼奥·奈格里：《大同世界》，王行坤译，中国人民大学出版社，2015，第 238 页。

升为"诸众",以反对霸权,终止其对全球治理成果的掠夺。

(二)"共享"成为共识

"共享"是一种崇高的价值追求,也是全球治理在利益分配上恪守的基本准则。共享是共同享有,即人人都能从全球治理中获益,并且"人"是平等的,而不是以国籍、种族、信仰、性别、财富等为分配依据。"受益"则是均等的,涉及人类所有成员,如遏制全球变暖,人人都会受益,而不是一部分人获益。否则,全球治理便丧失了合法性,无法实现"共商",更难以开展联合性行动。利益分配是一种根本性调节机制,而霸权主义式的占有只会带来仇恨和暴力,并加剧地区间发展的不平衡。随着全球化的发展,人的流动在不断加速。自诩为"天堂"的西方,已遭受多起恐怖主义袭击,而难民、移民的涌入进一步加剧了原本紧张的社会矛盾。显然,西方难以在全球化时代独善其身,也不得不通过全球治理来改善日益恶化的社会生态。

"共享"是唯一能够真正达成的共识。回归到人类共同利益的谋划及调节上,"共享"将是唯一有效的价值调节准则。正如哈特、奈格里所指:"我们世界的很多部分都是共同的,所有人都可以共享,并在积极参与的过程中发展壮大。"[①] 阿伦特也曾言,我们共同生活于世,"根本上意味着一个事物世界存在于共同拥有它们的人们中间"。[②] "共享"并非一种传统的自然主义价值观念,而是由"全球性问题"的解决所驱动,也是由联合性行动所决定。显然,无论是单边主义,还是保护主义,都难以维护全球的安全、稳定、公平、公正,因为它们自身往往就是"腐化"的问题所在。霸权主义与强权政治已不再适应快速发展的人类社会,因而人们必须从"共享"的价值共识出发,去寻求一种新的全球治理范式,以实现天下大同、人类进步。习近平总书记提出的"坚持共商共建共享的全球治理观",[③] 积极构建人类命运共同体,无疑为全球治理范式的重构提供了指南。

---

① 〔美〕迈克尔·哈特、〔意〕安东尼奥·奈格里:《大同世界》,王行坤译,中国人民大学出版社,2015,第3页(序言)。
② 〔美〕汉娜·阿伦特:《人的境况》,王寅丽译,上海人民出版社,2017,第34页。
③ 《习近平谈治国理政》第四卷,外文出版社,2022,第78页。

（三）重拾共产主义

由于西方资本主义在当今世界依然占据主导地位，"共享"观念的实践步履维艰。当前，西方资本主义正加快毁灭"共同性"之有形和无形的社会形式，尽管人们知晓资本主义不会永远地统治下去，"并且在继续自己统治的时候，资本会创造出取代自己的生产方式和社会的前提"，① 但这是一个漫长的过程，而且资本主义正试图以各种方式的改变来延缓其终结。恰如哈特、奈格里所指，"资本充满了问题，传统的疗法无法治愈"。② 无论新自由主义的方式，还是凯恩斯主义的方式，都未能产生任何实质性的效果。资本主义由于制度性的弊端而走上了毁灭之路。它不仅要毁灭外在的世界，还要毁灭自己。资本主义绝不会坐以待毙，因而需要"诸众"的全球抗争，甚至不惜付诸激进性行动。

"共享"以共有为前提，并建构在共产主义的社会制度下。这促使人们回到马克思主义的文本，重新审视共产主义的概念。长期以来，西方世界的人们一度误将共产主义视为一种"集权化"的国家控制，进而歪曲了共产主义的概念，误解了共产主义的本质，因此"我们认为最好就这个概念进行斗争，并坚持使用其原本的意义"。③ 在哈特、奈格里看来，"共有之于共产主义，正如私有之于资本主义、公有之于社会主义"。④ "共有"是共产主义社会的根本特征，并构成了"共同性"的实体。共产主义不仅强调重建全球化，亦主张重构全球治理，届时"共享"的价值观念才真正为人们所奉行。然而，在通往共产主义的过渡期，"诸众"需摆脱"私有化"的纠缠，获得自主性，还要"在协作、交往和组织社会相遇过程中接受教育和训练，从而实现社会主体的转变，最终实现共同性的积累"。⑤ 实

---

① 〔美〕迈克尔·哈特、〔意〕安东尼奥·奈格里：《大同世界》，王行坤译，中国人民大学出版社，2015，第 233 页。
② 〔美〕迈克尔·哈特、〔意〕安东尼奥·奈格里：《大同世界》，王行坤译，中国人民大学出版社，2015，第 229 页。
③ 〔美〕迈克尔·哈特、〔意〕安东尼奥·奈格里：《大同世界》，王行坤译，中国人民大学出版社，2015，第 211 页。
④ 〔美〕迈克尔·哈特、〔意〕安东尼奥·奈格里：《大同世界》，王行坤译，中国人民大学出版社，2015，第 212 页。
⑤ 〔美〕迈克尔·哈特、〔意〕安东尼奥·奈格里：《大同世界》，王行坤译，中国人民大学出版社，2015，第 240 页。

际上，"共享"并非一种幻象，它需要人们在全球治理的实践中进行积极探索，并通过"行动"逐步将其化约成现实。

　　综上所述，全球治理聚焦于人类共同利益的维护、谋划及发展，旨在生命的关切及人类的进步。"问题"的全球性为共商提供契机，"行动"的联合使共建成为可能，"利益"的共享使人人受益。以"共同性"逻辑替代"稀缺性逻辑"，是反对霸权走向善治的理论诉求，亦是全球治理迈向科学化的体现。全球治理是一项系统性工作，新的治理范式及治理体系的建构需从"人"的关切出发，并立足于对"共同性"的维护、生产及发展。当前，无论是新自由主义，还是国家干预主义，都未能实现对全球的有效治理。而终结霸权主义和抵制"共同性"腐化的使命，促使人们去重新审视共产主义。

后　记

　　有关生命的叙事，无论是宏大的，还是微小的，都无法逃脱时代的渲染，也都无法回避对"我是谁？我从哪里来？要到哪里去"的灵魂拷问。如果说"9·11"事件、"非典"疫情、新冠疫情等引发了齐泽克对生命政治的反思，后疫情时代不确定性的上升，以及世界百年未有之大变局加速演进则提醒人们有必要关注齐泽克的"反思"，并从中洞悉"现实的人"的现实遭际。

　　齐泽克对生命的"凝视"令人深刻而警醒。他对时代的洞察是深邃的，对生命的省思是深刻的，对一切桎梏的批判是彻底的。他激进的话语、激情式批判、"决裂"的态度、昂扬的斗志，无疑给消费主义和享乐主义盛行的西方社会泼了一盆冷水。齐泽克阐释了当代资本主义的征兆，穿越了"至高权力"精心编织的各种幻象，试图唤醒沉溺于狂欢之中麻木不仁的众生，并鼓励人们推动真正"事件"的发生，从而摆脱囹圄，走向光明的前景。在齐泽克看来，未来在"行动"之中，而人们需要做出的选择是何时"行动"，并采取何种"行动"。尽管齐泽克追求的"光明前景"如同乌托邦，似乎难以抵达，但是他所建构的"想象的现实"是令人向往的，高扬的共产主义是令人鼓舞的，揭示的"现实的人"的生命遭际是令人深思的。站在历史的十字路口，齐泽克的荒诞主张、离奇思想及深邃洞见，值得人们反思与审视。

　　"故事"是一种生动的叙事，也是哲学生活化的重要载体。齐泽克，无疑是一个善于讲故事的高手。从"蓝红墨水"到"伽利略和罗马教廷"，再到"克格勃"趣事和"哲学船"，他悄无声息地将人们带入精心构造的语境，在充满调侃和戏谑的叙述中，往往隐藏着晦涩难懂的哲理。这些故事，读起来让人笑，回味之后让人哭。显然，在齐泽克的视界中，"故事"只是刻意的安排和点缀，阐明深邃的思想才是他的真实意图所在。齐泽克是一个勇往直前的斗士，无论是掀起激进式的暴力，还是重拾共产主义，乃至重构社会秩序和体系，无不体现了他敢破敢立的革命气魄。在泛滥的生命政治思潮面前，齐泽克揭示了"治理主义生命政治"的实质和危害，并努力构建了一种新的生命政治范式。人是自由的，而千百年来却总是为各种奴役所困，因而柏拉图、卢梭、约翰·穆勒、黑格尔、马克思、恩格斯、列宁等伟大思想家对"自由"进行了各种各样的叙写。齐泽克是马克思、列宁、毛泽东的拥趸，追求生命自由和解放，主张新秩序和新社会的建构。实际上，齐泽克是西方激进主义的先锋，也是反抗当代资本主义的勇士。生命的诠释是多元的，生命政治的出场也是多样的，而齐泽克"生命政治"无疑是一种新范式，同时也是一种不容忽视的观念性存在。

本书是我在博士论文的基础上修改而成的。德尔斐神庙上的"γνωθι σεαυτόν"（认识你自己）的箴言鞭策着我选题、写作、修改，促使我一次次地去认清自我，并认识"齐泽克'生命政治'思想研究"这个鲜活的生命体。尽管与齐泽克结缘实属偶然，但是以其"生命政治"为题却斟酌再三。由于齐泽克有着丰富而庞杂的思想、天马行空的行文、晦涩难懂的精神分析、盈帙满筒的著作，所以，无论是文本阅读和分析，还是思想捕捉和把握，都是一种巨大的冒险和挑战。苦涩的文献翻译，晦涩难懂的文本阅读，抽象的"精神分析"，伴随本书写作、修改的全程。好在坚持，几易其稿，总算完成。

"未经审视的生命不值得一活。"苏格拉底的这句呐喊，提醒着人们要对"生命"的每一个"片段"及"行动"进行省察。三年的博士生涯是我生命之中一个富有意义的"片段"，当下对其的"审视"使我充满无数的回忆及感激。本书从选题、文献收集、提纲修订到写作及修改，得到了我博士研究生指导老师高兆明教授的悉心指导。每逢困惑处，先生往往三言两语让我醍醐灌顶。先生虽已仙去，但先生"天马行空，特立独行，从心所欲，逍遥自在"的风范、严谨的治学态度、真诚待人的品格令我终生难忘。先生一生勤学善思，游学欧美，留下了《社会失范论》《现代化进程中的伦理秩序研究》《荣辱论》《道德失范研究：基于制度正义视角》等近二十部著作以及百余篇论文。齐泽克曾指出，生命的"在场性"常凸显于它的缺场之时，当某人去世之后，通过整理其遗留的物品，他的向度才能真实地呈现出来，我们才意识到那"人"是谁，以及那个生命所具有的"符号性意义"。先生一生对生命的"自由"叙写，具有现实的批判意义，更具有深刻的启蒙意义。他所留下的思想财富是促人深思的，是永恒的，亦是进步的，如今越是走近它，越能窥见它所具有的宝贵价值。

此外，还要感谢南京师范大学哲学系陈真、徐强、翟玉章、林丹等教授对博士论文撰写、修改给予的指导帮助！感谢中国社会科学院哲学研究所朱葆伟编审、复旦大学哲学学院邓安庆教授在博士论文答辩环节给予的精心指导！感谢张铃枣、涂大杭、胡庭树、张旭东等师友的关心支持、鼓励及帮助！感谢福建省委党校（福建行政学院）马克思主义理论省级重点学科的资助与支持，感谢李永杰教授为本书出版倾注的心血！感谢社会科学文献出版社责任编辑黄金平，是他的认真劳动和辛苦付出才使本书得以顺利出版。在当下，做学问既要耐得住寂寞，也要挡得住诱惑，正是家人长期以来的理解和支持，使我能够坐得住"冷板凳"，将大量的时间投入本书的撰写和修改之中。生命中的每一个片段都值得珍惜，而在这"片段"之中给予我激励及帮助的人，都值得我永远地心存感激与回忆！

生命政治，在当前仍不失为一个较为前沿的话题。南京大学张异宾教授、刘怀玉教授与蓝江教授，首都师范大学汪民安教授，北京师范大学季广茂教授，华东师范大学吴冠军教授，大连理工大学韩振江教授等是先行者，我虽未曾有机会当面向他们请教，但他们在文献翻译及相关理论上的探索，给了我诸多的便利与启发，在此一并致谢！需要特别说明的是，本书部分内容曾以论文形式先期公开发表，在此向那些发表论文的期刊，表示由衷谢意！齐泽克曾将"事件"视为"以出人意料的方式发生的新东西"，如若借用齐泽克的话进行表述，本书的出版并非"事件"，而是对"事件"的开启。本书的出版，并不意味着研究工作的终止，仍需要我通过今后的不断学习做进一步修改，以使其更加完善。本书在撰写过程中参阅了国内外大量的图书资料，在此谨谢！囿于学识，书中疏漏谬误之处，敬请各位读者批评指正！

刘　刚

2023 年 3 月于榕城

图书在版编目（CIP）数据

齐泽克"生命政治"思想研究／刘刚著．--北京：
社会科学文献出版社，2024.12.--（哲学与社会发展文
丛）.--ISBN 978-7-5228-4432-9

Ⅰ.B555.4

中国国家版本馆 CIP 数据核字第 2024Q2E438 号

哲学与社会发展文丛
齐泽克"生命政治"思想研究

著　　者／刘　刚

出 版 人／冀祥德
责任编辑／黄金平
文稿编辑／李蓉蓉
责任印制／王京美

出　　版／社会科学文献出版社·文化传媒分社（010）59367004
　　　　　地址：北京市北三环中路甲 29 号院华龙大厦　邮编：100029
　　　　　网址：www.ssap.com.cn
发　　行／社会科学文献出版社（010）59367028
印　　装／三河市东方印刷有限公司

规　　格／开　本：787mm×1092mm　1/16
　　　　　印　张：16.25　字　数：267 千字
版　　次／2024 年 12 月第 1 版　2024 年 12 月第 1 次印刷
书　　号／ISBN 978-7-5228-4432-9
定　　价／118.00 元

读者服务电话：4008918866